PROFESSION
PHOTOREPORTER

au Vif du Sujet

Collection dirigée par Edwy Plenel et Bertrand Le Gendre

Ce livre a été publié à l'occasion de la manifestation

« Forum du reportage »

organisée du 9 novembre 1988 au 6 février 1989
par la Bibliothèque publique d'information
du Centre Georges-Pompidou à Paris.

MICHEL GUERRIN

PROFESSION
PHOTOREPORTER

Vingt ans d'images d'actualité

nrf

Centre Georges Pompidou   *au Vif du Sujet* GALLIMARD

REMERCIEMENTS

Ce livre n'existerait pas sans l'aide précieuse de Bertrand Le Gendre
et des personnes dont les noms suivent :

Roland Allard, Jean-Loup Bersuder, Josette Chardans,
Claude Collard, Martine Detier, Jacqueline Duhau, Caroline Ferreux,
Marie-Pierre Giffey, Philippe Jarreau, Sophie Malexis,
Michel Melot, Barbara Nagelsmith, Claire Nebut,
Robert Pledge, Jean-Claude Rouy,
Catherine Saint Martin, Agnès Sire, Hélène Veret, Martine Videau.

Qu'ils en soient sincèrement remerciés.

Michel Guerrin

© Éditions du Centre Georges-Pompidou/Éditions Gallimard, 1988

A mes parents

SOMMAIRE

L'aventure et le marché

Deux photos. La première est en noir et blanc et a été prise par une photographe de vingt ans qui a débarqué au Vietnam la fleur au fusil, avec 200 dollars en poche, pas de billet de retour, et un Leica. Elle travaille à quinze dollars le cliché, saute d'hélicoptère avec les *Marines*, et « fait » la couverture de *Life* deux ans après son arrivée sur le champ de bataille. La seconde est en couleurs, a été prise durant la guerre des Malouines par un lieutenant de marine argentin, rescapé d'un torpillage britannique, et qui a eu juste le temps, depuis son canot de sauvetage, de sortir son Instamatic pour photographier son navire en train de couler. Il « fera » la couverture de *Paris Match*.

La cause est entendue, c'est par temps de guerre que le photojournalisme a produit ses images historiques, faisant naître par là même ce fameux mythe du reporter, toujours bien vivant et qui provoque quelques désillusions. Il suffit de feuilleter ces pages, ou de retrouver les images gravées dans nos mémoires. La douleur est photogénique. Celle, bien visible, de ce soldat américain, abandonné sur le corps de son ami inanimé ; celle, que l'on doit imaginer, des quelques rescapés de ce navire englouti.

Risquons la comparaison. Quinze ans séparent la photo de Catherine Leroy de celle du lieutenant Sgut. Quinze années au cours desquelles le photojournalisme s'est transformé, alors que les documents continuaient inlassablement d'inonder quotidiennement la presse. Tout sépare ces deux images, parmi les plus exemplaires des conflits qu'elles illustrent. D'une guerre « ouverte », celle du Vietnam, où six cents journalistes ont pu travailler dans les meilleures conditions, sautant d'un hélicoptère à l'autre, on est passé à un conflit « fermé », verrouillé, que trois malheureux reporters ont suivi depuis un bateau britannique, et dont les films étaient soumis à une censure quotidienne. Nous avons choisi cette photo de Catherine Leroy, parmi une bonne cinquantaine sur le Vietnam, toutes aussi fortes. En revanche, le choix est maigre pour les Malouines. Deux, trois documents, souvent médiocres, et dont une bonne légende peut, seule, prouver la rareté. Et que dire de la qualité des photographes ? Pour le conflit indochinois, Larry Burrows, Don Mc Cullin, Gilles Caron, Catherine Leroy, Philip Jones Griffiths. Pour les Malouines, un amateur, le lieutenant Sgut.

Il faut parler enfin de la commercialisation et du prix des images. Catherine Leroy est partie au Vietnam un peu pour l'aventure, un peu pour le risque, surtout pour s'affirmer comme photojournaliste — « *Si on ne prend pas la vie à la gorge à vingt ans, on ne le fera jamais* » —, mais sûrement pas pour faire fortune. Vingt ans plus tard, les agences photographiques ont dû s'adapter au contrôle draconien exercé par les

L'attaque de la colline 881 au Vietnam, en mai 1967, photographiée par Catherine Leroy. Plusieurs familles ont cru reconnaître le visage de ce « marine » qui vient de trouver la mort.

Une des six images prises par le lieutenant Sgut au moment où sombre le navire argentin *General Belgrano*, pendant la guerre des Malouines en avril 1982. Cette photo a été récupérée et achetée par François Lochon (Gamma) à Buenos Aires.

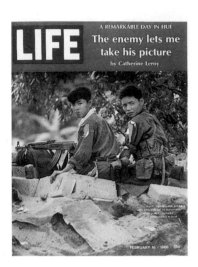

A REMARKABLE DAY IN HUÉ

LIFE

The enemy lets me take his picture

by Catherine Leroy

FEBRUARY 16 · 1968 · 35¢

Pour la première et unique fois, un photographe français a son nom écrit en couverture de cet hebdomadaire réputé. Le numéro du 16 février 1968 paraît avec le reportage que Catherine Leroy a réalisé avec le journaliste François Mazure dans la ville de Hué, tenue par « *l'ennemi* ». La jeune photographe a même droit à un portrait écrit par le *managing editor* de *Life*. Où l'on découvre que les deux reporters ont réussi à entrer, en tandem, dans Hué en flammes.

pouvoirs sur l'information. Pour récupérer cette image des Malouines classée « confidentiel-défense », un photographe de Gamma a dû l'acheter 10 000 dollars à un fonctionnaire — pour le moins corrompu — des services secrets argentins, pour ensuite la rapporter en France en la cachant — il faut le dire — entre ses fesses, et la vendre pour plusieurs dizaines de millions de centimes aux journaux. La photo est à des années-lumière moins bonne que celles du Vietnam, mais elle est rare, donc chère. Quel qu'en soit l'auteur.

L'évolution du photojournalisme a commencé il y a vingt ans, quand les reporters photographes ont vu débarquer au Vietnam, et travailler à leurs côtés, des cameramen de télévision, dont les images avaient l'avantage — apparent — de bouger, et surtout d'être diffusées en direct dans les foyers des combattants. Il y a vingt ans aussi, de grands hebdomadaires illustrés, comme *Life*, commençaient à se lézarder et à perdre de l'argent pour disparaître quatre ans plus tard. Il y a vingt ans enfin, presque à l'autre bout du monde, personne ne faisait attention à une modeste agence qui venait de se créer dans un petit trois-pièces, à Paris, et qui répondait au nom étrange de Gamma.

Gamma tombe à pic. Au début des années 70, beaucoup annoncent la fin du photojournalisme, lorsque les dinosaures de la presse illustrée chutent un à un. Ce n'est que la fin d'une époque. En fait, il y a une place à prendre, celle du leadership sur le marché de l'image d'actualité. Avec son fonctionnement original, le talent de quelques noms, Gamma la prendra, consacrant ce qu'on va appeler le « photojournalisme à la française », fait de risque, de rapidité et de débrouillardise. Après trois ans d'existence, Gamma est la première agence photographique du monde par son chiffre d'affaires. Sans que l'on s'en rende bien compte, la bourse internationale de l'image de presse a quitté les États-Unis pour se fixer à Paris.

Le Vietnam, enfin, va faire naître des vocations. Le nombre des photojournalistes a doublé aux États-Unis dans les années 70, passant de dix mille à vingt mille. Le phénomène est identique en Europe. Le nouveau paysage est en place : des terrains journalistiques de plus en plus « contrôlés », la télévision qui concurrence durement la photo, les grands magazines qui ferment leurs portes ou qui sont contraints de modifier leur politique de l'image, les photographes qui sont de plus en plus nombreux. Autant de facteurs qui vont bouleverser le traitement photographique de l'actualité durant ces vingt dernières années. Le photojournalisme était une aventure. Il l'est toujours, mais plus seulement. Il n'est pas encore une industrie, mais il en prend le chemin. Le photographe était roi en 1968. Aujourd'hui, il n'est qu'un maillon de la chaîne, plus ou moins respecté.

Le terrain est piégé. Raconter, comme dans ce livre, vingt ans d'images d'actualité soulève des difficultés insolubles, tant le champ est vaste. Comment ne pas faire preuve d'arbitraire dans le choix des photos, dans les thèmes abordés, dans les personnes citées ou interrogées ? Comment faire cohabiter des personnalités aux démarches photographiques si différentes et qui se définissent comme photo-reporters, journalistes, photographes, auteurs voire artistes ? Plus qu'une analyse historique — encore moins exhaustive —, ce livre se veut une succession de touches impressionnistes, d'éclairages sur une profession, à partir de thèmes qui semblent déterminants pour comprendre l'évolution du photojournalisme depuis la fin des années 60. Un exemple : plutôt que de recenser toutes les agences existantes, il a paru préférable d'insister sur un fonctionnement, celui qui a fait de Paris la capitale mondiale du photojournalisme.

Certains parlent de crise. D'autres d'« adaptation » aux nouvelles conditions du marché de la presse. Le développement spectaculaire des agences durant ces vingt dernières années coïncide avec une insatisfaction croissante des photographes. Là n'est pas le moindre des paradoxes. C'est oublier que les exigences de ces structures de plus en plus lourdes ne sont pas toujours compatibles avec les aspirations — qu'elle qu'en soit la dimension — du photographe. Beaucoup se posent des questions. Certains en ont tiré les conséquences, s'éloignant inexorablement de ces « usines à photos ». D'autres l'ont fait déjà depuis longtemps, voire depuis toujours. Comme pour mieux combler un manque, des petites agences ont vu le jour dans les années 70 et 80 : Contact et JB Pictures aux États-Unis ; Vu en France. Qu'elles le revendiquent ou non, ces trois agences de photographes, et non de photographies, ont un modèle, né il y a plus de quarante ans à New York : l'agence Magnum, où des photographes comme Sebastiao Salgado et Josef Koudelka perpétuent, dans des genres différents, cette formidable école de cadrage. Des photographes plus ou moins éloignés des terrains chauds de l'actualité. Où l'on découvre, alors, que les meilleurs témoignages sur l'évolution des sociétés nous sont offerts par des photographes qui ne se sont jamais revendiqués comme reporters.

En conclusion d'une impressionnante vente aux enchères entre *Match* et *VSD* à propos d'une autre photo de la guerre des Malouines, les deux hebdomadaires ont décidé, cette fois, de s'entendre sur le prix d'achat et, fait rarissime, de publier tous les deux cette image du *General Belgrano*. *VSD* en double page intérieure, et *Match* en couverture de son numéro du 21 mai 1982.

1
Capitale,
Paris

Ce 3 mai 1968, Daniel Cohn-Bendit ne remarque pas le photographe. Il est vrai qu'il a mieux à faire. Dans quelques minutes, il va passer devant un conseil de discipline de l'université de Paris. Il se retrouve nez à nez avec un CRS et lui lance un sourire qui n'en finit plus. La photo sera publiée le lendemain. Derrière l'objectif, se tient, en léger retrait, un photographe de vingt-neuf ans, à la réputation déjà solide. Il vient de rentrer du Vietnam, saute d'un reportage à l'autre, se retrouve face au leader étudiant et réalise « la » photo des événements de mai. Il appartient à l'équipe Gamma, une nouvelle agence qui bouscule la profession. La concurrence ne rigole plus. Sur le terrain, au Quartier latin, Gamma est la meilleure. En d'autres termes, plus triviaux, mais qui appartiennent au métier, ce jeune photographe « *a mis un doigt à tout le monde* ». « Danny le rouge » ne le reverra plus jamais. Aujourd'hui encore, il connaît à peine son nom. Mais d'un sourire identique à celui de la photo, il constate « *qu'on ne peut rêver mieux pour lancer le produit Cohn-Bendit* ». Son nom, le photographe se l'est fait juste un an plus tôt. C'est quelque part dans le désert du Sinaï que le mythe de Gilles Caron est né.

Mai 1967. Gilles Caron part en Israël pour réaliser des photos de mode de Sylvie Vartan. Depuis le début de l'année, le photographe en est à son soixante-quinzième reportage. Entre deux photos de la chanteuse, il sent bien qu'il se passe quelque chose d'anormal dans ce pays. De retour à Paris, Gilles Caron décide de repartir aussitôt, traversant la guerre des Six Jours comme un météore. Il loue une grosse voiture américaine, fonce à travers le désert pour couvrir l'offensive en embarquant au passage des soldats israéliens qui rejoignent leurs unités, ce qui va lui permettre de franchir tous les contrôles militaires. Il remonte une colonne de blindés sur la route d'El Kantara jusqu'à la jeep de tête. Il la dépasse. L'officier lui fait signe de s'arrêter avec de grands mouvements des bras. À cet instant, Gilles Caron est en plein territoire égyptien, roulant à vive allure vers le canal de Suez. Devant, il n'y a plus que le désert.

Il y avait pourtant d'autres photographes. Ils étaient ailleurs. Henri Bureau, qui couvrait cette guerre pour les Reporters Associés avant de rejoindre l'agence Gamma quelques mois plus tard, affirme que Gilles Caron a amené, avec « sa » guerre des Six Jours, « *quelque chose de nouveau* » dans la pratique du photojournalisme : « *Caron avait vingt-quatre heures d'avance sur les autres photographes. Moi, j'avais mille francs et je me déplaçais en autobus. Lui, sortait sa carte* American Express *et louait des voitures. Regardez* Match, *il a fait le carton du siècle.* » Il y avait Caron et les autres. Caron et les « aristocrates », ceux qui s'endormaient sur leurs lauriers, entretenant le

Au moment où Gilles Caron saisit le regard ironique de Daniel Cohn-Bendit, Jacques Haillot, aujourd'hui responsable du service photo de *l'Express*, prend, sous un angle différent, cette image qui deviendra une des grandes affiches de Mai 68.

Trois images marquantes signées par
les trois principales agences françaises: un homme au parapluie
traîne un sac contenant le corps de sa
fille à la fin de la guerre du Vietnam
en avril 1975 par Jean-Claude Francolon (Gamma), le colonel Kadhafi et
son chef de cabinet priant dans le
désert de Syrte (Libye) en octobre
1973 par Geneviève Chauvel (Sygma),
et Yasser Arafat assiégé dans son
bunker à Tripoli, au Liban, en 1982
par Reza (Sipa).

mythe du reporter depuis les terrasses des hôtels pendant que Gamma redonnait vie au métier à coups d'instantanés au plus près de l'action.

Il y avait Caron et les autres et deux ans plus tard il y aura Gamma et les autres. La guerre des Six Jours ne marque pas seulement l'avènement d'un grand photographe. Une grande agence est née : celle qui va porter un coup fatal à toutes les autres agences françaises de *news* ; celle qui va déstabiliser le puissant *staff* de photographes de *Paris Match* ; celle qui va devenir en trois ans la plus importante agence dans le monde ; celle qui va faire de Paris la capitale mondiale du photojournalisme ; celle enfin, par son fonctionnement, qui va révolutionner la profession.

Une tradition française

Gamma, Sygma, Sipa. Trois agences françaises aux trois premières places. Les sigles sonnent fort et résonnent partout dans la presse internationale. Depuis vingt ans, le monde nous est offert en noir et blanc ou en couleurs, au rythme des instantanés produits par ces agences. Les Japonais ? Inexistants. Les Américains ? Battus sur leur propre terrain. Un signe : deux agences importantes installées à New York, Contact et JB Pictures, sont dirigées par des Français.

Si Paris est bien la capitale mondiale du photojournalisme, elle le doit, en grande partie, à ces trois agences. Mais aussi à Magnum, l'agence de Cartier-Bresson et Capa, ou à Rapho où travaillait un certain Robert Doisneau. La débâcle des Sud-Vietnamiens en 1975 ? Photo Gamma. Kadhafi qui prie dans le désert ? Photo Sygma. Arafat traqué dans son *bunker* à Tripoli ? Photo Sipa. Trois instantanés qui sont restés parmi tant d'autres. Trois « Fragonard » ou « Frago », comme on dit dans le métier. Et si rien ne nous échappe des amours de Stéphanie de Monaco ou des performances de Yannick Noah, nous le devons aussi le plus souvent à ces trois agences françaises. Chaque année, le magazine ouest-allemand *Stern,* qui fait référence en matière de photojournalisme, publie un livre sur l'actualité en images. Si l'on excepte les événements d'outre-Rhin, l'écrasante majorité des photos sont signées Gamma, Sygma et Sipa.

Cette mainmise sur le marché de la photo d'actualité s'explique d'abord par la situation géographique idéale de la France pour centraliser et envoyer par avion les photos qui vont illustrer des milliers de magazines dans le monde entier tout en jonglant avec un double obstacle : les heures de bouclage des journaux et les décalages horaires. Paris est une plaque tournante idéale pour traiter les images de la catastrophe de Bophal en Inde ou un attentat contre les *Marines* américains à Beyrouth. Paris, c'est aussi le siège de *Paris Match,* qui est devenu le plus prestigieux hebdomadaire illustré après la chute de *Look,* en 1971, et surtout celle de *Life,* en 1972. Mais il n'y a pas que *Match.* Avec des pays phares comme la France, l'Allemagne fédérale *(Stern, Bunte),* l'Italie *(Gente, Oggi)* et maintenant l'Espagne, le marché européen de la presse magazine est le plus dynamique de la

Reza : « *Les autres photographes étaient dans le bunker. Je me suis dit que "la" photo était ailleurs. J'ai vu Arafat avec ses grands yeux, mais j'ai fait la photo sans regarder. Ça tirait de partout. Lors de la projection à* Time, *le grand patron a sauté sur son siège, enthousiaste. Pendant vingt minutes, il a expliqué comment une image peut résumer un conflit.* » (Couverture de *La Vie*).

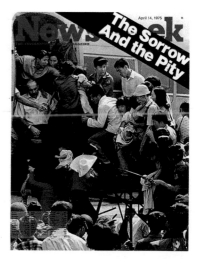

En publiant les reportages de Jean-Claude Francolon sur la fin de la guerre du Vietnam en 1975, *News-week* a bénéficié d'une meilleure couverture photographique que son concurrent *Time.*

planète. Et pourquoi Paris, plutôt que Londres ou Francfort? Parce qu'il existe en France une tradition du photojournalisme incarnée par une pléiade d'agences dont est issue Gamma. La boucle est bouclée...

Évidemment, il y a Magnum. On ne dira jamais assez combien cette agence franco-américaine avec ses signatures prestigieuses, qui vont de Capa à Cartier-Bresson en passant par Jones Griffiths, Freed, Barbey ou Depardon, ses photos historiques, son fonctionnement unique, joue un rôle primordial pour la défense d'un photojournalisme rigoureux, où la qualité d'image est sans cesse recherchée. À l'aube des années 70, l'agence dont le nom de baptême fait référence au champagne qui coulait à flots les jours — nombreux — de succès, est déjà inclassable avec une production qui touche autant à l'actualité, à l'illustration, à l'industrie qu'aux travaux personnels. Magnum a déjà vingt ans en 1967 et c'est d'abord une agence de photographes qui attendent la commande d'un journal pour couvrir l'actualité. Les auteurs sont prestigieux, oscillent entre *Life* et le musée, et l'on se souvient de ce mois d'avril 1947 où quatre convives — George Rodger, membre fondateur, était absent ce jour-là — décident de créer une agence coopérative pour faire du grand reportage de qualité. Il y a là du beau monde : Robert Capa, Henri Cartier-Bresson, David Seymour et William Vandivert. Une équipe imbattable. Mais si l'on y parle de reportage, c'est autour d'une table du *Penthouse restaurant* au musée d'Art moderne de New York.

Les vrais inspirateurs de Gamma sont ailleurs : quatre agences se créent dans les années 1950 et ambitionnent de rivaliser avec ces concurrents redoutables que sont les agences télégraphiques comme Associated Press et les *staff* de journaux. La partie n'est pas facile. Comment vendre à un magazine qui dispose de ses propres images ? Il faut faire mieux et surtout différent sur le terrain de l'actualité, qu'elle soit sanglante ou royale. Ces agences sont l'antithèse de Magnum. Ici, pas de grandes signatures. Elles ont pour nom Apis, Europress, Dalmas et les Reporters Associés. Les deux dernières seront les plus novatrices, les plus audacieuses, donc les meilleures. La raison de leur réussite, mais aussi de leur chute, il faut aller la chercher du côté de ceux qui les ont dirigées, des princes de l'image, des princes tout court...

Les deux princes

Le nouveau photojournalisme à la française a deux pères. Vladimir Rychkoff, dit Lova de Vaysse, fils de prince russe émigré à Paris, a créé les Reporters Associés en 1954, dans une belle maison au cœur de Pigalle, avec Renaud Martinie et André Sonine, aujourd'hui tous trois disparus. Pour être plus près de son « bébé », il habite au premier étage, juste au-dessus de l'agence. Tous ceux qui l'ont connu le décrivent comme un homme raffiné, très élégant, un « seigneur ». Jean Monteux, aujourd'hui directeur de l'agence Gamma, était vendeur aux Reporters Associés; il se souvient de son ancien patron : « *Lova de Vaysse n'était pas très grand, mince, très snob, appelait sa*

Robert Capa (1913-1954) est souvent considéré comme le père de tous les photojournalistes. Fondateur de l'agence Magnum, il disait à Henri Cartier-Bresson: « *Sois photojournaliste, et tu feras ce que tu voudras.* » Il disait aussi : « *Si l'image n'est pas bonne, c'est que le photographe n'est pas assez près de l'événement.* »

Sur la page de gauche, deux images historiques de Robert Capa: en haut, combattant républicain fauché par une balle pendant la guerre d'Espagne. En bas, débarquement américain en Normandie. Une erreur de développement des pellicules donne à son reportage un aspect étrange. Sous les onze documents sauvés, *Life* écrira: « *En raison de l'extrême tension du moment, Capa a bougé, d'où le flou des photos.* » Ça tombe bien. Capa disait que pour rendre l'atmosphère d'un combat, il faut secouer légèrement son appareil...

La guerre d'Algérie prend fin. Un
combattant du FLN retrouve son fils
dans sa mechta. Une image signée
Hubert Le Campion des Reporters
Associés.

femme la princesse. *C'était Monsieur de Vaysse. Tous les matins, vers 8 heures, il descendait à l'agence en robe de chambre et choisissait les photos qui allaient être distribuées aux journaux. Il recadrait chaque image pour l'améliorer, ce que l'on ne fait plus aujourd'hui par manque de temps. C'est ça, l'école de Vaysse. Un très grand. »*

Les Reporters Associés, c'était aussi une belle couverture de la guerre d'Algérie par Hubert Le Campion qui *« se tirait des bourres »* avec Philippe Letellier de Dalmas, un contrat mirifique avec *Stern* (autour de 25 000 marks par mois), un tireur photo, Louis Leroux, *« le plus rapide de la place de Paris »*, et l'instauration (théorique) du financement des reportages à « 50-50 », l'agence et le photographe partageant à égalité les frais et les ventes de photos.

Il y avait surtout une équipe formidable de reporters : Guidotti et Bonora, deux Italiens qui débarquent un beau jour à l'agence avec leurs pratiques de *paparazzi*, ces chasseurs de *stars* immortalisés par Fellini dans *La Dolce Vita*. *« Ils avaient la rage de bouffer, faisaient cinq reportages par jour et 25 bobines par sujet. Du jamais vu. Ils ont donné un formidable coup de pied au cul à tout le monde. »* Il y a, surtout, toute une série de photographes qui marqueront le reportage d'actualité dans les années 70 et 80 : Leonard de Raemy, Henri Bureau, Alain Dejean, Hubert Le Campion, Manuel Bidermanas, Jean-Pierre Laffont, Alain Noguès... Sans oublier Jean Monteux bien sûr et Monique Kouznetzoff qui dirige aujourd'hui le puissant secteur *show business* de Sygma.

Pour tenir la dragée haute aux Reporters Associés, pour rivaliser avec le prince russe, il fallait un personnage de même calibre. Louis Dalmas, prince de Polignac, cousin de Rainier de Monaco et de toutes les grandes familles d'Europe, pilote d'avion à ses heures perdues, crée l'agence qui porte son nom en 1958. Il en fera, comme il dit, *« la première agence de reportage photographique du monde »*.

Dalmas, c'est avant tout un homme à la trajectoire singulière. Si *« ce dur a préféré ne rien devoir à son passé »*, comme l'a écrit un journal libanais en 1962, il côtoyait également les stars et les reines. Il a écrit un livre sur la Yougoslavie de Tito préfacé par Jean-Paul Sartre, et d'autres sur la chirurgie, la pétanque et les coffres-forts. En 1962, il réalise et présente à la radio l'enregistrement d'un accouchement sans douleur. On le retrouve dans les années 70 directeur de la revue *Elle et Lui*, consacrée à la sexualité. *Spécial Dernière* le présente comme *« le roi du sexe, le premier à avoir ouvert des sex shops et à créer des clubs de contacts »*. Mais *« Je suis le premier aussi à avoir interviewé Tito après sa rupture avec Moscou »*. Le premier en beaucoup de choses... En photojournalisme, c'est sûr. *« Il a tout inventé. »* L'hommage ne vient pas de n'importe qui : Hubert Henrotte et Goksin Sipahioglu, patrons respectifs des agences Sygma et Sipa.

Louis Dalmas voit grand. Il veut être le premier sur tous les terrains. Une seule solution : sortir des « scoops ». Et ça marche. Le prince travaille 24 heures sur 24, prend toutes les décisions, fait travailler ses « opérateurs » comme il les appelle avec des appareils 24 × 36, produit jusqu'à six reportages par jour et envoie quotidiennement mille tirages faits à la main dans vingt-cinq pays. On est loin des

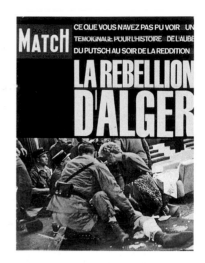

Peu d'images « restent » de la guerre d'Algérie. La comparaison ne tient pas avec le conflit du Vietnam qui a donné des photos historiques remarquablement mises en valeur par la presse magazine américaine.

Louis Dalmas raconte ainsi l'affaire du *Santa Maria*, ce bateau pris en otage, en 1961, par des opposants au régime de Salazar au Portugal : « *Il y avait trois cents journalistes à Recife qui cherchaient à localiser le bateau. Je trouve le code radio du transatlantique, je rentre en liaison avec le commandant Galvan, le chef des rebelles, qui me donne sa position. Je loue un avion et je fais parachuter le* cascadeur Gil Delamare (ci-dessus, à droite. A gauche, le photographe Philippe Letellier). Paris-Match *avait un correspondant qui allait aussi sauter en parachute. Je dis à Galvan :* "Le second parachutiste, il faut le laisser dans la flotte, c'est un agent portugais !" *Voilà comment Delamare a été le seul à faire des photos qui ont été publiées dans le monde entier.* »

chiffres d'aujourd'hui, mais la voie est tracée. En France, il profite de la rude concurrence entre *Paris Match, Jours de France, Radar, Point de Vue - Images du Monde* et passe un contrat avec *L'Aurore*. Il est aussi le premier à courir les rédactions pour obtenir des avances pour les frais de reportages.

Pour les gros événements, il met en place des *« commandos d'actualité »*. Pour la première visite de Khrouchtchev à Paris, douze photographes! Mieux : pour le mariage de Baudouin de Belgique avec Fabiola en 1960, il déplace dix-neuf personnes à Bruxelles avec deux valises Belin pour transmettre rapidement les photos, installe sur place deux labos et loue deux avions spéciaux pour la liaison avec Paris. Quand il n'y a pas d'événement, il le crée, images à la clé bien sûr : en 1960, il monte une « opération survie » au Sahara et envoie un jeune reporter nommé Raymond Depardon qui tombe par hasard sur des soldats français au bord de la mort, disparus dans le désert. Les photos seront publiées dans *Paris Match*. Les procédés parfois douteux des *paparazzi* ne l'effraient guère : ses reporters déguisés en médecins défoncent la chambre stérile d'un hôpital pour photographier des savants yougoslaves victimes d'irradiation. Les « coups » ne sont pas uniquement photographiques : Dalmas vend à la presse les Mémoires du secrétaire de Brigitte Bardot qui lui vaudront un procès où il sera défendu par Robert Badinter.

« La vitesse du nouveau monde et la qualité de l'ancien », telle était la devise de Louis Dalmas. En 1961, il loue un avion en Suisse pour gagner Alger le plus vite possible après la rébellion des généraux français. Ses reporters prendront de vitesse les envoyés spéciaux de *Life, Paris Match* et du *Daily Mail.* Enfin, il y a les « coups » spectaculaires. Le plus fameux est celui du *Santa-Maria,* un bateau pris en otage en 1961 par des opposants au régime du président portugais Salazar. Dalmas réussit à faire parachuter sur le navire le cascadeur Gil Delamare qui prendra des photos exclusives qui rapporteront douze millions de francs, une somme astronomique pour l'époque. *« C'était l'aventure, la performance,* se souvient Louis Dalmas. *Il y avait une ambiance, un esprit extraordinaires. Je pouvais réveiller un gars en pleine nuit, qui partait risquer sa vie dans des conditions financières déplorables, pour ramener des images jamais signées dans les magazines. »*

Les agences meurent, les images restent

Louis Dalmas savait aussi « vivre ». Au festival de Cannes, il roule en Ford Thunderbird blanche décapotable, loue, l'année de *La Dolce Vita,* une villa de seize chambres, loge six « filles » pour faire la fête et donne une réception pour 1500 personnes parrainée par le whisky Haig : *« J'avais jeté toutes les bouteilles au fond de la piscine, il fallait aller les chercher, c'était un bordel épouvantable. On abreuvait les vedettes, mais je peux vous dire qu'elles devaient ensuite passer à la "moulinette". »* La « moulinette » ou l'objectif. Même dans les situations les plus épiques, il fallait « sortir » coûte que coûte les images.

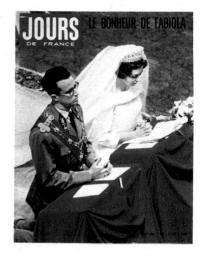

« *Un mariage d'amour* », titre *Jours de France* dans son numéro du 24 décembre 1960 à propos de l'union entre Baudouin et Fabiola. Douze pages d'images signées notamment Dalmas, Magnum, les Reporters Associés et Édouard Boubat.

Dans la nuit du 12 au 13 août 1961 commence, à Berlin, la construction de ce qu'on a appelé « *le mur de la honte* ». Sur cette photo prise par Raymond Depardon (Dalmas) en août 1962, on pouvait lire dans le magazine suisse *l'Illustré* : « *Les fusils ont remplacé la marelle.* »

En février 1966, Louis Dalmas édite un bulletin afin de mieux faire connaître les atouts de son agence. Voilà ce qu'on pouvait lire à propos de Raymond Depardon : « *À vingt-quatre ans, le doyen de l'agence. Le doyen des aventures, des "forcings", des "scoops". A débuté en 1960. Acharné, travaillant jour et nuit, volontaire pour tous les coups durs, a appris son métier en parcourant le monde. Dix pages dans Paris Match avec un drame dans le Sahara, quatre pages dans Life avec Bob Kennedy en Afrique noire, des exclusivités sur Brigitte Bardot, le mariage de Constantin de Grèce. Aime Jean-Luc Godard, les voyages, la réussite technique (sic) et le matériel entretenu.* »

C'était la belle époque. Pour un photographe de vingt ans, le métier est un bon moyen d'ascension sociale. Depardon se souvient : « *La photo me permettait d'avoir une vie excitante. Nous étions des requins, on faisait des " coups " pas permis ! Je partais tous frais payés aux quatre coins du monde et je multipliais les couvertures de magazines. J'achetais des fringues, je portais le costume-cravate et je fréquentais les vedettes. Pour moi, le rêve à dix-huit ans, c'était photographier Bardot.* »

Dix ans plus tard, le rêve de Depardon n'est plus le même. Comme toute la génération des photographes qui « éclateront » dans l'après-Mai 68 — la génération Gamma —, il ne voit plus les agences de la même façon : Dalmas est devenue une structure lourde qui a grandi trop vite ; soixante-quinze salariés dont quinze photographes avec un patron plus journaliste que gestionnaire. Les photographes, eux, n'ont pas « bougé », « *Des OS de l'image* », qui supportent de plus en plus mal leur statut d'anonyme et qui ne peuvent choisir leurs reportages.

Ils ne signent toujours pas leurs photos et leurs négatifs ne leur appartiennent pas. Le prix de la sécurité de l'emploi est devenu trop lourd à payer, surtout pour ceux qui sont bien conscients de leur valeur, de la valeur de leurs photos et qui pensent que l'agence faisait de gros profits sur leur dos. Raymond Depardon : « *Je bossais comme un fou pour 1 500 F par mois. On me pressait le citron, je ne savais rien sur la gestion de l'agence. Je ne savais pas combien mes photos se vendaient et combien elles rapportaient.* » Leonard de Raemy se souvient qu'aux Reporters Associés il était obligé de « voler » le livre des ventes pendant les heures du déjeuner pour vérifier son salaire. Jean Monteux voit encore Renaud Martinie calculer les piges des photographes sur un paquet de Gitanes. Bien placé pour juger le fonctionnement des Reporters Associés puisqu'il en était le vendeur, Jean Monteux reconnaît que la gestion de l'agence était des plus fantaisistes et que les bons photographes n'y retrouvaient pas leur compte. Monique Kouznetzoff va dans le même sens : « *À cette époque, les photographes ne parlaient jamais d'argent, ils ne se plaignaient jamais, mais il faut reconnaître qu'ils étaient exploités. Les agences ont dû gagner beaucoup d'argent et eux ne voyaient rien venir ; ça ne pouvait plus durer.* »

Hubert Henrotte, le directeur de Sygma, sait bien ce que ces agences ont apporté même s'il en voit les limites : « *On n'a rien inventé quand on a créé Gamma. On a juste introduit plus de transparence dans le fonctionnement des agences et plus d'honnêteté à l'égard du photographe. C'est tout, mais c'est beaucoup.* » Aujourd'hui encore, Louis Dalmas ne comprend pas bien ces réactions. Mais les faits sont là. Pendant que Gilles Caron aligne les instantanés historiques sur Mai 68, Dalmas agonise, asphyxié par sa pesanteur. Europress disparaît en 1970, les Reporters Associés en 1971, Apis en 1973. La première génération des agences a vécu. Les agences meurent, mais les images restent, rachetées par Sygma, Gamma et Sipa. Louis Dalmas se souvient d'un jeune photographe turc lui proposant des photos exclusives sur l'Albanie. Quelques années plus tard, il lui vendra pour dix millions de centimes, une paille, les cinq millions de clichés qui

« *Starlettes de l'année 1960* ». Telle est la légende de cette image de Raymond Depardon (Dalmas) restée fameuse par les présences, difficilement décelables, de Catherine Deneuve et de Mireille Darc.

Rarement un reporter aura exploré autant de terrains photographiques, incarnant de façon exemplaire le « *polyvalent* ». À Dalmas, Raymond Depardon joue au *paparazzo*, « traque » les acteurs dans les boîtes de nuit, « couvre » les faits divers, photographie les starlettes, part en reportage à l'étranger et apprend à se battre dans un univers où « *une bonne photo est celle que le concurrent n'a pas* ». À Gamma, Jean Monteux se souvient du « reporter sportif » : « *Les journaux ne voulaient pas croire qu'un seul photographe avait pris autant de bonnes images aux Jeux de Mexico.* » Monique Kouznetzoff rappelle ses portraits de « stars » d'Hollywood. « *Il " faisait "* sans grand enthousiasme le fils de Roger Vadim, mais il n'avait pas d'égal en people.* »

Né en 1942 d'une famille de cultiva-
teurs, rien ne prédisposait Raymond
Depardon à la photo. « *Tout était
contre moi.* » Une ville fermée, pas de
magazines, pas de télévision, peu de
films, « *à l'Éden ou au Royal* », pas
d'argent, juste un certificat d'études,
l'anglais mal maîtrisé, pas de copain
« branché » photo. Bref, pas d'expli-
cation, mais un atout. Des parents
qui le laissent libre. Ils ne compren-
dront jamais très bien son métier :
« *Même quand je revenais des quatre
coins du monde, ils me demandaient
si je ne voulais pas un emploi au*
Progrès de Lyon. » À quinze ans,
Depardon emprunte l'appareil photo
de son frère et installe un labo « *dans
un coin de la ferme* ». Il « monte » à
Paris à l'âge de dix-sept ans, et séduit
Louis Dalmas, qui se souvient encore
du jeune homme que « *rien n'arrêtait. C'était un acharné ; il avait une
telle volonté d'apprendre* ».
Timide, emprunté, la voix hésitante,
donnant l'air d'un chien battu,

l'homme non plus ne correspond pas
à l'image d'Épinal du reporter. Il
parle peu en public, ne boit ni ne
fume jamais, cache ses Leica dans un
sac à dos suédois, et affectionne de
rouler à vélo dans Paris. Il faut se
méfier de son « *look de loser* ».
Depardon est un antibaroudeur qui a
parcouru le monde ; un intraverti qui
séduit les salles de rédaction — de
Libération en passant par *Match*,
Photo (qui lui a rendu un hommage
appuyé dans son numéro « spécial
vingt ans ») ou *Le Monde* ; à la fois
secret et exhibitionniste ; un homme
qui ne cesse de douter, mais qui a
toujours affirmé bien haut ses
convictions, sans pour autant passer
pour un « ayatollah » de la photo. « *Il
est intouchable* », affirme un photographe qui le côtoie depuis longtemps. Une revue américaine de photographie avait trouvé un autre qua-
lificatif en 1980, pour titrer son portrait : « *The Saint* ».
Si l'on se penche sur sa production

des trois premières années de
Gamma, les plus intenses, peut-être
les plus heureuses, on s'aperçoit vite
que tout oppose Raymond Depardon
à son ami Gilles Caron. Autant ce
dernier est « dans » son sujet, autant
Depardon s'en éloigne, prend du
recul, comme s'il voulait déjà se
démarquer, aller au-delà des instantanés que la presse attend chaque
jour. Un indice : Depardon n'a jamais
« couvert » de guerre, au sens strict.
Un autre indice : l'entretien qu'il
donne à *Zoom* en 1970, où il affirme
que « *l'avenir est aux "features" :
dire une histoire, décrire un événement par une série de photographies
qui ont toutes leur importance et
peuvent éventuellement se passer de
texte* ». Se passer de texte. Offrir à
l'image son autonomie. La disparition de Gilles Caron, en 1970, va le
conforter dans cette voie.

constituent les archives Dalmas. Le photographe s'appelle Goksin Sipahioglu et dirige aujourd'hui Sipa, une des trois plus grandes agences du monde. Son reportage sur l'Albanie lui appartient de nouveau. Une nouvelle génération de patrons d'agences photos voit le jour. L'heure de la conquête du marché mondial de l'image de presse a sonné.

Comment Gamma est née

« *Quand je pense que la plus grande agence du monde est née d'une discussion entre un photographe du* Figaro *et un photographe de* France-Dimanche... » La boutade de Raymond Depardon illustre bien les conditions dans lesquelles Gamma a été créée. Au départ, ils sont quatre. Ce ne sont pas des amis, ils viennent même d'horizons différents. Raymond Depardon toujours : « *On a monté l'agence comme un casting de film américain. On a pris les meilleurs dans chaque catégorie.* » Les « meilleurs », c'est Hubert Henrotte, photographe au *Figaro,* mais surtout responsable parisien depuis quatre ans de l'ANJRPC, une association de photographes. Hugues Vassal, de *France-Dimanche,* imbattable pour réaliser des images de *show business,* photographe de Mireille Mathieu, d'Édith Piaf et de la famille royale d'Iran. Leonard de Raemy, le spécialiste des images de cinéma aux Reporters Associés. Raymond Depardon, le reporter le plus chevronné de Dalmas, solide réputation dans le *news.*

Gamma est donc avant tout une agence créée par des photographes et si les quatre fondateurs n'ont aucune affinité, ils ont une volonté commune : que l'agence soit au service de ceux qui font les images et non l'inverse. Les statuts de la SARL sont déposés le 11 novembre 1966, chacun des actionnaires possédant 25 % des parts. Il est difficile aujourd'hui de savoir qui le premier a eu l'idée de créer cette agence, tant les avis divergent, mais le nom d'Hubert Henrotte est le plus souvent cité. Il en devient d'ailleurs le gérant pour un salaire de 2 000 F par mois et c'est lui qui trouvera le nom, génial, troisième lettre de l'alphabet grec, qui sera ensuite décliné par d'autres agences : « *En 1967, seule* Magnum *avait de l'allure. Il fallait trouver un truc aussi noble et qui ait un rapport avec l'image. J'ai planché sur des livres de chimie liés à la photo. Je suis tombé sur Gamma, une formule chimique donnée au noircissement de la pellicule.* »

Mais les quatre associés savent « *qu'ils ne sont rien* » s'ils n'ont pas le meilleur vendeur de la place de Paris pour convaincre les journaux et magazines de la valeur de leurs photos. Le meilleur, c'est Jean Monteux, des Reporters Associés, qui est depuis le début en contact avec le groupe et que l'on peut donc associer à la fondation de l'agence. Reste Gilles Caron qui a véritablement lancé Gamma en tant qu'agence performante de *news* et qui rejoindra l'agence dans les premiers mois de 1967. Raymond Depardon l'a rencontré un an auparavant, lors de l'incendie de la raffinerie de Feysin (Rhône), un sale jour : « *Je remarque un jeune photographe par sa façon de bouger, sa*

Un magazine anglais prestigieux où la photo occupe peu de place, avec une couverture souvent élégante. Investi par le parti républicain en août 1968, le futur président des États-Unis Richard Nixon tient un meeting en septembre dans la ville de Sioux City (Iowa). En même temps, Gamma commence à être appréciée de la presse étrangère (photo Raymond Depardon).

Gilles Caron a effectué trois voyages au Biafra en 1968. En avril, ses premières photos font connaître en Europe cette guerre civile qui se déroulait au Nigeria. Sous cette photo, Raymond Depardon écrit dans le livre qu'il a consacré à Gilles Caron: « *Les Biafrais, sous-alimentés, sous-équipés, se sont battus longtemps avec l'énergie du désespoir.* »

Le 31 décembre 1966, la veille de la création officielle de Gamma, paraissent dans *Jours de France* les premières photos de l'agence: « *La première robe longue de la petite Mireille* », par Leonard de Raemy.

rapidité; il n'est pas très grand, porte un Burberrys. Il me dit qu'il travaille pour l'agence Apis. *C'est un nouveau, je ne vois pas ses photos, mais je me dis qu'à sa façon de bouger, ce doit être bien. Je le retrouve sur un conseil des ministres; il lit* le Monde, *c'était rare à l'époque parmi les photographes. Il est toujours devant, ne fait de cadeau à personne, il est partout.* » Il sera le fer de lance de l'agence pendant trois ans.

Grâce à une annonce immobilière du *Figaro,* les photographes s'installent dans un trois-pièces au 4, rue Auguste-Vacquerie, près de l'Étoile à Paris, et démarrent avec un laborantin (Gilbert Rigazzi, *« un bosseur fou »*), une secrétaire et un coursier. Les premiers mois sont difficiles. Premier sujet vendu : un essayage de robes Yves Saint-Laurent par Mireille Mathieu. Le sujet sera publié en double page dans *Jours de France* et rapportera 900 F à l'agence. L'argent manque pour partir aux quatre coins du monde; Gamma se fera un nom à Paris. *« Tous les mercredis, on faisait le Conseil des ministres. Une bonne école et qui ne coûte pas cher; trois pellicules et dix tirages... »,* se souvient Depardon.

Jean Monteux avait une bonne réputation dans le milieu de la presse. Robert Le Révérend, le chef du service photo de *Paris-Presse,* aime bien ces jeunes qui se lancent et n'hésite pas à les publier dans les fameuses « parlantes », des sujets uniquement en images qui illustrent la dernière page. Alain Dupuy, qui était à l'époque le vendeur de l'agence Apis, se souvient du premier jour où il a « senti » la concurrence de Gamma : *« Je fonce à* Paris-Presse, *je vois Bob Le Révérend pour lui proposer mes images et il me dit : Désolé! Gamma m'a déposé " ça " dans la nuit. Là, j'ai senti qu'il se passait quelque chose... »*

« Heureusement, il y avait les coups de Vassal », qui remplissait les caisses avec ses photos de Sylvie Vartan, la famille du shah d'Iran ou Marcel Trillat, le premier opéré du cœur en France : images rassurantes et optimistes qui envahissaient ce que l'on appelait la *yellow press,* de *Point de Vue-Images du Monde* à *Jours de France. « Ce sont mes photos de Johnny Hallyday et de Mireille Mathieu qui ont fait bouillir la marmite »,* affirme l'ancien photographe de *France-Dimanche.* Mais il ne faudra pas attendre longtemps pour que Gamma montre des images qui ont marqué son histoire tout en révélant un fonctionnement original.

Le « système » Gamma

« Ces petits cons ne tiendront pas trois mois. » Lova de Vaysse, des Reporters Associés, ne se fait pas trop de soucis quant aux chances de succès de ce nouveau concurrent. La partie est en effet loin d'être gagnée d'autant plus que les associés de Gamma ont mis en place un nouveau fonctionnement qui, avant *« de faire fureur »,* ne convainc pas tout le monde, à commencer par Gilles Caron. Le « système » Gamma, c'est d'abord de rompre avec les équipes de salariés : comment responsabiliser le photographe, comment le « libérer » dans le but d'améliorer la production de l'agence? C'est le fameux système

« *Nous attendions Gilles Caron depuis avril 1970; depuis cette matinée où il a été vu pour la dernière fois empruntant la nationale n° 1 qui de Phnom Penh conduit vers l'est, vers le Vietnam. Les mois, les années ont passé, je ne l'attends plus...* » Telles sont les premières lignes du livre que Raymond Depardon a consacré à son ami Gilles Caron disparu au Cambodge à l'âge de trente et un an. En sept grands reportages (Israël 1967, Vietnam 1967, Mai 68, Biafra 1968, Irlande du Nord 1969, Prague 1969, Tchad 1970), Gilles Caron est devenu un des plus grands reporters-photographes de l'histoire, celui qui a inventé le nouveau photojournalisme à la française à la fin des années 60. « *Si, mieux que beaucoup d'entre nous, tu as fixé l'histoire des lieux aussi différents que Prague, le Vietnam ou Paris en mai 1968, c'est que tu as toujours été autant un journaliste qu'un photographe, mieux informé, plus synthétique, plus engagé, qui enfin prenait partie, contre la violence, contre la guerre, toujours. Tu me disais souvent : "J'en ai horreur"* », écrit Depardon dans son livre paru en 1978. Petit (1 mètre 62 pour 57 k), blond, le regard bleu ciel, Caron s'était fait remarquer par un « coup » de *paparazzi* pendant l'affaire Ben Barka, a collaboré avec les agences Apis et Vizo, mais aussi avec Botti, un photographe de charme, avant de se lancer dans l'aventure Gamma. « *Technique et coup d'œil. Ce garçon est digne de me succéder* », aurait dit Henri Cartier-Bresson.

Ce 29 mai 1968, le général de Gaulle
quitte l'Élysée à 11 h 30 pour
Colombey qu'il ne rejoint qu'à... 18
heures. On apprendra plus tard qu'il
s'est rendu, entre-temps, à Baden-
Baden pour y rencontrer le général
Massu. Henri Bureau réalise le
« scoop » : de Gaulle à l'aéroport de
Saint-Dizier, de retour d'Allemagne.
« *La France était paralysée. Cette
photo, je l'ai vendue des "clopinettes"
sur un trottoir, à Paris Match* »,
raconte Jean Monteux, « *car les
bureaux du magazine étaient fermés
à cause des événements de Mai.* »

du 50-50, où le reporter et l'agence partagent les frais de reportages et les recettes des ventes aux journaux. Si le photographe paie ses films, l'agence sert en fait de banque puisqu'elle avance la totalité des frais avant de se payer sur les ventes. « *Le système n'était pas nouveau, mais la grande différence par rapport à une agence comme les Reporters Associés, est que nous avons été les premiers à établir des relevés de ventes systématiques, ce qui a permis au photographe de savoir exactement ce qu'il avait vendu et gagné* », explique Hubert Henrotte. L'agence Magnum avait déjà introduit ce système d'autonomie des photographes. C'est même sa raison d'être. Mais Gamma va l'appliquer pour devenir une véritable agence de presse, avec des reporters que l'on va retrouver sur tous les « points chauds » de la planète.

L'équipe de Gamma va plus loin en faisant du photographe un véritable journaliste, maître de ses sujets, de ses négatifs et donc de ses photos qu'il signe au dos des tirages noir et blanc. Le nom est écrit en premier, puis celui de l'agence, suivis d'une légende écrite en anglais et en français. Il ne s'agit pas seulement d'une revendication d'auteurs en mal de reconnaissance. Un photographe salarié doit abandonner son « matériel » à son employeur. Après la mort de Philippe Letellier, un des plus grands reporters des années 50 et 60, sa famille n'a pu récupérer les négatifs parce qu'il était salarié chez Dalmas. Une telle mésaventure ne pouvait se produire à Gamma, l'agence n'ayant que le droit d'usage des images.

Ce nouveau système est-il viable ? Pour la première fois, des photographes doivent prendre des risques financiers, et pas seulement sur le terrain ; ils partent « en spéculation », comme ils disent dans leur jargon. Ils savent que s'ils sont les meilleurs, s'ils sont plus « vite », ils vendront. Sinon... Les agences qui appliquent déjà le système du 50-50 pondèrent les risques en travaillant le plus souvent avec des garanties de publication données par les journaux. À Gamma, c'est du travail sans filet mais c'est formidablement motivant. C'est un système parfait pour le photographe rapide, c'est un système taillé sur mesure pour Gilles Caron à l'approche d'une double année exceptionnelle.

En avril 1979, James Andanson (Sygma) va en Chine et « monte » cette photo symbolisant les prémices de l'ouverture chinoise. Le document sera publié dans le monde entier. Cinq ans plus tard, *Time* reprend la même idée en couverture.

Du Printemps de Prague au Vietnam

« *Il n'y a pas de petits sujets, il n'y a que des petits photographes.* » L'ensemble de la profession connaît la formule de Hubert Le Campion. Il n'empêche. Gamma va bénéficier d'une actualité « énorme » entre 1967 et 1969 : guerre des Six Jours, Biafra, Tchad, guerre du Vietnam, Mai 68, Printemps de Prague, événements de Londonderry en Irlande, élection de Richard Nixon à la présidence des États-Unis, départ du général de Gaulle, Jeux Olympiques de Mexico. Sans parler de toute une série d'événements non couverts par l'agence : les premiers hommes sur la lune, les assassinats de Robert Kennedy et Martin Luther King, le mouvement *hippy*.

Gilles Caron va coller à la plupart de ces événements en accumulant les images-chocs. Hugues Vassal qui tenait à bout de bras l'agence

Guerre des Six Jours, juin 1967. Un
soldat israélien sur la rive orientale
du canal de Suez, par Gilles Caron.
L'aéroport de Tel-Aviv n'étant pas
complètement fermé, Caron a pu
rapidement faire parvenir ses films à
l'agence Gamma, prenant de vitesse
les autres agences. Il avait l'habitude
de dire à propos de l'actualité : « *Il
faut d'abord y aller, on verra
après...* » Les agences concurrentes
sont battues. Gamma est lancée.

grâce à ses photos du shah d'Iran (un pays où il se rendra plus de cinquante fois), se souvient du moment « *où le vent a tourné* », pour lui et pour Gamma : « *J'étais à Moscou avec Mireille Mathieu. J'ai appelé Henrotte pour le prévenir que mon reportage se passait bien. Il était " ailleurs ", et je le comprends. C'était en juin 1967. Henrotte ne pensait qu'à Caron qui photographiait la guerre des Six Jours. J'ai senti que c'était fini pour moi, que je ne porterais plus l'agence, que Gamma démarrait. Aujourd'hui, il faut le reconnaître : Caron a allumé très fort ! On lui doit tout.* »

Sur la guerre des Six Jours, Caron est donc le meilleur. Même chose sur Mai 68, au Biafra, ou au Tchad avec Depardon. Sur l'Irlande, il part juste à la lecture d'une nouvelle « brève » dans *le Monde*, et photographie au 28 mm, à 1,50 m des événements de Londonderry et côtoie l'Anglais Don Mc Cullin, un des plus grands reporters de guerre qui dira : « *Qui c'est, ce Français qui nous fait chier ?* » Jean Monteux se souvient : « *Je reçois la série de l'Irlande. Il y a un portrait de gamin avec une grenade à la main ; une diapositive couleur de mauvaise qualité. Je la jette à la poubelle. Puis, je me dis que c'est trop bête et je la récupère. Elle a fait la couverture de* Paris Match*. La photo est si forte que la qualité technique importe peu.* »

« *On a très mal vendu le reportage de Caron sur la guerre des Six Jours*, raconte Jean Monteux, *autour de dix mille francs. Match n'avait pas de concurrent, les prix ne montaient pas très haut à l'époque et on était nouveau sur la place. Aujourd'hui, ça vaudrait une fortune...* » Ici, une couverture, signée Gilles Carron, consacrée aux événements de Londonderry en août 1969. *Match* proposera à Caron de l'embaucher. Il refusera.

Sous l'œil du général de Gaulle

La force de Gilles Caron, c'était d'anticiper sur l'événement. Être là avant les autres. « *Il tenait le* hot news » pour l'agence. Les autres photographes « assuraient » dans leur spécialité. Leonard de Raemy suivait Bardot mais aussi ce qu'on appelait les « idoles » comme Claude François, Sylvie Vartan ou le milieu du cinéma. Raymond Depardon « *pouvait tout faire* » : des sujets magazine, tirer le portrait en noir et blanc de toutes les stars d'Hollywood et produire les meilleures images des Jeux Olympiques de Mexico ; « *mais je me sentais déjà " Africain "* », souligne-t-il faisant référence à ce fameux périple en janvier 1970 au Tchad, à la recherche des rebelles Toubous en compagnie de Gilles Caron, Michel Honorin et Robert Pledge qui dirige aujourd'hui l'agence Contact à New York. Depardon fera connaissance avec Goukouni Oueddeï qui lui dira dix ans plus tard alors qu'il est président du Tchad : « *Depardon, si je vais un jour à Paris, la première chose que je ferai, c'est d'aller voir l'agence Gamma.* »

D'autres photographes de talent viendront renforcer l'équipe de départ : Jean-Pierre Bonnotte, Henri Bureau, Alain Dejean, Christian Simonpietri, Jean-Pierre Laffont, James Andanson, Alain Noguès qui feront de Gamma une belle équipe de reporters. Jean-Pierre Bonnotte bat les records de parutions avec une image du général de Gaulle (la personnalité française la plus photographiée de l'époque) prise en Irlande juste après sa démission de la présidence de la République.

En 1970, Gamma est la première agence photographique du monde. En fait, il n'y a plus vraiment de concurrence. À tel point que Jean-Pierre Laffont se retrouve seul en 1971, le jour de Noël, sur les lieux

Pendant toute la campagne présidentielle de mai 1969, le général de Gaulle se retire en Irlande avec sa femme. Nombreux sont les photographes qui tentent de saisir cet exil. Jean-Pierre Bonnotte prendra « la » photo: « *Je l'attendais à l'affût avec mon "télé": d'un seul coup, il a entièrement rempli mon objectif. Le cadrage parfait.* »

de l'accident d'avion de la Cordillère des Andes. Pour survivre en attendant les secours, les rescapés ont dû manger de la chair humaine : *« Se retrouver exclusif sur une histoire aussi folle, c'est dingue! C'est impensable aujourd'hui »*, affirme Hubert Henrotte. *« C'était l'époque où on pouvait partir sur un événement deux jours après. Aujourd'hui, avec la concurrence, mieux vaut rester à la maison si vous avez deux heures de retard »*, renchérit Henri Bureau.

En fait, la concurrence ne vient pas des agences mais des magazines : *« Gamma a grandi avec et contre* Paris Match *»*, explique Henri Bureau. Avec, car le magazine donne des garanties au photographe dont il achète les images; contre, car il faut faire mieux que les reporters du *staff* de *Paris Match*. Gamma remporte le « match », ses photographes sont les meilleurs et ils le savent. Leur bureau new-yorkais commence à vendre leurs photos aux États-Unis où le marché est très fermé alors que Black Star, la première agence américaine, n'est pas implantée en France. Tout va (trop) bien. Comme Gamma n'a plus d'agence concurrente, elle va se payer le luxe d'en créer une.

Une scission rocambolesque

Au printemps 1973, après six ans d'euphorie, Gamma connaît la plus grave crise de son histoire. En quinze jours, le numéro 1 mondial se retrouve à l'agonie, déserté par la quasi-totalité de l'équipe. Comment a-t-on pu en arriver là? Comment le groupe a-t-il pu s'entre-déchirer à ce point? Écoutons Monique Kouznetzoff décrire le climat qui régnait au sein de l'agence durant les deux premières années : *« Nous vivions en communauté, on était ensemble du matin au soir, on mangeait et on sortait ensemble, on buvait du champagne pour un oui ou pour un non. Gamma, c'était une équipe soudée. Toute une époque. »* Et pourtant, l'atmosphère va vite devenir *« irrespirable »*. Au cœur de toutes les tensions : le pouvoir au sein de l'agence.

Il est difficile, quinze ans après, de reconstituer exactement ce qui s'est passé pendant ces quinze jours de crise, tant les versions diffèrent, tant les passions demeurent, révélant des plaies qui ne pourront jamais se cicatriser. Des protagonistes de l'époque ont beau affirmer que *« ça ne sert plus à rien de remuer la merde »*, ces événements ont tout de même donné naissance à Sygma, la plus grande agence photographique du monde en chiffre d'affaires.

Quand débute la crise, Gilles Caron a disparu au Cambodge depuis trois ans. Les autres photographes associés sont le plus souvent en reportage. Par sa présence, son titre de gérant et ses talents de gestionnaire, Hubert Henrotte s'affirme de plus en plus comme l'unique patron de Gamma, ce que les autres associés supportent de moins en moins. *« On voulait un "papa", on a eu un manager »*, explique Hugues Vassal. Autre sujet de conflit : le « poids » pris dans l'agence par Monique Kouznetzoff, responsable du département *show business* et compagne de Hubert Henrotte. Par ailleurs, deux clans s'affrontent : les photographes actionnaires et les autres, soutenus par le gérant. Ce n'est pas nouveau. Gilles Caron avait la réputation de

On ne compte plus les parutions de cette image, certainement une des photos les plus diffusées dans le monde. L'émirat arabe de Ras Al Khaima lui a même consacré un timbre. En haut, la couverture de *Jours de France* du 23 novembre 1970 après la mort du général de Gaulle.

L'instantané exemplaire. Une des
grandes photos de Mai 68, encore
Gilles Caron derrière l'objectif. Et ce
pavé dérisoire, que l'on ne perçoit pas
tout de suite, dans la main du CRS.
Selon Raymond Depardon, Gilles
Caron aimait faire remarquer ce
détail insolite.

vouloir « *tout faire, tout couvrir* ». Il lui arrivait de prendre le fameux cahier noir d'attribution des reportages, de barrer le nom d'un reporter pour mettre le sien à la place. Ce « privilège de l'actionnaire » ne devait pas faire plaisir à tout le monde...

« *Hubert Henrotte est venu me voir*, se souvient Henri Bureau qui était le chef de file des photographes non associés, *il m'a dit qu'il allait demander les pleins pouvoirs, qu'il ne les obtiendrait pas et que donc il allait démissionner.* » Tout va alors très vite. En une demi-journée, la quasi-totalité des salariés se mettent en grève et occupent les locaux en solidarité avec celui qu'ils considèrent comme leur « *seul patron* », Hubert Henrotte. « *C'était une sorte de coup d'État; j'étais le seul à pouvoir entrer et négocier* », affirme Raymond Depardon. D'un côté, il y avait la majorité des actionnaires (Depardon, Vassal), de l'autre la majorité du personnel. On assiste à des scènes folles : dès que le téléphone sonne, on s'arrache l'appareil, on coupe la communication, on dit que l'agence est en grève ou alors qu'elle fonctionne.

Mai 68, par Bertrand Laforêt, de l'agence Gamma. Cet ancien reporter d'actualité réalise aujourd'hui des reportages sur des tournages de films.

C'est la confusion la plus totale. Le paroxysme est atteint « *ce fameux jeudi soir* », où, pendant toute la nuit, les photographes non associés vont « déménager » leurs archives pour les entreposer dans le garage du reporter James Andanson à Nogent-sur-Marne. « *C'est un vol manifeste* », pense Floris de Bonneville, l'actuel rédacteur en chef de Gamma. « *Faux, répond Henri Bureau, nous n'avons pris que les négatifs qui nous appartiennent, et on a laissé les tirages.* » La manière est quand même douteuse, révélatrice du climat qui règne au sein de l'agence. La scission est inéluctable. Hubert Henrotte démissionne. Trente des trente-six membres de l'équipe le rejoignent. Avec vingt mille photos, les archives de l'agence Apis qu'il rachète, le bureau de New York et les correspondants qui l'ont suivi, il peut monter *son* agence. Il a tout sauf le nom. En trois jours, au printemps 1973, Sygma est créée.

Hubert Henrotte, le gestionnaire

« *J'ai voulu tourner la page, avoir une autre vie, oublier ce drame. J'ai tout fait pour oublier. Gamma, c'est mon bébé et je l'ai perdu...* » À l'origine des deux plus importantes agences du monde, on retrouve donc Hubert Henrotte, cinquante-quatre ans, considéré par beaucoup comme « *le plus grand patron de presse photo dans le monde* ». Si Paris est la capitale mondiale du photojournalisme, elle le doit en grande partie à cet ancien photographe du *Figaro* dont on dit « *qu'il mourra au pied de son télex* ». Travailleur acharné, autoritaire, qualifié même par certains de « *despote* », à la fois admiré, jalousé, craint, voire détesté, la force d'Hubert Henrotte est de concilier un indéniable talent de journaliste à celui de gestionnaire efficace. Ancien élève de l'école de photographie de Vevey (Suisse), il prend goût à l'image mais aussi à la gestion : « *J'ai suivi des cours de comptabilité. Quand on a créé Gamma, j'étais le seul à savoir lire un bilan. Le côté manager m'a tout de suite plu. Je suis un ancien chef scout. J'aime diriger.* »

« *Je déteste les petits Napoléon* », répond, agacé, Lothar Viede-

En 1978, Jean-Pierre Laffont (Sygma)
entreprend un travail long et ambitieux sur « les enfants au travail » à
travers le monde. Il y a dix ans, ce
type de reportage était rarement réalisé en couleurs. Le résultat est sai-
sissant même si les photos sont techniquement médiocres. Comme cette
image prise en Colombie.

mann, le correspondant photo de *Stern* à Paris depuis 1963. Dire que les deux hommes ne s'apprécient guère est un euphémisme; leurs joutes, en vingt ans, sont fameuses, « *à tel point qu'il y a dix ans, Henrotte a "interdit" Stern d'images* », explique Lothar Wiedemann, « *mais aujourd'hui, ça va mieux* ».

Hubert Henrotte est peu accessible, dans ce milieu où le tutoiement est courant, les portes toujours ouvertes, la hiérarchie peu visible. Tout le contraire de Goksin Sipahioglu, le directeur de l'agence Sipa, qui dit simplement de son concurrent : « *Il n'est pas humain.* » Le personnage est difficile à cerner. Les yeux d'un bleu glacial, timide et intimidant, la voix posée et assurée, Hubert Henrotte n'est pas le genre de personne « *à qui l'on tape sur l'épaule* ». Henri Bureau, « *l'ami de toujours* », mais aujourd'hui brouillé avec son ancien patron, est certainement le photographe qui le connaît le mieux : « *L'agence, c'est toute sa vie. Il déteste sortir, les dîners en ville, les vacances. Il n'aime pas voyager. Il est d'une intelligence redoutable. C'est un homme de crises, de tensions. Cette fameuse ambiance lourde qui distingue Sygma des autres agences, c'est lui.* »

Le photographe Alain Keler l'a côtoyé pendant treize ans à Sygma avant de rejoindre l'équipe de Gamma. Il parle sans passion, ce qui est rare, de son ancien directeur : « *Henrotte, c'est d'abord un grand journaliste, passionné par l'information. C'est vraiment une belle réussite. Le problème, c'est qu'il n'a jamais délégué, il veut tout contrôler, il en fait trop, je l'ai même vu coller les enveloppes d'envois des photos pour l'étranger. Il a indéniablement un côté paternaliste.* » À l'intérieur de Sygma, on est habitué aux critiques : « *Henrotte est détesté parce qu'il est jalousé. Sygma est le numéro 1. Ça explique tout.* » Richard Melloul, un ancien de Gamma, où il était laborantin, a suivi son « patron » dans l'aventure Sygma pour devenir photographe : « *Hubert Henrotte est avant tout un leader, un grand meneur d'hommes. Ça fait vingt ans que je travaille avec lui et je n'ai jamais signé de contrat. Entre nous, il y a un contrat de confiance.* » Les détracteurs d'Hubert Henrotte — recrutés surtout dans les agences concurrentes mais pas seulement — lui reprochent de n'être qu'un gestionnaire « *qui vend des photos comme s'il vendait des lessives* », beaucoup plus intéressé par le prix des images que par leur qualité. C'est possible. Mais la critique pourrait s'appliquer aussi aux autres agences toutes prises dans la spirale infernale de la productivité.

Beaucoup pensent, un peu vite, que Sygma disparaîtra le jour où son patron quittera le métier. Les rumeurs vont d'ailleurs bon train sur le « départ » d'Hubert Henrotte : « *Ça me fait rigoler!* réagit l'intéressé, *je ne sais pas si je peux continuer sur ce rythme pendant quinze ans, mais je ne vois pas ce que je peux faire d'autre; c'est une drogue. Douze de mes collaborateurs sont avec moi depuis dix-huit ans; c'est très important, l'équipe. Sans elle, l'agence ne vaut rien.* »

Noël 1971 : Jean-Pierre Laffont retrouve dans la cordillère des Andes les rescapés d'un accident d'avion qui ont dû manger de la chair humaine pour survivre en attendant les secours. Gamma est alors la première agence du monde. Deux ans plus tard, Jean-Pierre Laffont s'engagera dans l'aventure Sygma.

Goksin Sipahioglu se fait tirer dessus lors des manifestations sanglantes qui ont émaillé le référendum d'auto-détermination à Djibouti en mai 1967 : « *Les Somalis étaient seulement armés de pierres. Les militaires français avaient des pistolets et des mitraillettes. Le combat était inégal. Je n'ai pas réussi à faire publier cette photo en France. Ils n'en voulaient pas.* »

Page de droite, comment une anodine photo d'archives devient le plus prestigieux des documents. Ce portrait de Iouri Andropov a été pris le 1er mai 1979 sur la place Rouge à Moscou. Trois ans et demi plus tard, cet ancien chef du KGB succède à Leonid Brejnev comme secrétaire général du Parti communiste d'Union soviétique. Le portrait signé Philippe Boccon-Gibod (Sipa) est alors publié en couverture de nombreux magazines.

Sipa, Sipahioglu dit Goksin

La plupart le tutoient et l'appellent par son prénom : Goksin. D'autres, plus rares, par son nom : Sipahioglu. On connaît le diminutif qui a donné le nom à l'agence : Sipa. À l'extérieur, certains disent « *le Turc* ». Goksin Sipahioglu, né en Turquie le 28 décembre 1926, « *dernier mammouth d'une époque en voie de disparition*, » fondateur, propriétaire, gérant, rédacteur en chef et « *papa* » de l'agence Sipa, est la personnalité la plus fascinante de ce petit milieu qui a fait de Paris la plaque tournante du photojournalisme. « *Sipa est une extension de la personnalité de Goksin,* explique Abbas, qui était le photographe phare en 1973, lors de la création officielle de l'agence, *c'est moi qui l'ai convaincu de raccourcir son nom.* » Une idée qui coulait d'elle-même puisque déjà tout le monde l'appelait « M. Sipa ».

L'aventure Sipa débute en 1969 à Paris. Depuis huit ans, Goksin est le correspondant (réputé) de *Hürriyet*, le principal quotidien turc. Il est avant tout un journaliste qui s'est bâti une solide réputation par ses « scoops » : il est le seul reporter à être rentré à Cuba en décembre 1962 pendant la crise des missiles, et en Albanie en 1963. Goksin écrit des articles mais prend aussi des photos. « *C'est Hubert Henrotte qui m'a donné l'idée de créer une agence,* avoue-t-il aujourd'hui avec humour ; *j'ai proposé à Gamma de faire un reportage sur Dubcek en 1968 ; Henrotte me l'a refusé. Je me suis dit que si la première agence ne pouvait pas couvrir un tel sujet... c'est qu'il fallait créer une autre structure.* »

L'agence Goksin Sipahioglu démarre dans un 30 m² loué à Fernand Raynaud *(« le labo était dans les WC »),* au-dessus d'un marchand de bonbons, sur les Champs-Élysées. Avec « *son bras droit* », Phyllis Springer, Goksin « fait » les aéroports en Ford Mustang pour récupérer des photos auprès des passagers. Tous les reportages réalisés à travers le monde sont répertoriés au stylo à plume dans un vieux cahier à carreaux que Goksin montre aujourd'hui avec émotion. Premier reportage « *successful* », affirme Phyllis : le tournage de *Médée* avec la Callas par Pasolini en Turquie en 1969.

Sipa est avant tout une formidable école de photojournalisme. Le talent de Goksin, c'est de découvrir le talent des autres. « *Dans ce domaine, c'est un génie* », a dit de lui Howard Chapnick, le directeur de Black Star, la principale agence américaine. La liste de ceux qui ont débuté avec Goksin, avant d'exercer leur savoir-faire ailleurs, est impressionnante. Dans tous les domaines : quatre propriétaires d'agences dont Annie Boulat (Cosmos), Jocelyne Benzakin (JB Pictures) et Daniel Roebuck (Onyx, une des principales agences *show business* aux État-Unis). Sept rédacteurs en chef dont Alain Mingam (Gamma), Frédérique d'Anglejan (Sygma) et Robert Dannin (Magnum États-Unis). Quatre vendeurs dont Claude Duverger (Sygma) et François Caron (Gamma). Une vingtaine de photographes dont Abbas, Michel Setboun, Francis Apesteguy, Sylvain Julienne, Christine Spengler, Arnaud Borrel, Reza, Matthew Naythons, Patrick Chauvel, Arnaud de Wildenberg et Yves Gellie.

« *On passe à Sipa, on y apprend le métier, mais on n'y reste pas.* »

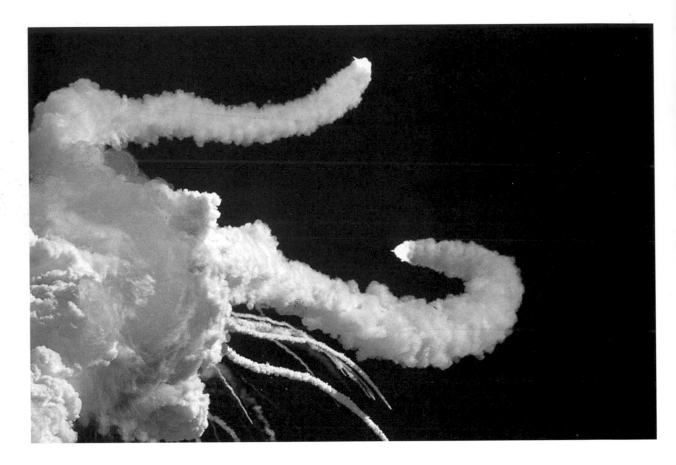

Ce mardi matin de janvier 1986, à
11 h 39 exactement, il fallait choisir
entre le ciel et la terre. Lorsque la
navette américaine Challenger
explose, le photographe Fred Sisson,
de l'agence Sipa, reçoit le drame
plein cadre. D'autres ont vu naître
l'incompréhension puis la douleur
sur les visages des spectateurs.

La litanie revient dans la bouche des photographes, tous à la fois admiratifs et critiques face à l'organisation de l'agence, calquée sur la personnalité de Goksin. En termes plus triviaux, *« Sipa, c'est le bordel »*. Il faut se méfier des apparences. Il est vrai que vous pouvez avoir le « patron » au téléphone sans être filtré, qu'il est dérangé pour un oui ou pour un non toutes les cinq minutes, que son bureau ressemble à un capharnaüm, que les reportages sont empilés un peu partout dans des locaux exigus, que des photos se perdent, que les archives ne sont pas un modèle d'efficacité aux dires des utilisateurs, qu'il n'est pas évident de savoir qui fait quoi dans cette agence sans hiérarchie apparente où cohabitent vingt-six nationalités différentes (dont une trentaine de Turcs) sur soixante-dix salariés, que tout le monde peut toucher à tout. *« Je comprends que ça surprenne les gens. Mais ce n'est pas le foutoir. En fait, c'est un autre état d'esprit »*, répond Sylvie Philippe, responsable du secteur cinéma à l'agence.

La plus spectaculaire des couvertures de magazines sur le drame de Challenger. Toujours à partir d'une image de Fred Sisson (Sipa).

Ce fameux état d'esprit qui fait dire à beaucoup *« et pourtant ça tourne »*, il faut aller le chercher chez Goksin lui-même, qui fait tout, dirige tout. Grand, le sourire complice, séducteur mais pudique, tutoyé par la quasi-totalité des membres de l'agence, il n'aime pas qu'on l'appelle le patron et considère un peu l'équipe comme ses enfants. Ce grand journaliste qui travaille jusqu'à quinze heures par jour sept jours sur sept avoue un salaire entre 50 000 et 60 000 F, et confie, grand seigneur : *« J'arrête quand je meurs. Un journaliste s'arrête lorsque son cœur lâche. »* *« C'est le dernier aventurier des agences photographiques. Si un jour il n'en reste qu'un, ce sera lui »*, affirme Manuel Bidermanas du *Point*.

Si Hubert Henrotte est d'abord gestionnaire, Goksin Sipahioglu est surtout journaliste. Il est le seul responsable d'agence à jouer le rôle de véritable rédacteur en chef, la rédaction étant située juste à côté de son bureau. Passionné par le grand fait divers, il lit des dizaines de journaux de tous les pays, se bat — en s'appuyant sur un impressionnant réseau de correspondants (*« il a des amis partout »*) — pour retrouver « la » photo que tous les magazines attendent, considère l'exercice comme un jeu, mais peut entrer dans des colères noires lorsque Sipa est battue sur le terrain de l'actualité.

Goksin Sipahioglu *« donne l'argent, il le sort de sa poche, il ne le gère pas »*, affirme un membre de l'agence. On ne compte plus les anecdotes sur le côté « système D » du « financier Goksin », le mythe dépassant sûrement la réalité : la plus répandue étant certainement ce jour où il aurait pris la monnaie de la machine à café pour accélérer le départ d'un photographe sur un « coup » ! Dans un autre genre, Abbas se souvient : *« En cinq mois de Vietnam, Goksin ne m'a pas envoyé un sou. Je le joins au téléphone, je râle et il me répond : tu manges, tu dors, tu rencontres des filles et tu fais des photos. De quoi te plains-tu ? »* Les origines orientales de cet homme *« généreux, fidèle, qui déteste dire non aux idées qu'on lui soumet »* expliquent en grande partie ce qu'on appelle *« l'improvisation de Sipa »*. Est-ce la raison pour laquelle Goksin n'arrive pas à garder ses photographes ? La critique fait bondir l'intéressé : *« C'était vrai dans les premières années. Depuis 1980, les photographes restent à l'agence. Nous avons*

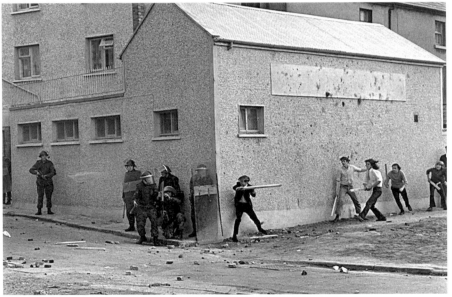

Combat de rue à Belfast, en Irla
du Nord en 1971, par Bruno Bar
de l'agence Magnum.

un fonctionnement différent des autres, c'est tout. Et ça ne nous empêche pas d'être les meilleurs sur le news. »

Il ne faut pas grand-chose pour créer une agence : une chambre de bonne et un agrandisseur. Même les plus grandes ont commencé avec des bouts de ficelles. Cela explique le nombre impressionnant d'agences recensées en France : cent vingt-six exactement en 1988, dont beaucoup de confidentielles, mais qui témoignent de la tradition et de la vitalité du photojournalisme à la française. En 1988, trente-huit étaient membres du Syndicat des agences de presse photographiques d'illustration et de reportages (SAPHIR), créé cinq ans auparavant. On y retrouve évidemment les « trois grands » : Gamma, Sygma et Sipa. Des agences télégraphiques : l'Agence France Presse, Associated Press et Reuter. Mais aussi Magnum, Rapho, Imapress et Cosmos. Des agences spécialisées comme Presse Sports, Vandystadt (sport) et enfin des agences d'archives comme Keystone et Roger Violet.

Le photojournalisme *made in France* déborde aussi nos frontières. Aux États-Unis par exemple. Dans une remarquable enquête parue dans *Le Point* en mars 1984, Manuel Bidermanas et Jean-Michel Gourevitch écrivent : « *Lorsque l'hebdomadaire* Newsweek *entreprend de raconter en images l'année 1983, il sélectionne, pour près de 40 %, des photos en provenance des trois principales agences françaises. Réflexe quasi automatique : lorsqu'un hebdomadaire d'outre-Atlantique réclame des photos de tournage d'un film américain aux États-Unis, c'est dorénavant à une agence française qu'il s'adresse.* » Il le fait en passant par les bureaux américains des « trois grands » (basés à New York et Los Angeles) et notamment celui de Sygma, le plus ancien, dirigé par Éliane Laffont. Dans le réputé magazine américain *Popular Photography* de novembre 1980, John Durniak, l'ancien et non moins réputé « *Picture Editor* » du magazine *Time,* parle de « *la nouvelle vague des agences d'images* ». Il fait notamment référence à la « *French connection dont Éliane Laffont est la pionnière, la première à être arrivée aux États-Unis, en 1969, comme membre de l'équipe Gamma [...] En un an de travail étroit avec le magazine* Time, *elle a fait de Gamma la première agence sur le marché américain.* »

La présence française outre-Atlantique, c'est aussi Contact, l'agence dirigée par Robert Pledge, un ancien de Gamma, et JB Pictures dirigée par Jocelyne Benzakin qui est passée par l'école Sipa. On peut même remonter plus loin. À Black Star, la plus ancienne des agences au monde, créée en 1935 par Howard Chapnick qui incarne la tradition hongroise de la photographie, et qui, tous les matins, entassait ses images dans une valise carrée, et allait voir les journaux de New York pour les vendre 3,50 dollars pièce... Aujourd'hui, Black Star est la première agence américaine.

Voilà pour la trame historique. C'est maintenant dans le fonctionnement au quotidien des agences que l'on peut définir ce photojournalisme à la française. Les trajectoires sont multiples, mais toutes se retrouvent en concurrence sur le terrain de l'actualité. La bataille semble rude entre les photographes, entre les agences. Elle l'est. Pour rester au sommet.

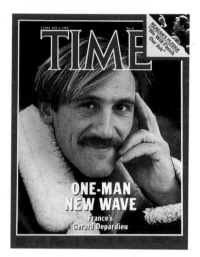

Gérard Depardieu, photographié ici par Bruno Barbey, en février 1984, possède le rare privilège d'avoir illustré la couverture des deux principaux magazines américains, *Time* et *Newsweek.*

C'était un sale dimanche. En octobre 1983, Yan Morvan, photographe de l'agence Sipa, se retrouve pour la quatrième fois à Beyrouth-Ouest dans une chambre du *Palm Beach Hotel*. Il est, comme en dit, en *front line* pour le magazine américain *Newsweek*. Il dort. Tout comme Roland Neveu, de l'agence Gamma, qui occupe une chambre proche. Morvan entend deux explosions. La routine. Il se rendort. À 7 heures du matin, son chauffeur et guide libanais le réveille en tambourinant à la porte : *« Vite ! Vite ! Ils ont attaqué une jeep française ! Il y a trois morts ! »* Fatigué, le photographe refuse de sortir de son lit. Devant l'insistance du chauffeur, il prend ses « clous » (appareils), ses films et se retrouve, à 8 heures du matin, un des premiers témoins de l'attentat du « Drakkar » contre les parachutistes français. Cinquante-huit morts.

Un capitaine hurle : *« Cassez-vous, charognards ! »* Morvan se planque. Les militaires s'affairent autour des gravats pour essayer de sortir les survivants. *« Il y a quelqu'un et ils vont le sortir ! »* Morvan voit venir « la » photo. Une main apparaît, le militaire la saisit, ne la lâche plus pendant deux heures. *« Je me suis dit que je tenais une belle histoire, j'étais content. »* Il est 10 h 30. Au moment où il commence à décompresser, Yan Morvan rencontre un autre photographe : *« Tu n'es pas au courant ? Il y a deux cents morts chez les " Ricains " ! »* La seconde explosion...

Morvan s'affole. Il a de bonnes raisons. Payé par *Newsweek,* il arrive sur les lieux d'un attentat anti-américain avec quatre heures de retard... Tous les autres photographes sont sur place depuis belle lurette dont Peter Jordan, l'envoyé spécial de *Time,* le grand concurrent de *Newsweek*. Morvan prend bien quelques photos, c'est trop tard. Il n'a pas « les » images. Il rencontre la photographe Françoise Demulder qui le questionne : *« Roland Neveu n'est pas avec toi ? »* Non, Neveu n'est pas là. Morvan a oublié de le réveiller. Est-ce vraiment un oubli ? *« Ça faisait trois jours que je ne l'avais pas vu, se défend Yan Morvan, c'est allé très vite et j'étais " nase ". Mais c'est vrai, j'aurais dû avoir le réflexe de me souvenir qu'il aurait pu être dans sa chambre... »* Il y était. Roland Neveu ne le lui pardonnera jamais.

Sale dimanche. Goksin Sipahioglu, patron de Sipa, tient son photographe au téléphone : *« Qu'est-ce que tu as comme photos ? »* Morvan a peur de se faire passer un savon par *Newsweek*. Goksin le persuade d'envoyer ses images en France car, de toute façon, il est trop tard pour respecter les délais de « bouclage » du magazine américain. Le reportage arrive lundi à *Paris Match* qui décide d'en faire sa « une ». Prix d'achat : 150 000 F. Cette fameuse poignée de main est primée par

Double attentat à Beyrouth en octobre 1983 : *« Et dire qu'on a " fait " la couverture de* Match *avec une poignée de main... »,* plaisante Michel Chiche Portiche, le vendeur de Sipa (photo Yan Morvan).

« *Arrestation d'un membre de la Direction générale de la sureté (ex-PIDE) par les militaires portugais en avril 1974 au cours de la révolution des œillets.* » Telle est la légende sous laquelle cette photo d'Henri Bureau (Sygma) a été diffusée, obtenant un *World Press Photo* (prix de la meilleure image d'actualité de l'année). En fait, cet homme a été arrêté par erreur et n'a rien à voir avec la sinistre police d'État. Il n'empêche. Les mythes ont la vie dure. La légende reste. Une nouvelle génération de photographes s'est distinguée lors de la révolution portugaise : Alain Keler, Alain Mingam, Sebastiao Salgado, Benoît Gysembergh, Jean-Claude Francolon, François Hers, Jacques Minassian, Guy Le Querrec, etc.

un jury international qui se réunit chaque année à Amsterdam. À Paris, Morvan obtient un succès retentissant. À New York, c'est autre chose... « *Quand ils ont vu* Match, *les gens de* Newsweek, *pour qui je travaillais, ont hurlé!*» raconte le photographe. Plus tard, l'agence américaine Black Star lui proposera un contrat de 40 000 dollars par an pendant deux ans. Morvan refusera.

Une guerre, une grosse actualité internationale, des photographes qui travaillent à la fois pour une agence et un magazine, la concurrence entre agences et entre journaux, la présence des agences télégraphiques, un scoop, la chance, le talent, une « embrouille » entre photographes, des « bouclages » à respecter, la réussite qui se mêle à l'échec, des photos historiques qui peuvent se vendre très cher, d'autres qui peuvent s'avérer des « bides » retentissants, le noir et blanc et la couleur. Autant de facteurs qui s'ajoutent, se superposent, évoluent et font du fonctionnement des agences une réalité difficile à cerner. Il ne suffit pas de les observer. Il faut aussi « *aller voir comment ça se passe sur le terrain* ». Ne jamais oublier que le photographe est l'élément moteur, qu'il est coproducteur de ses images à égalité avec son agence, qu'il constitue une sorte d'entreprise dans l'entreprise.

Sygma contre Gamma

La « guerre » des images, c'est donc d'abord la « guerre » des photographes. Le mot est un peu fort. Parler de compétition serait plus juste. Et comme le dit Henri Bureau, l'ancien photographe de Gamma et Sygma, « *plus il y a de compétition, meilleures sont les photos* ». Tout de même. Il se raconte, dans le milieu des photographes, beaucoup d'histoires d' « arnaques » : films volés, échanges de coups de poing, mais aussi alertes à la bombe pour retarder un avion dans lequel voyage un concurrent! « *C'est le système qui veut ça,* explique Arnaud de Wildenberg, qui a travaillé pour les trois grandes agences, *quand tu vas à Beyrouth, que tu payes la moitié de tes frais, que tu dépenses 1 500 F de taxi par jour, tu es continuellement stressé. Tu es prêt à tout pour faire les images. Le système du 50-50, c'est indirectement un encouragement à faire la guerre aux concurrents.* »

Les « arnaques » sont moins fréquentes qu'on ne le dit parfois. Dans l'immense majorité des cas, ça se passe bien. Trop bien même, pense Henri Bureau, qui incarne l'image du grand reporter des années 1970 : « *Quand je vois aujourd'hui travailler les photographes, j'ai l'impression d'assister à des randonnées de scoutisme. Ce sont des copains. Ils se racontent tout. À la limite, ils se donnent des idées! Ce métier, ce n'est pourtant pas l'Armée du salut. La compétition doit être totale. Chacun doit jouer sa chance, sans bien sûr aller jusqu'à droguer le café de l'autre... J'ai souvent ramené à Paris les films d'un photographe concurrent, mais pas pour un coup important. Ça m'aurait paru fou! C'est travailler contre son agence. Moi, je n'ai jamais fait de cadeau. Lors de la Révolution portugaise en 1974, j'ai " baisé " un photographe de Gamma. Parce que nous étions les seuls à avoir les*

Dans son livre *Récit*, François Hers raconte : « *Un jour, Bob Pledge m'appelle de New York et me dit : "J'ai l'impression qu'il va se passer quelque chose à Braga, au Portugal. L'archevêque, fasciste notoire, appelle à un grand rassemblement des catholiques du Nord contre la menace de subversion communiste." J'y suis allé. Le discours de l'archevêque a lieu, il appelle les catholiques à la chasse aux communistes. Après le discours, je suis plusieurs centaines de personnes jusqu'au siège du parti communiste local ; les gens commencent à s'échauffer, à lancer des pierres, et finalement la foule s'en prend à un homme isolé, en l'accusant d'être communiste, et commence à le lyncher. Je profite de ma taille et de mon poids, je m'interpose entre la foule et l'homme, en faisant semblant de faire des photos, pour essayer de le protéger, jusqu'à l'arrivée de deux policiers qui le conduisent contre un mur, en attendant des renforts (ci-dessus). À ce moment-là, je pouvais enfin travailler, je me dis : il faut que je fasse une photo exemplaire. Je la fais et je l'envoie par l'avion du soir à Paris. Une semaine après, quand la photo est parue, j'ai constaté qu'elle servait plutôt à justifier l'appel de l'archevêque. J'ai décidé d'interrompre toute collaboration avec la presse, pour un temps.* »

Portrait du général Augusto Pinochet, réalisé en septembre 1973 par le
photographe de Gamma Chas Gerretsen après le coup de force de la
junte militaire au Chili. En voyant
cette photo, le général Pinochet a
décidé de ne plus porter de lunettes à
verres teintés.

Outre ses reportages réalisés aux
quatre coins de la planète, Alain
Mingam, aujourd'hui rédacteur en
chef de Gamma, était "le" photographe du joueur de tennis Björn
Borg. Les relations privilégiées qu'il
entretenait avec le champion lui ont
permis de « monter » un certain
nombre de photos qui ont fait la
« une » des magazines (couvertures
ci-contre).

photos. Aujourd'hui, je referais la même chose ». Henri Bureau n'a pas la réputation d'être un tendre, mais il est respecté dans le milieu des photographes. Il a tout simplement appliqué de façon exemplaire ce système qui a donné au photojournalisme *made in France* ses lettres de noblesse.

On a trop souvent confondu compétition entre photographes et « guerre » des agences. La rivalité entre Gamma et Sygma y est pour beaucoup. Essentiellement une guerre des « chefs ». *« C'était la haine. »* La plupart des témoins de la scission de 1973 en conviennent. Floris de Bonneville, directeur de la rédaction de Gamma, affirme avoir vu chez certains journaux un petit carton rouge portant cette mention assassine : *« L'agence Gamma est devenue l'agence Sygma. »* Son auteur ? *« Hubert Henrotte bien sûr. »* Vraie ou fausse, l'accusation en dit long sur les relations entre les deux agences, entre les deux hommes. Une chose est sûre, même si Hubert Henrotte s'en défend : les fondateurs de Sygma *« ont voulu tuer Gamma »,* recherchant dès la scission le KO définitif.

Gamma a refait surface. *« On a frôlé à plusieurs reprises le dépôt de bilan »,* reconnaît Jean Monteux, son directeur. En 1973, il ne leur reste que le nom ô combien prestigieux, des locaux qui leur semblent trop grands, les archives de Gilles Caron et de Raymond Depardon. Ce dernier devient directeur et prend une série de mesures qui vont donner à l'agence une image qu'elle garde encore aujourd'hui : il embauche de jeunes photographes dont Jean-Claude Francolon et Michel Laurent ; il rouvre un bureau à New York avec à sa tête Robert Pledge du magazine *Zoom* ; il privilégie les grands sujets d'actualité mais néglige le secteur — qui s'avérera très rentable — du *people* que va dominer Sygma. Le *people,* c'est-à-dire tirer le portrait des gens qui font rêver : les princes et les princesses, les actrices et les chanteurs.

Après la scission, quelqu'un de *Time* lâche à Depardon : *« Gamma n'existe plus ! »* Le putsch du général Pinochet au Chili en septembre 1973 va prouver le contraire. Raymond Depardon raconte : *« À Santiago, nous avons Chas Gerretsen. Sygma a Sylvain Julienne. Gerretsen est étonnant : plus il y a de l'action, plus ça tire, plus ses images sont nettes, belles. Quand c'est calme, c'est flou ! Les deux photographes se retrouvent au coude à coude lors de l'assaut contre le palais de la Moneda par les militaires. Ils passent un accord : le premier qui rentre à Paris ramène les films de l'autre. C'est Julienne. Il fallait faire en sorte que les pellicules ne se "perdent" pas. Julienne développe ses films pour Sygma lors d'un transit à Buenos Aires, mais pas ceux de Gerretsen. Ce dernier m'appelle : "Attention ! Julienne arrive par l'Argentine !" Je ne sais pas par quel vol. Je mobilise tous les photographes et on "cueille" Julienne à sa descente d'avion. »*

Les photos sont développées en Belgique et publiées en France pour *Paris Match,* et aux États-Unis sur cinq pages en couleurs par *Newsweek. « La remarque de* Time *nous avait tellement humiliés... »,* se souvient Depardon. Ce n'est pas tout. Trois photographes de l'agence Gamma, Chas Gerretsen, David Burnett et Raymond Depardon s'illustreront par des reportages exemplaires, chacun dans leur registre, qui seront publiés dans un petit livre aujourd'hui introuvable : *Chili.*

François Lochon affirme que « *c'est la plus belle photo de l'agence Gamma. Tout le drame du Liban résumé en une seule image* ». Prise par Françoise Demulder en janvier 1976 dans le quartier de « La Quarantaine » à Beyrouth, ce document a obtenu le prix de « la photo de l'année » décerné par le jury du *World Press* à Amsterdam. La « carrière » de cette image, régulièrement publiée dans la presse, était mal engagée car il a fallu qu'un archiviste astucieux, tombé dessus par hasard, la sorte des oubliettes, noyée dans un marais de photos à la suite d'une erreur d'« editing » (sélection).

Autre terrain d'affrontement qui a envenimé la rivalité légendaire entre Gamma et Sygma : la guerre du Kippour d'octobre 1973. Jean-Claude Francolon se souvient : « *Depardon avait envoyé pas moins de six photographes. Il voulait montrer à Sygma que nous existions. Pour nous, les jeunes nouveaux, il était Dieu le père ! Je me retrouve dans le même avion qu'Henri Bureau de Sygma. On ne se parle pas. Je le revois sur un plateau du Golan. Ça " canarde " dans tous les sens. Il me dit : " Ah ! T'es là ? " Bref, c'était pas la joie.* »

Aujourd'hui, sans être au beau fixe, les relations se sont améliorées entre les deux agences. Les nouvelles générations de photographes ne se sentent pas comptables de ces « *querelles de patrons* ». À l'automne 1987, la profession est conviée à Paris, au Palais de Tokyo, pour fêter les vingt ans de Gamma. Jean Monteux en tête, tout le monde attend la venue de Hubert Henrotte, le « père » de l'agence. L'instant d'un soir, la réconciliation. Il ne viendra pas. Il enverra des fleurs...

Goksin Sipahioglu, le patron de Sipa, aime montrer à ses visiteurs une photo en couleurs, à première vue insignifiante mais sur laquelle sont réunis les patrons des trois grandes agences, Jean Monteux, Hubert Henrotte et lui-même : « *C'est une photo très rare, et je le regrette. Je n'ai aucune relation avec Henrotte ; je crois qu'il considère que ça ne sert à rien de se voir. Avec Monteux, c'est différent. Nous sommes très amis avec Gamma.* »

Cette image rassemble —fait rarissime— les responsables des trois plus grosses agences dans le monde : de gauche à droite, Goksin Sipahioglu (Sipa), Jean Monteux (Gamma) et Hubert Henrotte (Sygma).

Que sont les agences devenues ?

Aujourd'hui, Gilles Caron ne reconnaîtrait plus son agence. Comme ses deux concurrents, Gamma a vite grandi : locaux, personnel, photographes. Ces entreprises sont noyées dans un océan d'images : pour Gamma, trente reportages, soit huit mille photos produites par jour qui sont envoyées dans cinquante pays, quatre mille clients répertoriés, vingt-sept mille photos vendues en 1986. Les agences ont diversifié leurs activités : Gamma et Sygma se sont lancées dans la production télévisée ; Sipa possède un laboratoire photo ouvert jour et nuit sept jours sur sept et dont le chiffre d'affaires représente près de 10 % du chiffre d'affaires global de l'agence ; Gamma a créé *Copyright,* une filiale d'édition ; les départements *people,* surtout pour Sygma, ont connu un développement spectaculaire.

Si elles ont grandi, ces structures restent encore à taille humaine, des PME, presque des entreprises familiales. En fait, une agence c'est un nom, un savoir-faire, un réseau de distribution, des archives. Bref, un prestataire de services. Mais surtout des hommes : les photographes et ceux qui les font travailler. La scission entre Gamma et Sygma a montré que la plus grande agence du monde peut se retrouver du jour au lendemain au bord du gouffre lorsqu'elle est désertée par ceux qui ont fait sa réputation. Propriétaires de leurs archives, les photographes peuvent les retirer à tout moment. Même si ça se produit de façon rarissime, l'hypothèse est d'importance quand on sait que ce sont justement les archives qui donnent de la valeur à ces entreprises. La valeur marchande d'une agence est donc toute relative. Gamma est

SIX AGENCES PHOTO EN CHIFFRES

	GAMMA	SYGMA	SIPA	BLACK STAR	CONTACT	MAGNUM
Date et lieu de création	1968 à Paris	1973 à Paris	1973 à Paris	1935 à New York	1976 à New York	1946 à New York
Nature juridique	SARL	SA	SARL	SARL	SA	SARL
Capital	51 000 francs	250000 francs	800000 francs	Non communiqué	30000 dollars	300000 francs
Principaux actionnaires	Jean Monteux . 28,33 % J.-C. Francolon 28,33 % F. Lochon ...... 28,33 %	Hubert Henrotte .. 40 % Robert Maxwell ... 25 % M. Kouznetzoff ... 10 %	G. Sipahioglu : 98 %	Howard Chapnick Ben Chapnick Jeanette Chapnick	Robert Pledge David Burnett Alon Reininger	Magnum Inc. (New York)
Direction	Jean Monteux	Hubert Henrotte	Goksin Sipahioglu	Howard Chapnick	Robert Pledge	Burt Glinn
Surface des locaux	2000 m^2	2000 m^2	1500 m^2	900 m^2	400 m^2	Paris : 600 m^2 New York : 450 m^2
Abonnement agences télégraphiques	AFP	AFP	AFP	Pas d'abonnement	Pas d'abonnement	Pas d'abonnement
Salariés (non photographes)	Photo : 60 Édition : 10 Télévision : 10	Photo : 70 Sygma États-Unis : 30 Télévision : 40	Photo : 75 Labo : 80 États-Unis : 13	25	10	Paris : 21 New York : 18 Londres : 4
Photographes	Membres : 24 Correspondants : 10 Distribués : 3100	Membres : 50 Correspondants : 10 Distribués : 2300	Membres : 30 Correspondants : 50 Distribués : 1800	Membres : 23 Contrats : 3 Distribués : 150	Membres : 6 Associés : 2 Collaborateurs : 6	Actifs : 42 Contributeurs : 9
Statut des photographes permanents	Non salariés	Salariés : 7 Non salariés : 43	Salariés : 5 Non salariés : 25	Non salariés	Non salariés	Non salariés
Spécialités des photographes	Actualité : 13 Magazine : 7 Charme : 4	Actualité : 28 Magazine : 5 Charme : 17	Actualité : 20 Magazine : 10 Charme : 0	Actualité Magazine Rapports annuels	Grande actualité Sujets socio- géopolitiques Portrait	Pas de spécialité
Pourcentage du chiffre d'affaires global réalisé par les photographes permanents	15 %	65 %	12 %	Non communiqué	100 %	95 %

	GAMMA	SYGMA	SIPA	BLACK STAR	CONTACT	MAGNUM
Archives	12 millions de photos 60 % couleur	20 millions de photos 60 % couleur	15 millions de photos 40 % couleur	3 millions de photos 80 % couleur	700 000 photos 80 % couleur	1 million de photos 60 % couleur
Informatisation des archives	Tout le noir et blanc La couleur depuis 1982	Le noir et blanc depuis 1977 Une sélection couleur depuis 1977	50 % des archives	Non informatisées	Non informatisées	Non informatisées
Production par jour	30 reportages 8 000 photos couleur 3 000 photos en N. et B.	40 reportages 3 000 photos couleur 3 000 photos en N. et B.	30 reportages 8 000 photos couleur 4 000 photos en N. et B.	16 reportages	10 reportages	1 reportage en moyenne
Diffusion	50 pays	38 pays	45 pays	7 pays principaux	6 pays principaux	16 pays
Clients	4 000	2 500	2 500	Non communiqué	Non communiqué	Non communiqué
Chiffre d'affaires	62 millions de francs dont 40 % en France	80 millions de francs dont 50 % en France	49,7 millions de francs dont 40 % en France	Non communiqué	1,5 million de dollars	33 millions de francs
Pays étranger en expansion	Espagne	Italie	RFA	Italie	France	Italie
Répartition du chiffre d'affaires par secteurs	Actualité : 25 % Magazine : 40 % Charme : 35 %	Actualité : 35 % Magazine : 25 % Charme : 40 %	Actualité : 60 % Magazine : 30 % Charme : 10 %	Rédactionnel : 60 % Rapports annuels : 40 %	Non communiqué	Non communiqué
Meilleur client	Le Figaro Magazine	Paris Match	Paris Match	Non communiqué	Time	Non communiqué
Part des archives dans le chiffre d'affaires global	40 %	52 %	10 %	Non communiqué	33 %	Non communiqué
Chiffre d'affaires des filiales autres que photo	Édition : 15 millions de francs Télévision : 10 millions de francs	Télévision : 30,2 millions de francs	Labo : 26,7 millions de francs	Pas de filiale	Pas de filiale	Pas de filiale

Chiffres arrêtés au 1er septembre 1988.

par exemple estimée, en 1988, à 70 millions de francs. Comme le dit un photographe, « *pour de la matière grise, c'est pas mal...* »

« *Au début, les agences étaient au service des photographes. Aujourd'hui, ce sont les photographes qui sont au service des agences.* » La remarque de François Lochon, un des trois actionnaires de Gamma, résume bien l'évolution. Les agences ont embauché beaucoup de personnel en vingt ans : laborantins, archivistes, rédacteurs, etc. Il faut « *que ça tourne* ». Le poids relatif du photographe *staff,* c'est-à-dire membre à part entière et exclusif de l'agence, a décliné : « *Nous avons vingt et un photographes,* explique Jean Monteux, directeur de Gamma, *ce ne sont plus eux qui font vivre l'agence. Ce sont toutes les photos que l'on reçoit de l'extérieur, que l'on récupère, que l'on n'a pas produites et que l'on se contente de distribuer. Le coût est faible, la rentabilité évidente. Toutes les agences vivent comme ça...* » Les chiffres sont là : seulement 15 % du chiffre d'affaires de Gamma sont réalisés par l'équipe permanente.

Pour se rendre compte combien les agences ont changé en vingt ans, il faut également regarder la presse magazine, voir comment elle a évolué. Ou tout simplement observer la devanture d'un kiosque. La couleur a remplacé le noir et blanc, les photos de personnalités du spectacle, du cinéma, Lady Di et Stéphanie de Monaco ont supplanté les grands sujets d'actualité. A la fin des années 60, Caron et Depardon passaient sans sourciller d'une revue du Lido à la guerre du Tchad. Mais il est facile de savoir où allait leur préférence... Il suffit de se pencher sur les photos qui ont résisté à l'usure du temps. Aujourd'hui, le département *news* de Sygma, comme le reconnaît Hubert Henrotte, est déficitaire. Pour schématiser, c'est la famille de Monaco qui fait la prospérité des agences.

Gamma : la tradition et le renouveau

Gamma, c'est d'abord un nom. Comme un emblème. La plus ancienne des trois grandes agences françaises est, de loin, la plus connue du grand public. Parce que tout a commencé dans les murs d'un petit local exigu, rue Auguste-Vacquerie à Paris, parce que des grands noms du photojournalisme comme Gilles Caron, Raymond Depardon, Michel Laurent, Sebastiao Salgado, Abbas ou David Burnett y ont exercé leurs talents, parce que Gamma a innové avec ses fameux tirages soignés, délimités par un trait noir et une marge blanche tout autour. Gamma, c'est l'institution. Le photographe Gérard Rancinan a rejoint l'équipe en 1988 après avoir fait les beaux jours de Sygma : « *Je suis très fier d'appartenir à ce nom. C'est la tradition, l'histoire. Entrer à Gamma, c'est un rêve de gamin.* »

Contrairement aux deux autres agences, Gamma n'est pas dirigée par un seul homme, mais par trois actionnaires majoritaires qui possèdent chacun 28,33 % des parts : Jean Monteux, qui assure la gérance, et les photographes Jean-Claude Francolon et François Lochon. Même si Hubert Henrotte, le patron de l'agence Sygma, pense que « *c'est un système impossible* », c'est une façon de témoigner,

Page de gauche, Valéry Giscard d'Estaing, alors ministre de l'Économie et des Finances, lors du festival mondial de l'accordéon à Montmorency, avec Yvette Horner, en 1973. Photo Daniel Simon (Gamma). Jacques Chirac en vacances durant l'été 1977 dans sa résidence de Bity (Corrèze). Photo Christian Vioujard (Gamma).

Ci-dessus, une des photos marquantes du pape Jean-Paul II réalisée par Michel Setboun, alors membre de l'agence Sipa, le 1er juin 1980 au Parc des Princes, lors de la première visite à Paris du souverain pontife.

Ce 2 mars 1974, l'empereur Hailé Sélassié est encore « *Roi des rois, puissance de la Trinité, lion conquérant de la tribu de Juda, élu de Dieu, défenseur de la foi, 225ᵉ descendant de la dynastie issue des amours bibliques de la reine de Saba et du roi Salomon* », comme le magnifie la Constitution. Il est Négus depuis quarante-cinq ans. Dans six mois, il sera destitué. Difficile de ne pas associer ce remarquable portrait réalisé par Michel Laurent (Gamma) avec la description faite par Jean-Claude Guillebaud dans *Le Monde* lors de la mort du Négus, le 27 août 1975 : « *Un vieillard crispé sur une cassette qu'entourent les ombres de cent quatre-vingt mille paysans morts* ». Michel Laurent trouvera la mort, victime d'un tir vietcong, le dernier jour de la guerre du Vietnam, sur le bord d'une route de la banlieue de Saigon en 1975.

quinze ans après la scission, qu'une agence photographique peut prospérer sous une direction tricéphale. Et si on se demande parfois qui détient le pouvoir dans cette entreprise où cohabitent des personnalités et des tempéraments fort différents, où la structure collégiale peut être un frein au dynamisme, où certains affirment que « *ce n'est pas facile de faire bouger la machine* », où une crise pourrait éclater à tout moment, il faut reconnaître que Gamma fait peu de bruit, à l'image de son gérant, mais « tourne » bien.

Francolon et Lochon : avoir deux photographes en activité à la direction de Gamma, c'est aussi, d'une certaine façon, pérenniser l'esprit de 1967 ; rappeler que les agences ont d'abord été créées par et pour ceux qui font les images. Il y a des photographes qui ont le statut de salariés à Sygma et Sipa. Pas à Gamma. « *Nous avons donné au photographe l'indépendance et la liberté. De là vient notre réussite. Revenir sur ces principes serait un grand bond en arrière. Gamma perdrait son identité* », affirme Jean Monteux. L'agence a une image à défendre. Lorsqu'on incarne une certaine idée des agences photographiques, on ne peut y toucher. Ce serait « trahir » ceux qui hantent encore les couloirs et qui ont fait son histoire, ceux qui ont disparu, ceux qui sont partis exercer leurs talents ailleurs...

De l'équipe actuelle, ils sont encore trois à avoir connu les événements rocambolesques de la scission. Jean Monteux bien sûr, mais aussi Floris de Bonneville, qui a fait ses premières armes chez Dalmas, aujourd'hui directeur de la rédaction, et Michel Cabellic à qui l'on doit l'informatisation — réussie — des archives. Parmi les photographes, Jean-Claude Francolon, auteur de reportages saisissants sur la fin de la guerre du Vietnam en 1975, incarne à lui tout seul « l'école Gamma », celle des Depardon et des Caron.

François Lochon, pour sa part, a réussi quelques « coups » journalistiques et financiers qui ont fortifié la réputation de l'agence : entrée des premiers chars soviétiques en Afghanistan, guerre Irak-Iran, récupération de photos de l'assassinat de Sadate et de la guerre des Malouines. Francis Apesteguy, « acteur » principal de *Reporters,* le film de Depardon sur les photographes de presse, a abandonné le style *paparazzi* pour réaliser des portraits, sur rendez-vous, de personnalités. Mais Gamma, c'est aussi Patrick Aventurier, un photographe de vingt-six ans qui a commencé comme laborantin à l'agence, et qui est aussi à l'aise lors d'une grève de Talbot-Poissy, une manifestation de sidérurgistes à Longwy, que pour un reportage-magazine sur l'école polytechnique ou celle de Saint-Cyr.

Chacune des trois grandes agences a aujourd'hui sa « spécialité », son secteur fort qui lui donne une nouvelle image de marque. À Gamma, c'est le « newsmagazine », nom barbare qui correspond à un traitement différent de l'actualité, décalé par rapport aux événements dits « chauds », où la qualité technique des images compte autant que leur contenu informatif. L'image couleur peaufinée, réfléchie, remplace l'instantané en noir et blanc. Peu d'images « chocs », davantage de sujets de fond. C'est la nouvelle génération Gamma, celle des Éric Bouvet, Pascal Maitre, Yves Gellie, Raphaël Gaillarde, renforcée par des anciens de Sygma comme Jean Guichard et Gérard Rancinan.

Un reportage réalisé par Yves Gellie (Gamma) sur les bains publics en Hongrie et publié dans le magazine *Zoom* en 1987.

Le 6 octobre 1973, l'Égypte et la Syrie
déclenchent contre Israël la guerre
du Kippour. Suite à de nombreux
raids israéliens, le général Moshe
Dayan annonce, le 15 octobre, que
l'armée syrienne est « *battue mais
non exterminée* ». Le même jour,
Christian Simonpietri, de l'agence
Sygma, prend ce cliché d'une chaîne
de prisonniers syriens.

Hubert Henrotte, beau joueur, ne cache pas son admiration pour le département magazine de Gamma que dirige Alain Mingam, un ancien photographe, à qui l'on doit des photos qui ont fait date sur la guerre en Afghanistan ou les massacres de Palestiniens dans les camps de Sabra et Chatila au Liban.

Sygma : la plus grande

Les locaux de Sygma sont comme une vitrine de ce qui est la plus grande agence photographique du monde : superbes, audacieux, efficaces, fonctionnels, intimidants. Des locaux à l'image de leur patron, Hubert Henrotte. Le logo rouge se détache sur les murs verts d'un immense hall. En bas, les archives, en haut, l'administration et la rédaction. À l'entrée, deux hôtesses. À droite, une cafétéria. Au fond, la redoutable et efficace Josette Chardans, une ancienne de Gamma, veille sur son armada d'archivistes et sur une dizaine de tables lumineuses parfaitement alignées où l'on reçoit les clients.

Ce bon goût ostentatoire tranche sur la pudeur retenue de Gamma et ses archives confinées au sous-sol ; sur l'exiguïté des locaux de Sipa où les couloirs se confondent avec les bureaux que se disputent piles de photos et salariés ; sur le charme artisanal et désuet de Magnum à Paris, où rien ne semble avoir bougé depuis des lustres avec son parquet patiné et ses archives non informatisées que l'on sort de boîtes en carton.

Sygma est donc le numéro 1. Premier par le chiffre d'affaires, le volume d'archives, le nombre de sujets distribués par jour, le nombre de photographes. En bon gestionnaire qu'il est, Hubert Henrotte et ses collaborateurs ont souvent été des précurseurs : informatisation des archives, saisie d'images sur vidéodisques pour les repérer plus facilement, transmission d'images au bureau de New York en quelques minutes, création d'un département télévision. Tout n'est pas un succès : le stockage des photos sur vidéodisque n'est pas encore rentable et le département télévision a perdu beaucoup d'argent en 1987, vingt deux personnes sur cinquante-sept ayant été licenciées. Ce qui n'empêche pas Hubert Henrotte d'avancer. Toujours. Un accord, signé en 1988 avec le magnat de la presse britannique Robert Maxwell, prévoyait la distribution de photos de l'agence à la presse quotidienne américaine grâce à un satellite propriété du groupe d'outre-Manche.

Sygma a vu s'éteindre « la race des seigneurs », ceux qui, en 1973, ont suivi leur « patron » sans sourciller. Leonard de Raemy s'est exilé en Corse. Henri Bureau s'est brouillé avec Hubert Henrotte. Alain Dejean est mort. Christian Simonpietri vit aux États-Unis. Jean-Pierre Bonnotte est retourné à Gamma, James Andanson fait de l'élevage dans un village près d'Issoudun tout en traquant les grands de ce monde, à Gstaad l'hiver, et à Saint-Tropez l'été. Reste Alain Noguès. Le photographe, qui a fêté en juin 1988 ses « vingt-cinq ans de métier », est toujours là et bien là, passant sans broncher d'une « manif » à un lancement de la fusée Ariane, dernier survivant,

La couverture de *Stern* sur le trésor du *Titanic*, un reportage vendu 200 000 marks (autour de 700 000 F) par Sygma au magazine allemand en 1987.

Combattant à Beyrouth en 1978, par Raymond Depardon. Cette photo est extraite de son livre *Notes*, paru en 1979 avec des photos du Liban et d'Afghanistan, mais aussi des commentaires personnels et intimes. Depardon se raconte, dévoile ses problèmes sentimentaux sur des images de *news*: « *J'ai des remords pour lundi soir, j'étais grotesque, j'étais déçu, je m'étais fait des illusions. Plus d'humilité. Je ne suis pas assez gai avec toi* ». Mais aussi: « *J'ai raté une photo aujourd'hui. Je n'ai pas osé. Avec toutes les femmes en noir autour du phalangiste mort la veille. J'aurais dû. Je rate tout, je travaille mal. On dirait que j'attends l'accident devant moi. J'ai des regrets pour cette photo. Peut-être je ne voulais pas tricher.* » Depardon est malheureux et il le dit. Certains photographes ont trouvé qu'il est allé trop loin. Beaucoup d'autres salueront l'entreprise ô combien audacieuse.

Depardon s'expliquait, en 1980, dans le magazine *American photographer*: « *J'ai publié ce livre pour démythifier l'image prestigieuse du photojournaliste, travaillant toujours pour un grand magazine, les cartes de crédit plein les poches et un sourire sur le visage.* »

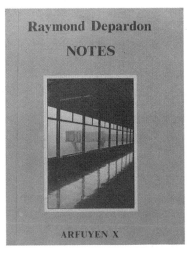

constate-t-il, d'une « *race de photographes en voie de disparition* ».

Quinze ans après sa création, l'agence semble marquer le pas : expérience malheureuse dans la télévision, procès intenté par le rédacteur en chef Henri Bureau, « *après dix-neuf ans d'amitié* » avec Hubert Henrotte, pour « *licenciement abusif et non-paiement du treizième mois* », départs de photographes de talent comme Alain Keler et Gérard Rancinan pour Gamma ; enfin, l'association avec Maxwell, à qui Henrotte a vendu 25 % des parts de l'agence, a semé « *le trouble* » chez certains photographes. Même s'il s'en défend, on prêtait fin 1988 au patron de Sygma l'intention de céder la totalité de l'entreprise au magnat britannique.

À Sygma aussi, les jeunes prennent la relève. Dans des registres différents, deux photographes se sont distingués depuis trois ans : Frédéric Meylan, né en 1962, photographe quasi exclusif de Stéphanie de Monaco de 1985 à 1987 et avec laquelle il a réalisé cent soixante couvertures de magazines. Dominique Aubert, né en 1963, qui est déjà allé cinq fois au Liban, mais aussi en Angola, dans le Golfe et en Afghanistan.

Reste la « spécialité » de Sygma, le département qui a fait de l'agence la première du monde en trois ans : le *people* ou *showbiz*. Images de Stéphanie de Monaco, sa sœur Caroline, mais aussi de Catherine Deneuve ou Isabelle Adjani ; toutes ces photos prises avec l'accord des intéressées car on affirme, un peu vite, ne pas faire de *paparazzi* à Sygma. Prestige oblige. Cinquante salariés dans le monde et dix-sept photographes permanents : ce secteur florissant, dirigé avec poigne par Monique Kouznetzoff, représente près de la moitié du chiffre d'affaires de l'agence.

Les « mercenaires » français

« *Les magazines américains considèrent les photographes des agences françaises un peu comme des mercenaires, des baroudeurs. Ils apprécient leur savoir-faire, leur débrouillardise, mais ils contestent parfois leur fiabilité. En fait, on ne peut pas les contrôler.* » La remarque est de Robert Pledge, qui est installé à New York depuis quinze ans où il dirige l'agence Contact. À cette accusation, les agences répondent qu'elles conçoivent simplement le métier différemment.

Gilles Caron avait l'habitude de dire qu'« *il faut d'abord partir, on verra après...* » Même chose pour Henri Bureau : « *La force de Sygma, notre raison d'être, c'est l'attention quotidienne portée aux événements et aux hommes. Se dire qu'il va peut-être se passer quelque chose, anticiper. Nous sommes d'abord des journalistes. Des journalistes qui faisons des photos.* » Hubert Henrotte en fait même la raison principale du succès des agences françaises : « *La spéculation permanente, le risque, nous a tous dynamisés. Rien à voir avec les photographes américains qui ne se lèvent que s'ils ont une commande et qui préfèrent gagner 300 dollars à coup sûr plutôt que d'en risquer 3 000 sur un grand reportage.* »

Raymond Depardon publiait en 1978 un petit livre retraçant plusieurs reportages réalisés au Tchad entre 1970 et 1978.

La quête de l'« instant décisif » n'a jamais vraiment été la tasse de thé de Raymond Depardon. A la « belle » photo, il préfère la belle histoire. Son ami Jean Gaumy, peut-être le photographe qui le connaît le mieux, se souvient de la « mutation » de Depardon : « *Je l'ai vu passer de l'état de journaliste à celui de photographe. Il se posait tout le temps des questions sur ses images. Son film* Tibesti Tou, *en 1976, a marqué une rupture. Il ne cherchait plus l'information avec sa caméra, comme le fait un reporter, mais attendait qu'elle entre dans le cadre, à la manière du photographe américain Lee Friedlander.* »

Son départ de Gamma pour Magnum en 1978 est l'aboutissement logique de cette mutation. Ayant épuisé les charmes du *hot news*, Depardon n'avait plus rien à apprendre à Gamma. À Magnum, c'est autre chose. « *Je voulais m'améliorer. J'avais trop vu de reporters à Gamma qui fuyaient leurs planches de contacts, qui ne réfléchissaient pas à leur travail. Il me fallait partir.* »

Exécution en 1980 d'un Parchami (communiste), en Afghanistan, par les Moudjahidins. Photo Alain Mingam. Dans un entretien réalisé en 1980 par Charles Najman et Patrick Duval, le reporter de Gamma racontait la scène : « *J'étais choqué par le regard de cet homme dans lequel je lisais une angoisse profonde. Il me regardait impassiblement prendre mes photos. J'ai voulu discuter. J'interrogeais les militants sur les motivations de l'exécution et j'invoquais tous les arguments possibles. Ils nous ont expliqué que c'était un traître. Il a été jugé par trois mollahs dont deux sont arrivés pour assister à l'exécution. Ce qui prouve que tout était prévu avant notre arrivée. C'est très important parce que je n'aurais jamais accepté qu'on fusille quelqu'un pour moi. Jamais.* »

Le 27 décembre 1979, vers 19 heures, les troupes soviétiques investissent l'Afghanistan. À Paris, au cœur des fêtes de fin d'année, les photographes doivent réagir vite et se posent une seule question : comment entrer dans le pays ? À ce jeu, François Lochon, de l'agence Gamma, sera le plus fort. Il fait un aller-retour éclair Paris-Kaboul via Francfort, grille ses confrères, et collectionne les couvertures de magazines (ci-contre).

Le photographe Richard Melloul se souvient d'Henri Bureau appelant tous les matins l'agence Sygma : « *Il disait simplement : " Je prends ! " C'était comme à la Bourse !* » Il était surnommé « *le roi des fuseaux horaires* », jonglant avec les lignes aériennes et leurs correspondances. Dans ce domaine, il n'avait qu'un seul rival : François Lochon, de Gamma. Tout est bon pour arriver ou revenir le premier. « *Quand je " bougeais ", j'étais dehors un peu plus de sept mois sur douze* », se souvient Henri Bureau.

Devenu rédacteur en chef, il pouvait entrer dans des colères monstres quand il ne trouvait personne pour « partir » : « *Mais on ne me disait pas non trois fois...* », alors que le photographe, du fait de son statut particulier, pouvait, en principe, choisir ses reportages. Bureau lisait tous les journaux, écoutait les radios, avait toujours dans ses poches 30 000 francs en espèces pour que le photographe puisse partir le plus vite possible. « *Du temps de Gamma, quand on avait du retard sur un événement et sur la concurrence, on partait quand même, parce qu'on se disait qu'on était les meilleurs.* »

Les meilleurs, ils le sont souvent. Henri Bureau toujours : « *Les chars soviétiques entrent en Afghanistan le lendemain de Noël. J'arrive à l'agence comme un fou. Je dis : " Kaboul ?! " Henrotte me répond qu'il a déjà un photographe sur le coup. Je pars quand même cinq jours plus tard. Je me retrouve dans un avion pour Kaboul avec quatre-vingts confrères. On est tous refoulés vers New Delhi. Je prends plusieurs correspondances, des taxis et je me retrouve à Peshawar à la frontière ouest du Pakistan. Là, on était encore vingt-cinq. Je loue un car Mercedes de quarante places pour deux et on arrive dans la capitale afghane. Il n'y avait plus grand monde. Le problème, c'est que François Lochon avait déjà fait l'aller-retour Paris-Kaboul avec son " scoop ".* »

En effet, deux jours après l'invasion soviétique, Lochon réussit à rejoindre Kaboul dans un avion de la compagnie afghane Ariana Airlines qui était en révision à Francfort. Le photographe de Gamma est le seul à être passé aussi vite. À son retour, il raconte ce qu'il a vu devant les caméras des journaux télévisés. Au même moment, les autres photographes arrivent à peine à Kaboul...

Patrick Zachmann, aujourd'hui à l'agence Magnum, se souvient du retour, depuis Paris, de l'ayatollah Khomeiny en Iran, juste avant qu'il prenne le pouvoir. À l'époque, il était à Rush, une petite agence française. Il est encore stupéfait de la façon dont travaillaient les photographes français : « *Je me retrouve dans la foule à l'aéroport de Téhéran. Je suis presque traumatisé par l'hystérie qui règne; c'est insoutenable. Les gardiens de la Révolution fouettent les gens pour se frayer un passage. Je me bats pour ne pas être asphyxié. Et là, je vois Patrick Chauvel de Sygma, un kamikaze de première, un fou ! On est bloqués tous les deux derrière une porte vitrée. Il faut passer à tout prix. Chauvel donne un coup de téléobjectif sur le crâne de quelqu'un pour passer. Et on passe ! Je sens qu'il aurait tout fait pour prendre ses photos. C'est lui qui vendra les images les plus fortes. C'était un de mes premiers reportages d'actualité " chaude " et un de mes derniers. J'ai compris que je n'étais pas fait pour ça.* »

Henri Bureau, à l'époque reporter à l'agence Sygma, raconte cette image archi-publiée mais jamais en couverture de magazine en raison de son cadrage horizontal: « *C'était le deuxième jour de la guerre entre l'Irak et l'Iran, en septembre 1980. J'étais du côté irakien. Il y avait cet incendie dans le fond et je vois passer un chauffeur militaire. Je lui dis de se retourner. Peu importe qu'il soit irakien ou iranien. Je voulais montrer la guerre du pétrole, c'est tout. Ça a duré quelques secondes. Je savais que l'image serait forte. Elle n'a pas besoin d'une grosse légende. Le photojournalisme, c'est de l'écriture. Raconter une situation en une image. Ce n'est pas facile. On m'a accusé d'avoir "monté" cette photo. Comme si c'était moi qui avais allumé l'incendie !* »

Patrons d'agence, photographes, responsables-photo dans les magazines, tout le monde en convient : « *Nous avons les meilleurs vendeurs du monde.* » En France, on ne sait pas vendre, dit-on. Les photos, si. Car il ne suffit pas de trouver des idées de reportage, de réaliser les images, les rapporter à Paris, les développer, les éditer, c'est-à-dire choisir les meilleures. Encore faut-il les vendre. Vendre d'abord la qualité du sujet. Persuader le journal que vous détenez de bonnes photos. Ensuite, et ensuite seulement en tirer le meilleur prix.

Il faut les voir, ceux que Louis Dalmas appelait « *mes représentants* », foncer chez *Match* en scooter, les images bien calées dans la sacoche. Parfois, ils tiennent de « *belles plaques* », comme disent les anciens, de sacrées photos qui valent de la dynamite. Entre eux, une jolie concurrence, de « *belles bourres* », même si, là encore, « *ce n'est plus comme avant* ».

Avant, c'était les années 60, le temps où les vendeurs, le soir, faisaient la tournée des quotidiens, se « défonçant » pour fourguer « un quart de page noir et blanc » à 200 F. En ce temps-là, Jean Monteux, « *notre père à tous* », affirment les vendeurs d'aujourd'hui, faisait les beaux jours des Reporters Associés, puis de Gamma dont il est aujourd'hui le directeur : joli parcours qui donne une idée du rôle des vendeurs dans les agences. « *Avec Monteux, c'était le premier arrivé à* Match *ou à* Paris-Presse. *Ça marchait au feu rouge près, on travaillait le " cul serré ", on ne déposait pas les photos, il fallait les vendre tout de suite, avant l'autre, car on avait en gros les mêmes images* », se souvient Alain Dupuy qui était alors le prometteur vendeur de l'agence Apis. « *Monteux était formidable, il m'a appris une chose : la loi du silence. Avec lui, je ne savais pas ce qu'il avait vendu, où et combien. Rien !* »

À propos d'une enquête sur les relations entre les familles royales et la presse parue dans *Time* le 28 février 1983, couverture réalisée à partir d'une photo de Tim Graham (Sygma), un spécialiste de la cour d'Angleterre.

Les quatre mousquetaires de la vente

Ils sont quatre. Quatre mousquetaires de la vente sur la trentaine de vendeurs en concurrence sur la place de Paris : Alain Dupuy et Claude Duverger de Sygma ; François Caron de Gamma ; Michel Chiche Portiche de Sipa. On les appelle « les premiers vendeurs ». Leurs clients ? Tous les grands magazines français et allemands. C'est-à-dire les plus rentables. Évidemment, ils se connaissent par cœur, s'épient, se narguent, ne se font pas de cadeaux, peuvent se retrouver face à face le lundi matin à *Match,* attendant leur tour pour vendre leurs images. Mais aussi, ils s'estiment. Impossible de leur faire sortir « un mot de trop » l'un sur l'autre. « *Entre nous, ça se passe bien.* » Évidemment, un peu d'« intox » ne fait pas de mal de temps à autre : par exemple, faire croire à un concurrent qu'on possède une image sur laquelle sont réunis MM. Mitterrand et Chirac en pleine campagne présidentielle de 1988. Histoire de le faire gamberger...

Quatre vendeurs, quatre profils différents. Alain Dupuy, de Sygma, est le plus expérimenté, journaliste avant tout : « *Pas une seule fois, je n'ai pu le prendre en défaut sur l'actualité* », dit de lui Manuel Bidermanas, le responsable de la photo au *Point*. Il est le premier à

L'arrestation de Nathalie Menigon, membre d'Action directe, en septembre 1980, photographiée par Pierre Villard. Le procès de Georges Ibrahim Abdallah en février-mars 1987, photo réalisée à l'insu du tribunal à l'aide d'un appareil gros comme une boîte d'allumettes. Le baiser du pape Jean-Paul II à un enfant atteint du Sida, photo obtenue auprès du quotidien *San Francisco Examiner* et publiée par *Paris Match* le 20 septembre 1987. Récupération, par l'intermédiaire de l'avocat de la famille, d'une photo de Malik Oussekine, tué par des policiers lors des manifestations étudiantes de décembre 1986 à Paris. Quatre « coups », quatre belles opérations qui ont fait la réputation de Sipa, toujours efficace pour dénicher des photos.

avoir l'idée de fragmenter un reportage en quatre ou cinq séries pour satisfaire le plus possible de journaux. *« La vente, c'est beaucoup de psychologie et d'honnêteté. Vous pouvez tromper une fois un magazine. Pas deux »*, affirme Alain Dupuy qui aime bien passer dans « ses » journaux, pour *« prendre la température »*, s'asseoir tranquillement, et *« discuter pour savoir ce qu'on peut faire ensemble »*. Le plus ancien des vendeurs prend aujourd'hui du recul sur son métier. Alain Dupuy, c'est la rigueur, la référence.

« *La fin d'un nazi* ». Couverture du *Mail* de Londres, en août 1987. Ce document en noir et blanc de Rudolph Hess sur son lit de mort appartient au groupe de presse allemand Springer. Sipa en assure la diffusion et perçoit 50 % des ventes. Cette photo a été vendue 150 000 F au *Mail*.

Le parcours de Claude Duverger est étonnant : durant quatorze ans, il est le chauffeur *« et homme de confiance »* de Maurice Siegel à l'époque patron d'Europe 1. Grâce à une petite annonce parue dans *France-Soir*, il se présente ensuite devant Goksin Sipahioglu qui recherche pour son agence *« un représentant de commerce connaissant bien le milieu des rédactions »*. Goksin lui dit : *« Vous êtes trop bien habillé. Quand je chercherai un attaché de presse, je vous appellerai. »* Il se représente avec un vieux jean. La carrière de Claude Duverger comme vendeur est lancée.

« Je ne savais même pas qu'une photo se vendait ! Je revois encore Goksin en train de se raser à l'agence à 8 heures du matin et me récitant toutes les "infos" qu'il avait entendues pendant la nuit. » Claude Duverger a ce côté baroudeur, gaulois, chaleureux qui a écumé toutes les rédactions. Il revendique le statut de VRP, refusant d'être assimilé à un journaliste (*« Chacun son truc ; moi, je vends »*) et affectionne les formules tranchées : *« Si j'ai de bonnes "plaques" à 10 h 10, je dois être au Figaro Magazine à 10 h 22. Notre plus gros concurrent, ce n'est pas un autre vendeur, c'est l'imprimerie. Un "scoop" trop tard n'est pas un "scoop". »*

Lorsqu'il quitte Sipa pour Sygma, Claude Duverger a une petite idée sur son successeur. Goksin accepte. Michel Chiche Portiche est à l'époque le coursier de l'agence et sert parfois de chauffeur aux photographes. Il se retrouve ainsi lors d'une prise d'otages à l'ambassade d'Arabie Saoudite à Paris avec Abbas. Le photographe lui dit : *« Prends un appareil et ne bouge pas. Si tu vois quelque chose, tu appuies. »* Un preneur d'otages lance des tracts par la fenêtre. Il appuie. Il fera la « une » du *Figaro*... *« Je me nourris de "mes" journaux et de la télévision »*, affirme *« Chiche "fortiche" »*, comme on le surnomme, dont un de ses proches dit *« qu'il vendrait une télévision à un aveugle »*, et dont la réputation n'est plus à faire sur les « coups de *news* ». Ça tombe bien, c'est la spécialité de Sipa.

Élégant, charmeur, passionné, beau parleur : François Caron, le vendeur de Gamma, incarne la nouvelle génération des vendeurs, aussi à l'aise pour vendre un sujet d'actualité chaude qu'un sujet magazine. *« Quand je tombe sur un beau sujet magazine, je le présente à part dans les rédactions, j'attire l'œil, j'explique, je projette les images, je parle beaucoup. Parfois trop. Je dois dominer le reportage, le raconter, être convaincant. Ça peut prendre plusieurs heures. Il faut sans cesse pouvoir répondre aux questions, être "béton". Bien sûr, je fais monter la "sauce" : quand je suis sûr de moi, je dis que j'ai un coup fantastique, sinon, je dis que j'ai un beau sujet mais ça compte peu. J'essaie de provoquer dans les journaux des réactions*

Pendant trois heures, Frank Fournier, de l'agence Contact, a photographié l'agonie d'Omayra Sanchez dans la boue d'Armero en Colombie, le 16 novembre 1985: « *Quand je l'ai découverte, à 6h30 du matin, elle était seule. Elle avait déjà été filmée par la télévision colombienne. Elle m'a vu faire des photos. Trois pellicules couleurs. Elle m'a souri. C'est comme un volcan qui vous tombe sur la tête. Elle est morte à 9h16. J'ai essayé de faire le travail le plus simple possible, de raconter une histoire, de traduire une violence. Trois fois, j'ai voulu tout arrêter: au moment de déclencher, avant d'envoyer les photos, avant de les faire publier. On m'a reproché ces images. Je n'ai pas à me justifier. Je ne peux qu'expliquer ma démarche.* » À Contact, on indique que ces images ont fait le tour du monde, réalisant un chiffre d'affaires de près de 30000 dollars (dont il faut déduire 8000 dollars de frais). Un chiffre modeste que l'on peut expliquer par le nombre impressionnant de photographes sur place.

d'excitation, de créer un climat. *Sans prétention, je sais quel journal va être intéressé par quelle photo et pourquoi. Naturellement, j'imagine la mise en pages. Et il ne faut pas oublier que beaucoup de photographes sont soulagés quand un vendeur, en qui ils ont confiance, va les défendre et les vendre. Chacun son métier. »* François Caron n'a pas connu Gilles Caron, son homonyme : *« J'aurais adoré vendre ses photos de son vivant, le connaître. De toute façon, il n'a pas besoin de vendeur. Il se vend tout seul! Il incarne tellement l'image que je me suis faite du reporter de Gamma... »*

Derrière ce quatuor, il y a bien sûr d'autres vendeurs sur la place de Paris, ceux qui travaillent dans des agences plus modestes ou dans l'ombre d'un Dupuy ou d'un Caron dans les grandes. Didier Lavault, un ancien de Collectif, une petite agence d'actualité qui a produit de belles images après la victoire de Mitterrand en 1981, vend aujourd'hui des photos signées Sipa à *Géo, Ça m'intéresse, New Look, Télérama* et *France-Soir*. Il se souvient de ses débuts homériques de vendeur : *« À Collectif, on avait la réputation d'être jeunes, nouveaux et sympas. On séchait les photos avec un sèche-cheveux. Je débarquais dans les journaux avec le sourire. Ce n'était pas évident de lutter avec les grandes agences. Sur le tremblement de terre d'Armero en Colombie, je reçois de belles photos. Je décide de ne pas aller à Match. Tout le monde s'y bagarrait. Je vends les images à VSD et au Figaro Magazine. À la fin de la matinée, avec le peu d'images qu'il me reste, je fais un tour à Match. Michel Sola me dit : " C'est tout ce que vous avez? " Je réponds que je suis déjà passé ailleurs. Il était hors de lui... »*

Tous les responsables de la photo dans les journaux et les magazines insistent sur le rôle primordial des vendeurs d'agence. Manuel Bidermanas rappelle *« leur élégance, qui veut que le soir de bouclage, ils me passent un coup de fil pour savoir si je ne suis pas dans la merde »*. Le vendeur est une tradition bien française, inconnue aux États-Unis. À New York, on vend les images au téléphone, sans se déplacer et les photos sont apportées aux magazines par des coursiers qui ne font que déposer des plis. Les responsables d'agences ne se déplacent que pour des événements importants. Encore une raison du succès de Sygma, Gamma et Sipa sur le marché de la presse internationale.

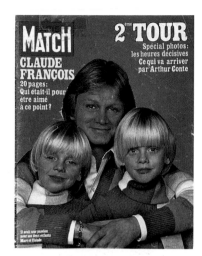

La couverture de *Paris Match* sur la mort de Claude François en 1978. « *À partir de là, on a commencé à parler en "briques"* », affirme Alain Dupuy, vendeur chez Sygma, à propos du prix des photos.

Le prix des images

L'histoire est célèbre : en 1963, un chemisier de Dallas filme pour son plaisir John Kennedy qui traverse, sourire aux lèvres, la ville en voiture découverte. Ce film couleur, qui ne devait être qu'un joli souvenir, est devenu un des plus précieux documents de l'histoire du photojournalisme. Le commerçant est le seul à posséder les images de l'instant où le président des États-Unis est atteint par les balles. La mort en direct. Des images hors concours, qui valent de l'or. Le magazine *Life* met le paquet. Cinquante millions de francs. En 1963...

Confessions en présence de Lech
Walesa aux chantiers Lénine à
Gdansk, le 23 août, durant les grèves
de l'été 1980 en Pologne. Le photographe Alain Keler, à l'époque à
l'agence Sygma, raconte que, curieusement, de nombreux magazines ont
recadré cette image, faisant disparaître le leader du mouvement Solidarité.

Aujourd'hui, on pense que le chemisier aurait pu demander le double.

On raconte n'importe quoi sur le prix des images. Rumeurs, secrets de polichinelle, intox. Régulièrement, une vente d'exception fait parler d'elle mais ces ventes astronomiques sont aussi rares que les événements qui les provoquent : guerre des Malouines, assassinat de Sadate, débarquement américain à la Grenade.

« *La vente est un jeu* », affirment les vendeurs, entre eux et les magazines. Au centre, les images dont la valeur dépend d'une multitude de paramètres dont les principaux sont l'importance de l'événement, le caractère exclusif ou non des images, le nombre et le budget des acheteurs potentiels. Jamais les ventes « historiques » n'ont été aussi nombreuses que durant les années 1980 à 1982.

Deux années de temps forts : invasion soviétique de l'Afghanistan, début de la guerre Irak-Iran, événements en Pologne, prise d'otages américains à l'ambassade de Téhéran, tentative d'assassinat contre Reagan et contre le pape, élection présidentielle de 1981 en France, mariage du prince Charles avec lady Di, assassinat de Sadate, guerre des Malouines, mort de Grace de Monaco, massacre dans les camps palestiniens de Sabra et Chatila, disparition de Brejnev. Mais aussi deux années folles où les « scoops » vont se succéder à une vitesse grand V et donner lieu, en France, à une belle empoignade entre deux magazines aux budgets photos impressionnants : *Paris Match* et *VSD*. Tout est donc réuni pour faire grimper le prix des images. Trois gagnants à coup sûr : les agences, les vendeurs et les lecteurs. Les magazines ? Pas toujours...

Comme le dit Alain Dupuy de Sygma, « *il y a des noms qui marchent fort* ». Surtout lorsqu'ils sont « paparazzités ». En tête du *box office*, Stéphanie de Monaco, puis sa sœur Caroline (« *leur frère Albert beaucoup moins* »), lady Diana, mais aussi Isabelle Adjani, Catherine Deneuve, Alain Delon, Gérard Depardieu, Jean-Paul Belmondo, les couples, même éphémères, comme Johnny Hallyday et Nathalie Baye ou Anthony Delon et Stéphanie de Monaco. Des personnalités de l'actualité, saisies dans des contextes dramatiques, sont aussi l'objet de forts enjeux. Lech Walesa par exemple. « *J'ai acheté à la chaîne américaine ABC six photos du leader de Solidarnosc en décembre 1981, juste avant son arrestation, pour la somme de 80 000 dollars. Sans les voir. Les images étaient mises aux enchères entre les trois grandes agences. Je n'ai ni gagné ni perdu d'argent* », raconte Goksin Sipahioglu, le patron de l'agence Sipa.

Chaque agence a ses « scoops » célèbres. Pour Gamma, c'est sans conteste ses images de la guerre des Malouines qui ont rapporté à l'agence autour de 2,5 millions de francs. Pour Sygma, c'est l'invasion américaine à la Grenade : « *près de 3 millions de francs de recettes pour les photos et 2 millions de francs en droits de télévision* », affirme Hubert Henrotte. Sans parler du prestige qui rejaillit sur ces agences à l'occasion de tels « coups ».

Alain Dupuy date l'inflation des prix à la mort de Claude François en 1978 : « *On a commencé à parler en briques.* » Il est vrai que les disparitions de personnalités, à commencer par celle du général de Gaulle ou celle, plus récente, de Grace de Monaco, font grimper les

La fameuse photo de Lech Walesa en prison, tenant son bébé dans ses bras, qui a fait la couverture notamment de *Oggi* en Italie et de *Paris Match* en France. Une image floue, de mauvaise qualité, mais un document acheté, avec cinq autres, 80 000 dollars par Sipa à la chaîne de télévision américaine ABC.

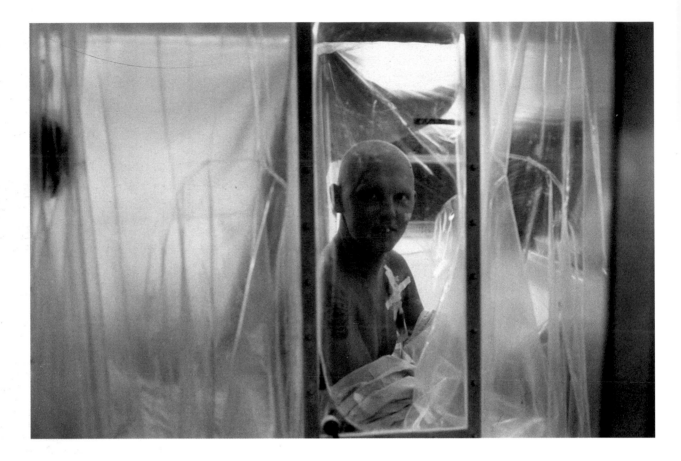

Le 26 avril 1986, se produit à la centrale de Tchernobyl en URSS la plus
importante catastrophe nucléaire
civile de l'histoire. Plus que l'explosion elle-même, plus que l'état des
lieux, c'est l'effet sur les populations
touchées que le monde entier veut
découvrir. Les photos de l'Américain
Robert Gale arrivent comme un coup
de fouet. Il n'est pas photographe
mais médecin appelé en consultation
sur les lieux. Qu'importe ! Les images
en couleurs vont s'arracher, bénéficiant du label « exclusif ».

ventes des magazines. L'invasion soviétique en Afghanistan intervient un an après la mort de Claude François. François Lochon se souvient que son « scoop » a été vendu 60 000 F à *Match* : « *C'était une somme énorme pour l'époque. Michel Sola, de* Match, *est venu négocier à l'agence, ce qui ne s'est jamais reproduit. Aujourd'hui, ces photos vaudraient huit fois plus cher. C'est la guerre des Malouines, en 1982, qui a bouleversé le marché : 42 "briques" payées par VSD pour un reportage sur des soldats anglais arrêtés par les Argentins au début du conflit !* »

Les vendeurs sont bien placés pour apprécier l'évolution des prix. Ils sont même directement intéressés puisqu'ils touchent 10 % du prix de vente des photos à la presse, ce qui leur confère des revenus confortables, autour de 70 000 F par mois, et les place le plus souvent en tête des « salaires » de l'agence, devant les photographes. Beaucoup, parmi ces derniers, sont d'ailleurs « *agacés* » par cette situation qu'ils trouvent « *scandaleuse* », expliquant avec ironie que les vendeurs sont bien payés pour des gens dont « *le seul risque qu'ils prennent est de se casser la gueule en scooter* ».

« *Je vends d'abord un reportage pour sa qualité, quitte à me faire "chier" pour imposer une petite photo en noir et blanc; mais le marché est devenu fou. Aujourd'hui, nous sommes obligés de donner les images au plus offrant. Tout le monde sait que les photos peuvent s'acheter très cher, il y a même des gens qui appellent à l'agence, dès qu'un train déraille, pour nous dire : "Je veux tant d'argent !"* » La remarque de François Caron, de Gamma, illustre bien le sentiment des vendeurs face à une logique commerciale qu'ils jugent incontrôlable.

Alain Dupuy, de Sygma, en a tiré les conséquences : « *Il y a aujourd'hui une chasse au fric qui n'existait pas il y a quinze ans. C'est devenu démentiel. Ça m'agace qu'un photographe qui risque sa vie au Liban gagne moins bien sa vie que moi, que je puisse gagner 2 briques en une heure sur un gros "coup". Il y a six ans, j'ai donc décidé de devenir salarié. Je gagne 62 000 F par mois et je pars en week-end tranquille.* » Michel Chiche Portiche, de Sipa, est encore plus définitif : « *On parle beaucoup plus d'argent qu'avant. Les photographes n'arrêtent pas de demander combien j'ai vendu. C'est bien simple, le pognon est en train de tuer la profession.* »

Remise en cause

Gamma a eu vingt ans en 1988. Sygma et Sipa, quinze ans. Ce sont les premières agences photographiques du monde. Elles ont des bureaux aux États-Unis et des correspondants dans le monde entier. Leur concurrence s'est avérée bénéfique, renforçant la position dominante de la France sur le marché mondial. On ne voit pas très bien qui pourrait les en déloger. À première vue donc, tout va bien, même s'il est difficile d'apprécier leur santé financière, toutes se contentant de répondre que « *les bénéfices sont immédiatement réinvestis* ».

Pourtant, on assistait, cette année 1988, à une remise en cause du fonctionnement de ces agences. Les critiques viennent de partout :

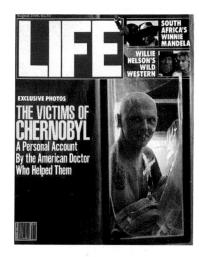

Le médecin américain Robert Gale a distribué ses photos des victimes de l'accident de Tchernobyl par l'intermédiaire de Sygma après leur publication dans *Life*. Une belle opération pour la première agence mondiale. Un exemple : Lothar Wiedemann, responsable de la photo au bureau parisien de *Stern*, affirme que son magazine a proposé 100 000 marks (autour de 330 000 F) pour obtenir l'exclusivité du reportage pour l'Allemagne fédérale. Ce n'était pas suffisant. C'est son concurrent *Bunte* qui a remporté le marché.

directeurs de services photos, photographes, voire responsables d'agences eux-mêmes. Écoutons d'abord le cri du cœur de Manuel Bidermanas, un « vieux de la vieille », comme on dit, ancien photographe de Dalmas, des Reporters Associés et de L'Express, aujourd'hui responsable du service photo du Point : « Les agences sont aujourd'hui beaucoup plus préoccupées par la vente que par l'information. C'est grave. Elles ne se donnent même plus les moyens d'anticiper l'événement, qui est la clé de la réussite d'une agence. Il y a des pans entiers de l'actualité qu'elles ignorent. On ne parle plus qu'en termes de "coups". Ça veut dire quoi ? Entre des émeutes dans un pays lointain et Stéphanie de Monaco, elles choisissent la princesse ! Où elle est l'agence de presse ? Elles sont malades. Sans le savoir, elles sont devenues des agences de propagande. Il y a un décalage de plus en plus extraordinaire entre les images qu'elles nous donnent et la réalité. Il est quasiment impossible de trouver une image qui révèle un peu d'originalité, de sens critique. Que ce soit Mitterrand, le Pape ou Reagan, c'est toujours la même image qu'on nous sert ! En plus, on ne parle plus de photographie dans les agences, mais de haine et de cuisine interne. Ce sont des citadelles où le gardien a plus peur de son capitaine que de l'ennemi. »

Au sein même des agences, certains se font l'écho d'un malaise. Michel Cabellic par exemple, à Gamma depuis 1971, aujourd'hui responsable du service informatique : « Nous sommes devenus une usine à images. On ne pense qu'à la productivité. Gamma n'est plus une agence de photographes. Ils constituent un service comme les autres, au même niveau que les archives ou la rédaction. Ce n'est pas normal. C'est en partie la faute des photographes qui se sont laissé marginaliser. » La réflexion est aussi vraie pour Sygma ou Sipa.

Jean Gaumy, Abbas, Raymond Depardon et Sebastiao Salgado ont quitté Gamma pour entrer à Magnum après avoir fait le même constat que Michel Cabellic. D'autres photographes se posent aujourd'hui une question toute simple : les intérêts de l'agence coïncident-ils avec ceux du photographe ? « Non, répondent beaucoup qui expliquent avoir plus besoin aujourd'hui d'un agent plutôt que d'une agence. » Michel Setboun a quitté Sipa en 1984, n'y trouvant plus son compte : « L'agence est passée d'une logique artisanale à une logique industrielle dans laquelle le staff des photographes ne génère plus les ventes. Elle n'est plus productrice mais importatrice d'images qui proviennent d'un réseau très efficace de correspondants. Aujourd'hui, si je prends l'avion pour "couvrir" un événement, il y a déjà des photos dans l'avion qui va en sens inverse ! Ces fameuses photos, parfois prises par des amateurs, qui ne sont peut-être pas bonnes mais qui ont l'avantage d'être les premières et qui cassent le sujet. À la limite donc, une agence comme Sipa n'a pas besoin de staff de photographes. »

La position de Michel Setboun est peut-être radicale, excessive diront certains. Il a trouvé son équilibre à l'agence Rapho, une structure encore artisanale bien que cinquantenaire qu'il utilise plutôt comme un agent commercial. S'il n'est plus noyé dans une structure, il ne peut compter que « sur ses propres forces ». Il propose et vend

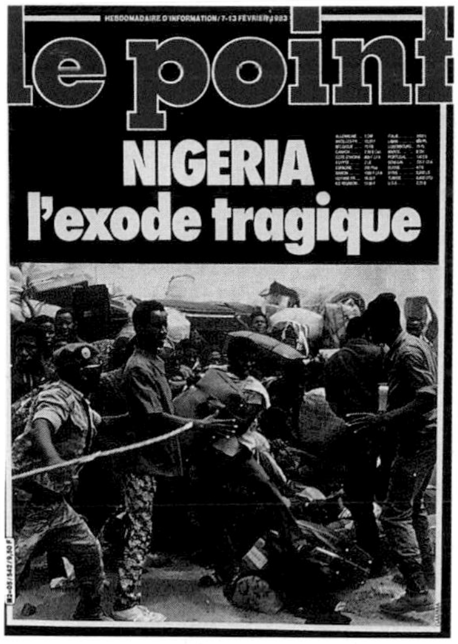

Ci-dessus, couverture du magazine *Le Point* d'après une photo de Jean-Claude Francolon (Gamma).

Le 17 janvier 1983, le gouvernement de Lagos décide d'expulser les étrangers « installés illégalement » au Nigeria, provoquant l'exode de centaines de milliers de personnes vers les autres États de la région, en particulier le Ghana. Deux photographes, deux façons de traduire l'événement. En noir et blanc, Jean-Claude Francolon (Gamma) et, en couleurs, Michel Setboun (Sipa).

La guerre des images   77

Irlande, 1972. Photo Josef Koudelka (Magnum). Né en 1938 dans un village de Moravie (Tchécoslovaquie), ingénieur en aéronautique de formation, d'abord photographe de théâtre, Josef Koudelka s'est distingué par ses reportages sur l'invasion soviétique de Prague en 1968, mais aussi avec ses photos de Gitans. En 1970, il obtient une bourse pour photographier les Gitans à l'Ouest, et ne retournera pas dans son pays, préférant « *perdre sa famille et gagner la liberté de tout reconstruire.* » Apatride, puis naturalisé français, il a partagé les voyages des Gitans, a parcouru le monde, en sac de couchage, de mars en novembre, et s'est enfermé, le reste du temps, dans le laboratoire de Magnum avec ses planches de contacts. La vie et le travail de celui qui est considéré comme le plus grand photographe de sa génération, grand prix national de la photographie en 1987, sont marqués par l'exil. Koudelka n'a qu'un seul « *port d'attache* », comme il l'a expliqué à Patrick Roegiers du *Monde* : « *Magnum est la seule chose vraiment sûre de ma vie. J'en fais partie depuis 1971. J'y ai beaucoup d'amis. J'ai même ici une pièce où je dors. On ne peut pas me jeter dehors. Je me sens ici chez moi.* »

lui-même ses reportages aux magazines comme *Stern, Géo* Allemagne, *Géo* France et *Le Figaro Magazine* « *parce qu'aucun vendeur ne peut raconter mon reportage à ma place* ». Pour les États-Unis, il est diffusé par une agence américaine, JB Pictures, qui lui a commandé son premier reportage de mode pour *Life*. « *La seule chose qui me manque, c'est l'excitation qui règne dans les grandes agences.* »

Ce que Michel Setboun n'a pu réaliser à Sipa, cinq photographes, soucieux comme lui de travail en profondeur, l'ont entrepris à Gamma : mettre en place au sein de l'agence une structure autonome qui réponde à leur désir de qualité. Locaux indépendants, ligne directe de téléphone, secrétaires rattachées à cette équipe : du jamais-vu. Et ce n'est pas un hasard si elle naît ici. Pour l'instant, et même si « *ça ne fait pas plaisir à tout le monde* », seule Gamma peut tolérer ce que personne n'ose appeler une agence dans l'agence.

Yves Gellie, un des cinq de l'équipe, s'explique : « *Gamma est une agence d'actualité dont les méthodes de travail sont contraires avec ce que je veux faire : des sujets magazine sur de longues périodes et que je veux concevoir, préparer tout seul. Parce que c'est un tout. D'une certaine façon, l'agence n'est plus adaptée à mon travail. En même temps, j'ai besoin du vivier d'informations et de sa structure de diffusion. La perspective était sombre : c'était ou me couler dans le moule, ou quitter l'agence. On a trouvé cette troisième voie.* »

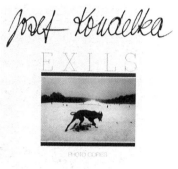

La couverture du catalogue de l'exposition de Josef Koudelka, au Palais de Tokyo à Paris en 1988.

Des agences de photographes

« *Avec l'agence Vu, j'ai d'abord voulu créer une agence de photographes et non une agence photographique.* » Lorsqu'il fonde Vu en décembre 1985, après avoir dirigé le service photo de *Libération*, Christian Caujolle se place d'emblée sur un tout autre terrain que les grandes agences que sont Gamma, Sygma et Sipa. Pas de course à la production, pas de chasse au « scoop ». Surtout, ne pas tout couvrir, ne pas être partout. Il n'en a pas les moyens, et il n'en a pas envie. Deux bonnes raisons de se démarquer tout en poursuivant, dans les mêmes locaux que le quotidien, sa collaboration avec, notamment, les photographes qu'il avait découverts et publiés dans *Libération* : Xavier Lambours, Pascal Dolémieux, Agnès Bonnot, etc.

Christian Caujolle joue la signature et la diversité des activités : la presse, mais aussi l'édition, les expositions, l'industrie, la mode et la publicité. Vu n'est donc pas une agence de photojournalisme et se situe dans la droite ligne d'une agence comme Magnum, ce qui n'est pas rien. « *À deux différences près*, affirme Caujolle, *c'est que Magnum est une école de cadreurs, ils ont tous une religion du cadre dans la droite ligne d'Henri Cartier-Bresson, alors que les photographes de Vu ont des styles très différents. Et puis, il y a un autre problème à Magnum : mis à part Depardon et Salgado, ce n'est plus le monde qu'ils regardent, mais eux-mêmes.* »

La critique, même empreinte de respect et d'affection, est tombée nette. Caujolle n'est d'ailleurs pas le seul à y aller de sa pique à l'encontre de l'agence la plus prestigieuse du monde et que Jean

Membre de l'agence Magnum, le photographe Ian Berry est, à cinquante-
trois ans, un des spécialistes de
l'Afrique du Sud où il a commencé
son travail de photojournaliste dans
les années 60. Il a même collaboré
avec le magazine *Drum* de Johannes-
burg, aujourd'hui disparu. Aux
voyages éclairs sur des sujets
« chauds », il préfère le travail en
profondeur réalisé en noir et blanc.
S'affirmant autant photographe que
journaliste, Ian Berry ne trouve pas
intéressante cette image de plage,
réalisée en 1985, car elle est « *trop
simple; elle renforce le stéréotype de
l'apartheid.* »

Monteux surnomme avec humour *« l'Académie ».* Michel Setboun dit
« qu'entrer à Magnum, c'est comme entrer en religion ». D'autres que
c'est une agence où *« on n'arrête pas de se regarder le nombril »,* tout
en reconnaissant qu'on y trouve *« des photographes d'exception ».* Il
faut dire que chez Magnum, la critique, et parfois le mépris *« pour ces
marchands de soupe »,* sont courants ; certains, pudiques, se contentant de glisser : *« On ne fait pas le même métier ».*

Magnum-France (qui dépend juridiquement du bureau de New
York) a été reprise en main en 1987 par François Hébel qui dirigeait
auparavant les Rencontres photographiques d'Arles. La tâche n'est
pas facile pour ce grand jeune homme blond né en 1958, qui doit faire
« tourner » une structure, coincé entre un « président » élu au sein
des photographes, et les photographes eux-mêmes, souvent de fortes
personnalités, difficiles à « diriger ». Car s'il est bien une agence où
le photographe est roi, c'est Magnum. On ne peut être plus libre. *« La
différence avec les autres agences, c'est ça »,* explique le photographe
Abbas en brandissant les clés des locaux que les membres-associés (à
vie) possèdent. *« C'est notre agence. »* Il y a même des photographes
qui logent dans les chambres du dernier étage de cet agréable hôtel
particulier situé rue des Grands-Augustins à Paris. Josef Koudelka
par exemple, un des plus grands photographes contemporains — dont
les images s'éloignent des documents « chauds » qu'il a réalisés lors de
l'invasion soviétique en Tchécoslovaquie, son pays — y a passé de
longues soirées d'hiver à décortiquer ses planches de contacts.

On peut regretter que l'agence ait un peu trop souvent *« déserté le
terrain de l'actualité »,* ces dernières années, privilégiant le musée, les
livres ou les travaux de commande industrielle. Ce qui fait qu'on voit
rarement Magnum sur le terrain des grands événements. Mais régulièrement, des coups d'éclat *« viennent remettre les pendules à
l'heure ».* Sebastiao Salgado avec ses nombreux reportages en noir et
blanc sur l'Éthiopie, Susan Meseilas, sur la révolution sandiniste au
Nicaragua, Bruno Barbey sur la Pologne de Solidarité. Ou
aujourd'hui, l'Américain James Nachtwey, qui, pour ses reportages en
Amérique centrale, en Afghanistan, en Afrique du Sud et au Liban, a
été qualifié tout simplement par le magazine *Photo* de *« plus grand
photographe de guerre contemporain ».* Quarante ans après, l'héritier
de Robert Capa.

**FRANÇOIS
MITTERRAND**

Photo réalisée par Ian
Berry, Plage d'Afrique
du Sud.
Portrait choisi par le
magazine Photo à
l'occasion des Photos à
de son vingt
François Mitterrand à
l'Élysée, avril 987.
Le n° 88 (de
décembre 1988.
Réalisé par Claude
Azoulay, de Paris
Match, et primé de
François Mitterrand
(hommage particulier
à paraître en
décembre, son
ouvrage consacré au
président de la
République.

Pour fêter ses vingt ans d'existence,
le magazine *Photo* a publié en 1988
un numéro spécial dans lequel,
notamment, des hommes politiques
parlent de leur photo préférée. François Mitterrand a choisi l'image de
Ian Berry réalisée en Afrique du Sud.
L'image du président de la République est signée Claude Azoulay,
photographe à *Paris Match* et qui a
d'ailleurs publié un livre en 1988
consacré au président de la République.
Créé en 1968 par Roger Thérond,
Photo a joué un rôle important en
faisant découvrir tous les grands
photojournalistes de la fin des
années 60 en leur consacrant régulièrement des portfolios.

L'homme clé du Vietnam s'appelle Horst Faas. Prix Pulitzer, prix Robert Capa, cet Américain régnait sur le puissant service photo de l'agence Associated Press (AP) à Saigon et se trouvait, par là même, au point d'aiguillage des images qui partaient chaque jour, transmises en quelques minutes par les valises Belin, vers les quotidiens et magazines du monde entier. C'est peu dire que durant ses huit ans de Vietnam, entre 1962 et 1970, Horst Faas a joué un rôle déterminant dans la « couverture » du conflit. D'abord comme photographe, dont on disait qu'il ne laissait rien au hasard, protégé par une combinaison étanche à base d'aluminium, et toujours muni d'un appareil Polaroïd pour offrir des images à ses « contacts » rencontrés sur le terrain. Mais surtout comme patron des sept reporters du « staff » d'AP et des cinq *stringers* (photographes sans contrat) qu'il dirigeait depuis son bureau situé en plein centre de Saigon, au quatrième étage d'un immeuble abritant le cinéma Rex.

Le fonctionnement d'AP est impressionnant, calqué sur la « méthode Faas » : « *Grâce à un système d'informations extrêmement bien étudié, qui tend un filet serré sur l'ensemble de l'armée américaine et vietnamienne, aussi bien que sur la population civile, les photographes sont avertis heure par heure de ce qui se passe sur l'ensemble du territoire. Tous les officiers de presse, les hommes politiques, les prêtres même, viennent au bureau de l'Associated Press apporter leur contribution. Des stringers français, chinois, japonais, vietnamiens, britanniques ou allemands, montés sur des mobylettes ultra-rapides, parcourent sans cesse Saigon à la recherche du cliché qu'ils pourront vendre 15 ou 20 dollars à Horst Faas* », racontait Jean Durieux, de *Paris Match*, dans le numéro de *Photo* d'avril 1968.

Avec ses cinq téléphones, Faas pouvait appeler les trois mille officiers de presse de l'armée américaine, ses véritables « correspondants ». La méthode est efficace. AP a obtenu quatre prix Pulitzer au Vietnam. Le photographe était prêt à prendre des risques inouïs pour « tenir » la photo qu'il vendait, lorsqu'il n'était pas sous contrat, pour une somme dérisoire. Philip Jones Griffiths salue ces « *jeunes hommes épris d'aventures, de cris, de drogues et de fureur* [dont] *certains ont souvent signé eux-mêmes leur carte d'accréditation* », et qui ont formé le gros du bataillon des disparus dont on ne connaît même pas les noms. « *Faas a développé une méthode de production d'images dépersonnalisée. Dans une telle situation, une certaine forme d'exploitation est peut-être inévitable* », écrit Jorge Lewinski dans son livre *The Camera at War*. Catherine Leroy a travaillé pour AP « *à 15 dollars la photo. Je n'ai pu récupérer que mes images qui étaient signées dans les magazines. C'est pourquoi les trois quarts de*

Le 1er janvier 1968, en pleines fêtes de Noël, le magazine américain *Newsweek* consacrait un dossier à la guerre du Vietnam et évaluait « *nos chances de victoire* ». En couverture, une photo signée Kyoichi Sawada, de l'agence United Press International. « *Il est le photographe que j'ai le plus admiré au Vietnam. Il croyait profondément en l'utilité d'une couverture quotidienne de l'événement* », dira Philip Jones Griffiths, de Sawada. Ci-contre, demande d'évacuation en hélicoptère durant la bataille de Hué au Sud-Vietnam en avril 1968. Photo Arthur Greenspon (AP).

ma production du Vietnam ont disparu », explique-t-elle, même si elle sait ce qu'elle doit à l'agence. Eddie Adams, Henri Huet, Arthur Greenspon, Doug Van Phuoc, Kyoichi Sawada, Malcolm Browne, Kent Potter, Huynh Cong Ut, Thai Khac Chuong, Hubert Van Es, Al Chang, Catherine Leroy. La liste est loin d'être exhaustive. Beaucoup ont été blessés, certains sont morts lors d'une opération. La plupart de ces noms sont à peine connus, s'effaçant derrière la force de l'événement, au service de puissantes structures que sont AP et United Press International (UPI), dont l'image n'est qu'un élément à côté du texte. Mais tous se sont distingués et ont « *pris leur pied* » pendant la guerre du Vietnam, ramenant des instantanés au plus vite. Leurs images sont parfois archiconnues comme celle de cette petite fille napalmée qui hurle sa douleur sur la route de Trangbang au Sud-Vietnam ; celle de l'exécution d'un membre du Vietcong par le chef de la police de Saigon. D'autres le sont moins mais sont tout aussi fortes, comme celle d'Arthur Greenspon (AP) représentant un parachutiste américain demandant une évacuation par hélicoptère après l'offensive de Hué en avril 1968 (*page 82*). Ces photographes ont accumulé les « *photos de l'année* » du *World Press*, et pourtant ce sont des photographes de l'ombre.

Les deux marchés

« *La première agence du monde n'est pas Sygma. C'est Associated Press.* » Cette réflexion d'un dirigeant d'AP après la publication dans *Le Monde*, en 1985, d'une enquête sur les trois plus importantes agences photographiques (Sygma, Gamma, Sipa) illustre bien l'ambiguïté du marché de la photo. Si l'on regarde les chiffres globaux, il n'y a pas de doute : le marché de l'image d'actualité est dominé par les agences télégraphiques, c'est-à-dire les agences de presse. Les 80 millions de francs de chiffre d'affaires réalisés par Sygma en 1987 sont bien dérisoires à côté des 275 millions de dollars d'AP ou, mieux, des 178,8 millions de livres de revenus après impôts de Reuter, soit un bénéfice vingt fois supérieur au simple chiffre d'affaires de Sygma. Mais il y a d'autres chiffres tout aussi parlants. Le secteur presse de Reuter ne représente que 7 % de son chiffre d'affaires et, sur ces 7 %, la photo est largement minoritaire par rapport au service texte. L'agence britannique compte 9 586 salariés dont... 104 photographes. L'image de presse n'est qu'une goutte d'eau pour cette multinationale de la communication. Comme le dit un responsable d'une agence concurrente, « *Reuter fait "joujou" avec la photo* ».

Par leur vocation, leurs structures et leur fonctionnement, ces agences de presse n'ont rien à voir avec les agences strictement photographiques. Elles fournissent d'abord et surtout des informations écrites, sous forme de dépêches, à des clients abonnés, la photo n'étant qu'un complément de plus en plus nécessaire. L'agence est structurée en bureaux (texte et photo) rattachés à trois centres principaux (Amérique, Asie, Europe) reliés entre eux, tout comme avec leurs clients, par des lignes téléphoniques permanentes.

Nick Ut était face à la petite fille, nue, qui hurle sa douleur sur une route du Sud-Vietnam. David Burnett était dos à la scène (photo ci-dessus). Il raconte : « *Nous étions à soixante kilomètres de Saigon. Les avions américains ont largué leurs bombes au napalm. Une minute après, on a vu plusieurs personnes courir sur cette route. Je n'ai pas compris tout de suite ce qui se passait. J'étais en train de recharger mon film. J'ai été très lent. Nick Ut, lui, est allé très vite et se trouvait trente mètres devant moi. J'ai vu son tirage sortir du révélateur. Horst Faas, le patron d'AP, lui a dit : "Very good job !" Deux jours après, elle faisait la "une" de tous les journaux du monde.* »

Deux prix Pulitzer, deux « photos de l'année » primées par le *World Press Photo*, deux documents historiques. Le général Nguyen Loan, chef de la police de Saigon, exécute un responsable présumé du Vietcong le 1er février 1968. Photo Eddie Adams, de AP (en haut, à gauche). Une petite fille atteinte par des bombes au napalm fuit le village de Trang Bang au Sud-Vietnam, le 8 juin 1972. Photo Huynh Cong (Nick) Ut, de AP (en bas, à gauche).

Le 30 mars 1981 à 14 h 25, le président américain Ronald Reagan est atteint d'une balle au poumon gauche alors qu'il sort de l'hôtel Hilton à Washington. Six coups de revolver ont été tirés par John Hinckley, un déséquilibré de vingt-cinq ans et ancien membre d'un groupe néo-nazi. Le porte-parole de la Maison Blanche, James Brady, a été très sérieusement touché à la tête et deux membres de la sécurité ont été blessés. C'est le septième attentat de ce siècle contre un président des États-Unis. Plusieurs photographes ont enregistré la scène ainsi que des caméras de télévision, ce qui donnera encore plus d'impact à cette image prise par Ron Edmonds (AP), où l'on voit le président, quelques secondes après avoir été touché, se faire pousser dans une voiture pour échapper au tireur. Si Ron Edmonds tient « la » photo, Sebastiao Salgado a pour sa part réalisé le meilleur reportage en couleur, traitant, au même moment, les réactions de l'entourage du président *(page 88)*.

Enfin, le statut et le travail d'un photographe d'agence télégraphique sont bien spécifiques : il traite uniquement l'actualité à chaud ; il est salarié (entre 10 et 20 000 F par mois) ; son nom apparaît rarement dans les publications ; il prend autant des photos qu'il en tire, les légende et les transmet ; son matériel est financé par son employeur (autour de 150 000 F par reporter). Ses photos appartiennent à l'agence. Laurent Rebours, trente-deux ans, a travaillé quatre ans pour Sipa avant d'entrer à AP. Ce genre de « transfert » est rare dans la profession. « *Les photographes d'agences téléphoto sont souvent considérés comme des "fonctionnaires de l'image" par les reporters de Gamma ou Sygma. À Sipa, c'était la jungle. Si nous nous retrouvions à trois de la même agence sur un événement, nous étions trois concurrents. C'est le système qui veut ça. Il est impossible de dissocier la "couverture" d'un événement et sa rentabilité. On sait qu'il y a des "coups" rentables et des "coups" tordus. Alors c'est la bagarre. Je suis beaucoup plus heureux à AP. Je suis payé entre 800 et 1000 F la journée ; je fais ce que j'aime, le news ; je pars souvent à l'étranger ; je touche à tout : sport, politique, mode, étranger. Dès le lendemain, je vois mon travail publié.* » Mais les contraintes du reporter téléphoto sont lourdes. Plus journaliste que photographe, la « bonne image » laisse peu de place à la créativité. Il ne choisit pas ses sujets ; le matériel est lourd ; transmettre peut prendre des heures ; il choisit en général un seul document ; et la qualité technique des photos est souvent médiocre.

Il existe donc deux marchés. AP est le leader des agences téléphotos, devant l'AFP et Reuter, pour le marché des quotidiens. Sygma arrive en tête des agences photographiques pour celui des magazines.

Bouclage

Le marché des journaux illustre bien la différence de nature entre les deux types d'agences. Vendeur des Reporters Associés puis de Gamma, Jean Monteux, dans les années 60, faisait ses « tournées » des quotidiens comme *France-Soir* et *Paris-Presse* qu'il démarchait avec autant d'attention que les magazines comme *Paris Match*. Aujourd'hui, les choses ont bien changé. Goksin Sipahioglu reconnaît que la presse quotidienne ne représente plus que 1 % du chiffre d'affaires de Sipa. Si, pour des raisons de prestige, les agences photographiques ne peuvent abandonner ce marché, il ne constitue plus leur préoccupation principale.

Pour ramener à Paris les images prises aux quatre coins de la planète, les agences photographiques n'ont encore rien trouvé de mieux que l'avion. Il faut toujours faire voyager la pellicule pour conserver, en couleur, la qualité exigée par le magazine. L'« avion » de l'agence télégraphique s'appelle le bélinographe. Ce n'est plus la pellicule qui voyage, mais la photo, transmise en quelques minutes d'un point de la terre à un autre par l'entremise du téléphone au siège de l'agence, avant de « tomber » sur les terminaux des journaux. La qualité technique est médiocre ? Peu importe. Les quotidiens s'en

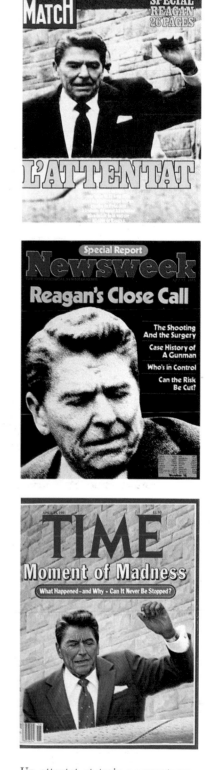

Un attentat et trois « couvertures » différentes à partir de la même scène. Chacun sa spécialité : *Paris Match* joue sur la typographie ; *Newsweek* sur le traitement de la photo elle-même ; *Time* publie une peinture hyperréaliste.

Sebastiao Salgado (Magnum) était
présent lors de l'attentat contre
Ronald Reagan, le 30 mars 1981. Il
effectuait un reportage sur les cent
premiers jours du président à la
Maison-Blanche. Les photos feront le
tour du monde: *Paris Match*, *Stern*,
Newsweek, etc. Selon *L'Expansion*,
les ventes de ces documents ont rapporté autour de 250 000 dollars (dont
75 000 dollars payés par le seul *Newsweek*), à partager entre Magnum et
Salgado.

content. Pour eux, une bonne image est une image qui respecte l'heure de bouclage. Chez Reuter ou AP, on grignote les minutes. Chez Gamma ou Sygma, les heures ou les journées. Les premiers ont choisi la rapidité de transmission pour des événements « chauds »; les seconds, la qualité d'image pour des événements traités plus en profondeur.

Autre divergence, liée à l'achat de la photo. Les quotidiens s'abonnent annuellement aux agences télégraphiques en échange d'une soixantaine d'images qu'ils reçoivent chaque jour du monde entier. Ce n'est pas la photo qui a une valeur en soi, mais le service. Le « scoop » n'en est plus un puisqu'il est reçu par tous les abonnés. En revanche, les vendeurs d'agences photographiques suivent un barème réglementé ou négocient, au coup par coup, des photos ou des reportages entiers.

Le quotidien *Libération* a publié à deux reprises le travail de Sebastiao Salgado au Sahel : en janvier 1985, son reportage en Éthiopie *(ci-dessus)* : puis en avril, son reportage sur la famine du Tigré.

Les nouveaux acteurs

Si les années 70 ont vu naître une concurrence sévère entre les agences photographiques modernes, les années 80 resteront comme un grand tournant dans la recomposition du paysage des agences téléphotos. Pendant près d'un demi-siècle, les deux « américaines », UPI mais surtout AP, se sont partagé le marché mondial de la presse quotidienne. Depuis 1985, elles sont trois, annonçant la « revanche de l'Europe ». Si AP est plus que jamais présente, UPI s'est repliée sur les États-Unis, criblée de dettes, remplacée par l'AFP et Reuter sur la scène internationale. L'agence britannique a ouvert les hostilités en juin 1984, rachetant, pour 5,76 millions de dollars, le service international de UPI : Reuter a l'exclusivité des documents photos pris par UPI aux États-Unis pour les diffuser hors du territoire américain, et dispose, dans le monde entier, du réseau UPI, soit une soixantaine de photographes répartis dans une trentaine de grandes capitales. D'entrée, Michael Nelson, le directeur général de Reuter, annonce la couleur : « *De même que nous sommes les leaders dans le secteur des informations destinées au milieu des affaires, nous avons l'intention de devenir la première organisation au monde dans le domaine de la photo d'actualité.* »

Dès le début des années 80, des photographes de l'AFP, frustrés de ne pouvoir « couvrir » des événements à l'étranger, poussaient la direction de l'agence à se lancer dans une aventure plus ambitieuse qu'une simple « couverture » française. Piquée au vif par la décision de Reuter, l'AFP accélère la mise en place de son service photo international. Le projet est ambitieux puisqu'il s'agit de créer de toutes pièces un réseau mondial. Il voit le jour en novembre 1984. Reuter, s'appuyant sur le réseau UPI, se lance dans la course deux mois plus tard.

Cette bataille de l'image n'est pas sans risques. À première vue, il est paradoxal de voir arriver en force de nouvelles agences sur un marché international de la téléphoto qui est « *obligatoirement déficitaire* », comme l'affirment tous les acteurs. « *Comment voulez-vous*

TROIS AGENCES DE PRESSE EN CHIFFRES

	ASSOCIATED PRESS	REUTER	AGENCE FRANCE-PRESSE
Date de création	1848	1851	1835
Création service photo	1935	1985	1958
Création photo internationale	1960	1985	1985
Nombre de salariés	2 920	9 586	2 000
- dont journalistes	1 580 (États-Unis : 1 100)	1 173	970 (580 en France)
- dont photographes	200 (États-Unis : 85)	104	110 (34 en France)
Nombre de pays où l'agence est présente	112	80	129
Nombre de pays où il y a des photographes	80	38	70
Nombre de bureaux où il y a des photographes	82 (45 aux États-Unis)	Non communiqué	50
Nombre d'abonnés	16 160 (7 660 aux États-Unis)	Non communiqué	3 000
Nombre d'abonnés photo	800	400	273 (105 en France)
Tarif moyen d'un abonnement photo par an	Non communiqué	20 000 francs	Entre 20 000 et 25 000 francs
Nombre moyen de photos transmises par jour aux abonnés	100	60 à 70	40
Chiffre d'affaires global	275 millions de dollars	866,9 millions de livres	780 millions de francs
Chiffre d'affaires presse	220 millions de dollars	60,68 millions de livres	380 millions de francs
Chiffre d'affaires photo	Non communiqué	Non communiqué	41 millions de francs
Résultat du secteur photo	Bénéficiaire aux États-Unis Déficitaire en dehors	Non communiqué	Non communiqué
Les trois centres régionaux photo	New York, Londres, Tokyo	Washington, Londres, Hong Kong	Paris, Washington, Tokyo

Chiffres arrêtés au 1er septembre 1988.

rentabiliser un service quand une journée de reportage coûte en moyenne 2 000 F et que le prix de la photo, si on le calcule en fonction de l'abonnement, est de 650 F ? », explique Régis Baron, le directeur médias de Reuter France. Pour l'instant, les tarifs des abonnements sont donc beaucoup trop faibles par rapport au service fourni. La concurrence et la médiocre situation de la presse quotidienne française n'arrangent pas les choses, les agences de presse n'hésitant pas à « casser » les prix afin de séduire de nouveaux clients.

Jean-Pierre Bousquet, le patron de la photo à l'AFP, donne deux exemples, parmi tant d'autres, qui illustrent bien l'impossible rentabilité de ce nouveau service : « *La guerre du Golfe nous a coûté 10 000 dollars par mois de frais d'hélicoptère sans garantie d'obtenir de bons clichés. Les Jeux de Séoul nous ont coûté 4 millions de francs. C'est l'événement type dont on sait à l'avance qu'il va nous faire perdre de l'argent, puisque nous avions estimé les recettes à 2 millions de francs. Et pourtant notre mission nous oblige à tout "couvrir", notamment lorsqu'il y a dix-huit finales olympiques dans la même journée. Nous avons donc déplacé 41 personnes dont 26 photographes qui ont utilisé 7 000 pellicules en trois semaines.* »

Si les agences de presse se sont lancées dans l'aventure de la téléphoto, c'est d'abord pour une raison de prestige. « *Une agence mondiale sans service photo international n'est pas une agence mondiale* », affirme Jean-Pierre Bousquet. « *Comment calculer ce que nous rapporte en crédibilité la publication d'une de nos photos en "une" d'un grand quotidien ?* », ajoute Régis Baron, de Reuter. De plus, les journaux sont maintenant habitués au double service texte et images : « *Beaucoup de clients se désabonneraient si on ne fournissait pas les deux* », explique Gabriel Duval, le rédacteur en chef photo de l'AFP.

Une « guerre » franco-britannique

La France est le pays où la concurrence est la plus sévère entre les deux nouvelles agences mondiales. Pour l'AFP, 22 photographes permanents plus 15 pigistes réguliers. Pour Reuter, « *un de nos territoires clés* », affirme Régis Baron, 17 photographes salariés et quelques *stringers*. Si « *ce n'est pas la guerre* », ça y ressemble. AP n'est pas dans la course avec seulement 7 permanents. Trouvant le marché non rentable, ses photos sont diffusées par l'AFP depuis 1983.

Tous les matins à 9 h 30, Mallory Langsdon, le patron des photographes de Reuter France, contrôle les parutions de sept ou huit quotidiens nationaux — « *pas les régionaux, c'est de la photo locale à 90 %* » — pour voir comment se comporte son agence par rapport à la concurrence. La parution, c'est le juge de paix. L'obsession quotidienne de tout photographe d'agence télégraphique. L'AFP, Reuter et AP établissent chaque jour des « *play report* » où sont répertoriées les publications de chacune. On peut y lire par exemple : « *Discours Chirac Paris. AFP : 4. Reuter : 2. AP : 0.* » « *C'est un jeu. On gagne ou on perd. Notre "truc", c'est : "On a mis 3 à 0 à l'AFP à Tokyo ; 2 à 0 à*

Le 16 mars 1978, les Brigades rouges
enlèvent, à Rome, l'homme clé de la
politique italienne. Aldo Moro,
soixante-deux ans, n'est pas seulement un ancien premier ministre et le
président de la Démocratie chrétienne. C'est lui qui a fait entrer les
socialistes au gouvernement au début
des années 60 ; lui qui envisageait
d'associer les communistes à la majorité parlementaire quelques jours
avant son enlèvement ; lui enfin qui
devait devenir président de la République en décembre 1978. Tel un défi
lancé à 50 000 policiers, le corps
d'Aldo Moro est retrouvé le 9 mai
dans le coffre d'une Renault, en plein
centre de Rome. Gianni Giansanti, de
l'Associated Press, a réalisé cette
photo qui va traumatiser l'Italie.

AP à Washington" », explique Mal Langsdon qui, à trente-quatre ans, est un animateur remarquable, mais ne passe pas pour un tendre. Il incarne parfaitement « l'esprit Reuter », dont l'efficacité n'est plus à prouver, mais qui laisse peu de place au romantisme. Il est par exemple arrivé à l'agence britannique d'envoyer un courrier peu amène à un photographe qui se « plante », voire de le « punir » en le mutant à un poste peu attrayant.

Mallory Langsdon est un adepte du talkie-walkie. Lors du sommet de Genève entre Reagan et Gorbatchev, il suivait la rencontre devant un téléviseur et appelait régulièrement « ses » photographes en plein travail : « *Est-ce que tu as pensé à les "faire" en plan large au 35 mm ?* » Pas vraiment le genre de comportement qui ravit les photographes. « *Il y a trois ans, sur le Tour de France, Langsdon a appelé au talkie-walkie un de ses reporters, tranquillement attablé avec moi en train de boire un café, pour lui rappeler son boulot* », se souvient Dominique Faget, de l'AFP. « *Reuter ne voulait pas qu'on se parle, ni qu'on mange ensemble.* »

L'arrivée en force de Reuter sur le marché français a entraîné une amélioration spectaculaire des images publiées dans les quotidiens. En situation de quasi-monopole, l'AFP s'était un peu endormie sur ses lauriers. Les photographes ont dû se défaire de leur réputation de simples « *presse-boutons* » et « *se sortir les tripes* ». Comme le dit Gabriel Duval, « *le réveil a été brutal. Il a fallu encaisser quelques défaites* ». Dominique Faget insiste sur le changement dans les méthodes de travail : « *"Le Club de la presse" d'Europe 1 est le sujet emmerdant par excellence, mais incontournable. On se pointait à 19 heures, et dix minutes plus tard, on était dehors. Aujourd'hui, il est hors de question de partir tant que le concurrent reste; il faut chercher des angles originaux, travailler avec plusieurs optiques, ne pas hésiter à installer un trépied muni d'un objectif 300 mm installé au fond de la salle.* » Finis aussi ce qu'on appelle « les pools amicaux » : les photographes s'arrangeaient entre eux pour ne pas se trouver à plusieurs sur un événement pour le moins rasoir et se donnaient les photos. Reuter est la première à reconnaître que la production de l'AFP s'est améliorée. Tous applaudissent l'apparition de la concurrence. « *Depuis que Reuter est là, j'ai plus de moyens, je voyage beaucoup plus, explique Dominique Faget. L'agence est obligée de "mettre le paquet" sur les gros événements.* »

Reuter et l'AFP ont maintenant trois ans d'expérience dans la photo internationale. Après s'être lancée dans une politique ambitieuse en France, l'agence britannique préfère aujourd'hui une « couverture » plus sélective de l'actualité, pratiquant une politique de « coups », n'hésitant pas à déplacer une dizaine de photographes pour un événement important. Reuter a aussi mis en place un fonctionnement original. À Paris, le « rédacteur photographe », comme on le dénomme, suit toute la chaîne de « fabrication » de son image : il la prend, la développe, la choisit, la tire, la légende et l'envoie sur le « fil » aux clients. « *C'est beaucoup plus souple qu'à l'AFP et à AP où chaque étape est réalisée par une personne différente* », explique Philippe Wojazer, qui a travaillé dans les deux agences. « *Je suis donc*

Les Brigades rouges feront parvenir à la presse deux photos d'Aldo Moro. La première, juste après son enlèvement, pour prouver qu'ils détiennent bien le leader de la Démocratie chrétienne. Elle sera publiée en couverture de tous les quotidiens italiens mais aussi de *Paris Match* le 18 mars 1978. Un mois plus tard, les terroristes annoncent qu'ils ont exécuté leur otage et jeté son corps dans un lac des Abruzzes. Mais le 20 avril, les Brigades rouges font parvenir une seconde photo accompagnée d'un ultimatum exigeant la libération de treize prisonniers, dont Renato Curcio, le chef des « BR ». La Démocratie chrétienne refusera l'échange de prisonniers.

« *Putsch aux Cortès* ». Le 23 février
1981, des membres de la garde civile,
emmenés par le lieutenant-colonel
Tejero, font irruption à 18 h 20 aux
Cortès, et prennent en otages ministres et parlementaires espagnols. Au
même moment, le lieutenant-général
Jaime Milans del Bosch proclame
l'état d'urgence dans la province de
Valence. Dans une ferme allocution
télévisée, le roi Juan Carlos persuade
la grande majorité des troupes espagnoles de lui rester fidèles, la tentative de coup d'État prenant fin le lendemain à midi. Pour un photographe
d'agence télégraphique, suivre les
sessions parlementaires est aussi fas-
tidieux qu'incontournable. Manuel
Barriopedro, de l'agence EFE, a photographié Manuel Tejero au moment
où il menace l'Assemblée, prenant, du
même coup, la photo de l'année
consacrée par le *World Press*.

à la fois journaliste, photographe, laborantin, éditeur et transmetteur. » Laurent Rebours, d'AP, pense que « *c'est une folie. À chacun son métier. Le système Reuter n'est pas le bagne mais presque* ».

L'agence britannique a surtout innové par son style d'images. « *Reuter, c'est une photo cadrée plus serrée, avec des angles originaux, qui se concentre sur l'événement, qui élimine tout ce qui est superflu à la compréhension de l'information, tout en respectant le détail important. L'image doit s'imposer dans le cadre* », explique Mallory Langsdon, qui insiste enfin sur le choix de « la » photo : « *La sélection doit être rigoureuse. L'idéal est d'envoyer au client une seule photo. C'est une façon de dire : "Voilà la meilleure." C'est à nous de bien la choisir et de l'imposer. Si j'en donne deux sur le même sujet, d'une part le client va hésiter, d'autre part j'aurai sacrifié un autre sujet. Or, je pense qu'il faut proposer le maximum d'informations. Car toutes les heures dans le monde, un journal boucle.* »

Si AP est « *indéboulonnable* » aux États-Unis, selon l'expression de Jean-Pierre Bousquet de l'AFP — plus de 7 000 abonnés (dont 1 400 quotidiens), contre une vingtaine à l'AFP —, cette dernière a également bien résisté sur « son » marché à l'offensive de Reuter. Certains lui reprochent une « couverture » un peu trop institutionnelle d'une multitude d'événements que l'agence française est seule à traiter — l'inévitable poignée de main entre personnalités, l'assemblée générale en « rang d'oignons » ou le podium sportif — mais, comme le dit Gabriel Duval, « *si on ne les fait pas, il y a vingt-cinq journaux qui gueulent* ». Enfin, si l'agence éprouve des difficultés à s'implanter aux États-Unis, elle connaît une belle réussite en Amérique latine.

La deuxième mort de Monsieur Belin

Entre les trois agences mondiales, il y a « *la guerre du terrain* » que se livrent les photographes, mais aussi et surtout une rude bataille technologique. Une bataille contre le temps. Comme le dit Régis Baron de Reuter, « *toute notre stratégie d'investissements a pour objectif de réduire le temps perdu entre la réalisation de la photo et son utilisation par le client* ». On a souvent annoncé un peu vite la « découverte » de procédés de transmission d'images censés « révolutionner » le fonctionnement de la téléphoto, mais qui, dans la pratique, se sont avérés peu fiables ni rentables. À tel point que la machine, pour le moins géniale, inventée par Édouard Belin en 1907 est toujours performante quatre-vingts ans plus tard. Mais cette fois, c'est vrai : avec l'image numérique, les jours du bélinographe sont comptés.

Le bélinographe permet de transmettre une image en quelques minutes grâce à une simple ligne téléphonique. Le photographe place son tirage sur un tambour qui tourne à un ou deux tours par seconde. À l'arrivée, l'image apparaît sur un récepteur, définie ligne par ligne, suivant un système analogique. Si la bonne vieille valise Belin est toujours opérationnelle, c'est d'abord qu'elle est « *simple, fiable et pas chère* », comme le dit Dominique Froidurot, de Reuter. Mais elle a de

Les magazines publient rarement en couverture des photos transmises par les agences télégraphiques à cause de leur médiocre qualité technique. Mgr Luciani est élu pape le 26 août 1978. Pour son édition du 4 septembre, *Newsweek* n'a pas eu le temps de se procurer un meilleur document que celui transmis en téléphoto par l'Associated Press. Le 25 mai 1981, *Newsweek* toujours publiait en couverture une photo de l'attentat contre le pape Jean-Paul II, transmise par l'agence nationale italienne ANSA. Le titre, pour le moins sobre (« De nouveau »), fait référence à la tentative d'assassinat de Ronald Reagan, survenue un mois et demi plus tôt.

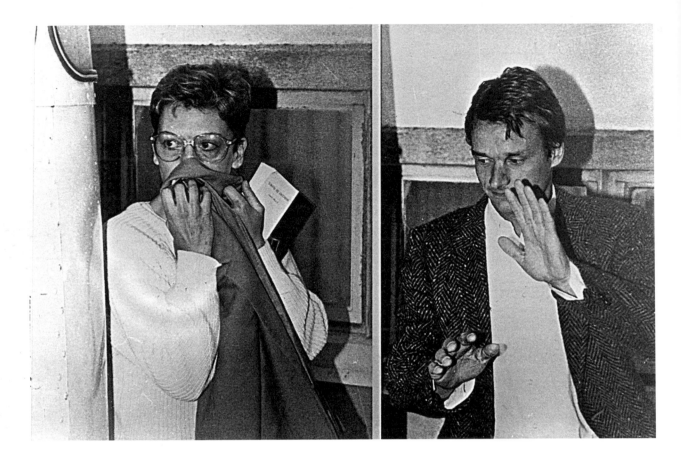

Le *Rainbow Warrior,* navire du mouvement écologiste Greepeace, est coulé le 10 juillet 1985 dans le port d'Auckland (Nouvelle-Zélande) alors qu'il se préparait à partir en campagne contre les essais nucléaires français dans le Pacifique. Un photographe d'origine portugaise est tué dans l'attentat. Le 12 juillet, un couple de Français, les « Turenge », sont arrêtés. Un photographe de l'*Auckland Star*, Murray Job, les surprend à 17 h 30 à la sortie du tribunal d'Auckland. Il prend deux clichés séparés. Deux photos anodines où l'on voit « Sophie Turenge » se cachant le bas du visage et tenir un livre des éditions Mercure de France dans la main gauche. En France, personne ne s'intéresse à cette histoire et encore moins aux images qui ne seront diffusées par l'AFP que début août. Il faudra des révélations journalistiques pour que naisse l'affaire Greenpeace. À la rentrée de septembre, la cote des clichés est au plus haut. Ce sont les seuls disponibles alors que les deux agents de la DGSE sont « bouclés » et invisibles. Jamais des portraits d'« espions » n'auront été autant publiés, notamment en couverture de *Time*. Des photos qui auraient pu rapporter gros à son auteur s'il avait su qu'il avait de l'or au bout de son objectif.

gros défauts. Il y a d'abord le matériel : 80 kg au bas mot, comprenant une « valise labo » et l'émetteur Belin que le photographe doit « trimballer » aux quatre coins du monde. « *On était des bourricots avec le Belin* », affirme Gabriel Duval. Surtout, la photo « bélinée » est tributaire de la qualité de la ligne téléphonique ; une coupure, des parasites, des grésillements, et il faut recommencer la transmission vers le siège de l'agence. En moyenne, quand tout va bien, ça prend entre 8 et 15 minutes. Ce qui fait dire à Philippe Wojazer, de Reuter : « *Le plus dur, ce n'est pas de prendre une bonne photo. C'est de porter le matériel, de trouver de l'eau et de l'électricité pour développer le film et d'obtenir une bonne ligne téléphonique. Faire "partir" la photo, c'est encore rien ; mais la faire "arriver"... Parfois, il faut deux heures pour parvenir à transmettre correctement.* »

La mise au point de l'image numérique (électronique) est en train de bouleverser ce processus de transmission. S'il faudra probablement encore cinq ou dix ans pour que l'on puisse prendre une image digitalisée de bonne qualité — le film étant remplacé par une disquette —, l'envoi et la réception des photos par l'entremise d'émetteurs et de récepteurs numériques sont, enfin, opérationnels. Les avantages sont appréciables. Le matériel d'émission est beaucoup plus léger, 55 kg de moins que la valise Belin. Le photographe n'utilise plus de tirage. Il n'a qu'à développer son film et à l'introduire dans le transmetteur. De plus, il peut contrôler son image sur un petit écran vidéo. La photo est toujours véhiculée par téléphone mais 2 à 4 minutes suffisent pour la transmettre, ce qui rend l'image moins tributaire de la qualité de la ligne. La réception numérique offre également de nouvelles perspectives. L'image va être « travaillée » par un opérateur : il peut consulter la photo, la recadrer, l'éclaircir, la contraster, la stocker, utiliser un effet de zoom, réécrire sa légende, avant de l'envoyer à d'autres bureaux ou la diffuser aux clients.

Un jour viendra où toutes les étapes suivies par l'image, depuis le photographe qui déclenche jusqu'à l'impression de la photo dans le journal, seront digitalisées. Toutes les agences rêvent de ce « *réseau direct* ». On imagine le gain de temps. Mais on en est loin. En attendant, chaque agence a adopté sa propre stratégie d'investissements. L'AFP a testé, avec succès, son nouveau matériel, réputé fragile, lors du rallye automobile Paris-Alger-Dakar 1988. « *À la fin de l'année 1988, la quasi-totalité de nos bureaux seront équipés en transmetteurs électroniques. Nous garderons des bélinographes pour les petits bureaux, ceux qui nous envoient une à deux photos par mois* », affirme Jean-Pierre Bousquet, le responsable de la photo. Chez Reuter, on préfère prendre son temps. « *Nous nous donnons cinq ans pour passer entièrement en numérique* », annonce Dominique Froidurot. Si l'agence britannique a développé son propre terminal électronique, elle utilise toujours les valises Belin pour la transmission des images par ses photographes, estimant que le matériel disponible n'est pas encore au point. Chez AP, une grande partie de son réseau national est équipé en numérique ainsi que certains grands bureaux étrangers.

Le 3 novembre 1985, près de quatre mois après l'attentat contre le *Rainbow Warrior*. *Le Monde* publiait un dossier consacré à l'affaire Greenpeace dans un supplément hebdomadaire illustré. En couverture, le portrait du capitaine Prieur, alias Sophie Turenge, agent de la DGSE (Direction générale des services extérieurs), et impliquée dans l'attentat.

De violentes émeutes étudiantes sur-
viennent en Thaïlande au début d'octobre 1976, qui déboucheront sur un
coup d'État militaire. Thanim Kraivi-
chien est nommé Premier ministre
par la junte et abolit la Constitution
de 1974. Un photographe de l'Associated Press, Neil Ulevich, a pris
cette photo sur le campus de l'université de Thammasat à Bangkok, où
l'on voit un étudiant de droite
s'acharner sur le cadavre d'un oppo-
sant. On ne peut s'empêcher de rapprocher cette image de ce qu'écrivait
Susan Sontag dans son livre *Sur la
photographie*: « *Les photographies
produisent un choc dans la mesure
où elles montrent du jamais-vu. Mal-
heureusement, la barre ne cesse
d'être relevée, en partie à cause de la
prolifération même de ces images de
l'horreur (...) À l'époque des premières photographies des camps
nazis, de telles images n'avaient rien
de banal. Trente ans plus tard, un
point de saturation a peut-être été
atteint.* »

Gaby le magnifique

À quarante-sept ans, Gabriel Duval, dit « Gaby », a près de trente ans d'AFP derrière lui, qui l'ont mené de simple laborantin au poste de rédacteur en chef photo. Plus qu'une carrière, c'est une preuve d'amour. Trente années de vie commune, au cours desquelles il était de tous les combats au sein de l'agence pour imposer la photo comme un service à part entière.

Il entre à l'AFP à dix-huit ans, comme tireur. Cinq années difficiles : « *C'était la mine. On faisait 5 000 tirages par jour en format 13 × 18. On travaillait dans une sorte de sous-marin. On ne voyait jamais le jour. Il fallait aller très vite car les tirages partaient par le train pour servir la presse de province.* » À son retour de service militaire, il retrouve son poste et commence à prendre des photos, « *le soir, après le boulot, sur des sujets où je n'avais pas besoin de carte de presse, comme l'Olympia* ». Pendant trois ans, avec son Leica M2 muni d'un objectif 35 mm, il se forme « *dans la rue* ». En 1967, il est nommé reporter-photographe, tout en prenant la direction du labo, mais c'est l'année suivante, pendant les événements de Mai, qu'il gagne ses galons de photographe : « *Mai 68 m'a fait "sortir" du labo. Avec Georges Bendrihen, on travaillait quasiment 24 heures sur 24. Le matin, on photographiait les dégâts de la nuit ; le soir, les affrontements ; entre-temps, il fallait développer, tirer, "béliner". Il fallait faire nos preuves.* »

Avec Mai 68, une nouvelle génération de photographes arrive à l'AFP. Gaby Duval côtoie Gilles Caron sur les pavés. « *On connaissait déjà son talent. En fait, je ne sais pas si c'est du talent, mais plutôt une volonté acharnée de faire des images. Le* hot news, *c'est avant tout la volonté d'y aller. On ne pense pas trop au cadrage. Le cadrage, on le fait au tirage.* » Commence alors pour Gabriel Duval une carrière de *news*, qui se résume d'abord aux inévitables et fastidieuses « *poignées de main* » de personnalités : « *J'en faisais quatre à dix par jour. On n'arrêtait pas d'interpeller les hommes politiques pour avoir un regard, un sourire. Ça se fait moins.* » Commence aussi pour Gaby un combat pour que le photographe ne soit plus considéré comme « *un "presse-bouton" qui accompagne le rédacteur* ».

Gaby Duval réalise son premier grand reportage à l'étranger en 1973, une visite du président Pompidou en Éthiopie : « *L'AFP photo était "tout petit" à côté des "dinosaures" américains. Je suis parti avec la valise Belin. Il fallait écrire la légende au feutre sur l'image et nos photos arrivaient avec deux heures de retard sur la concurrence. L'ambiance était tendue avec les reporters d'AP et d'UPI. Il fallait éviter de se placer sous leur aile protectrice. Il y avait quatre pools par jour, pendant cinq jours. Ils voulaient bien sûr se garder les bons et me refiler les mauvais. Ça s'est réglé à grands coups de gueule comme tout photographe qui se respecte. Pendant la guerre du Kippour, j'ai tenu pendant quatre jours. Ensuite, je me suis fait laminer par les grosses machines américaines. C'était à un contre dix.* » Lors de cette guerre, il découvre la censure et les « trucs » pour y échapper, comme celui de placer les négatifs au fond d'une boîte d'allumettes. Il

La photo sur les atrocités en Thaïlande publiée recadrée par le magazine *Time* dans son numéro spécial *Dix ans d'images*, paru en 1986.

Georges Marchais est réélu secrétaire général du Parti communiste
français le 7 février 1982 à l'occasion
du XXIVe Congrès de Saint-Ouen.
Mais cette fois, il n'est plus la seule
« vedette ». Quatre ministres communistes sont entrés au gouvernement
après l'élection, en mai 1981, de François Mitterrand à la présidence de la
République : Marcel Rigout, Anicet
Le Pors, Jack Ralite et Charles
Fiterman (de gauche à droite). Dominique Faget (AFP) raconte la scène
(la Cène ?) : « *Marchais a pris naturellement cette pose. Je suis monté
sur une chaise pour éviter la contre-
plongée. Je voulais une image classique. Je ne me suis pas rendu
compte de la force de la photo à la
prise de vue. À l'agence, l'éditeur a
fait du "bon boulot", en préférant
celle-ci à l'image où ils me regardent
tous. Le lendemain, elle a fait six
"unes" de quotidiens et ressort régulièrement, sauf dans la presse
communiste. On s'est amusé dès
qu'on a tiré le contact : c'est la
Cène !* »

découvre aussi la façon de travailler des rédacteurs : « *Il y en a beaucoup qui racontent la guerre, peu qui vont la voir de près. Ce décalage m'étonne toujours.* »

Comme tous ses confrères, Gaby Duval a quelques bons souvenirs de développement et de transmission des photos. Ce n'est pas évident de trouver de l'eau et de l'électricité. Lorsqu'un bureau de l'agence est proche, il n'y a pas de problème. Sinon, la solution idéale est la salle de bains d'une chambre d'hôtel, transformée en laboratoire : huit minutes pour développer, repérer très vite la bonne image sur le négatif, cinq minutes pour faire un ou deux tirages. « *J'accroche un écriteau sur la porte : "Don't touch, warning !" Souvent, ça gueule car on fait des taches partout, et on est obligé de casser les prises de téléphone pour installer le "bélino". Si la réception de l'hôtel nous appelle en pleine transmission, évidemment il faut recommencer. Quand c'est la galère, il faut quatre heures pour envoyer une image !* » Mais il n'y a pas toujours un hôtel à proximité. Les toilettes des bars font souvent l'affaire : « *On me surnomme "Madame Pipi". Je dois connaître tous les "chiottes" de France. C'est une technique. Il faut condamner la porte pour que personne ne rentre. Les clients s'énervent, mais on ne peut pas faire autrement. J'installe mon plateau d'agrandissement sur la cuvette, et j'utilise l'eau des chiottes.* »

Les événements sportifs sont un des grands plaisirs de Gaby Duval. Il a seize Tours de France et plusieurs Jeux olympiques derrière lui. « *Le sport est une excellente école. On est tous à égalité, on attend des heures, il faut trouver le bon emplacement. La qualité technique fait la différence. Ça se voit tout de suite. On ne peut pas tricher. Et puis il y a la "guerre du matos". Plus on utilise un gros télé, plus on "serre" le sujet, et plus on prend le risque de passer à côté. Il y a une surenchère de l'objectif. On regarde ce que "sort" la concurrence. Un 300 mm ou un 800 mm ? C'est à celui qui va chercher le sujet le plus loin. À Montréal en 1976, tout le monde attendait la victoire de Guy Drut au 110 mètres haies. J'avais passé des heures à préparer mon matériel. J'avais placé un "800" sur la ligne de départ, un "300" au milieu et un "500" à l'arrivée, auxquels j'étais relié à distance. Je voyais toutes les images qui défilaient. J'avais oublié de mettre une pellicule dans l'appareil de l'arrivée, le plus important. Tous les photographes ont connu une telle mésaventure. J'ai raconté n'importe quoi, car j'avais peur de me faire "virer".* »

Gabriel Duval s'est arrêté de photographier en 1984. Devenu rédacteur en chef, il définit, en liaison avec tous les services, l'importance de la « couverture » photo à donner à l'actualité. Il semble qu'il ait gardé peu de traces de ses vingt ans d'images : « *Avant 68, je découpais mes publications. J'ai tout jeté, car ça ne veut rien dire. Chez nous, une photo "chasse" l'autre.* »

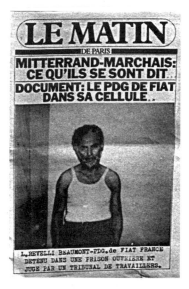

M. Revelli-Beaumont, directeur général de Fiat-France, est enlevé devant son domicile le 13 avril 1977. Appliquant une technique « classique », les ravisseurs ont envoyé une photo de l'industriel, le 17 mai, à quatre quotidiens — *France-Soir, Libération, Rouge* et *Le Matin de Paris* — afin de maintenir la « tension ». Il sera libéré le 11 juillet contre une rançon de deux millions de dollars. Cette photo anonyme servira de couverture au catalogue d'une exposition consacrée au photojournalisme qui s'est tenue à Paris en novembre 1977 (*voir page 135*).

4
Photos
en kiosque

Le jour où Neil Armstrong, Edwin Aldrin et Michael Collins sont choisis, parmi les quarante-neuf astronautes de la NASA, pour mener à bien la mission Apollo XI, personne ne se pose la question de savoir s'ils sont de bons photographes. Pour la première fois dans l'histoire de l'humanité, un homme va marcher sur la Lune. Jamais des images ne seront autant attendues. Mieux qu'un « scoop », plus beau que le plus abouti des reportages. Envoyés spéciaux de toute la planète, ils vont faire découvrir, par l'image, un territoire inexploré, situé à 384 000 kilomètres de la terre. Si les astronautes subissent un entraînement de titan, s'ils ont accumulé des milliers d'heures de vol en simulation, s'ils ont bien l'« étoffe des héros », ce sont des débutants en photographie. Tous n'ont pas le talent d'un James Mc Divitt, qui prendra des images spectaculaires d'Edward White « marchant » dans l'espace en juin 1965, et qui obtiendra un prix à un concours américain de photo amateur. Leur formation est sommaire : quelques notions sur la profondeur de champ, sur les diverses ouvertures de diaphragme, et surtout un peu de pratique. À leurs heures perdues, ils s'entraînent en photographiant leurs proches. Mieux : basés à Houston, les astronautes rejoignent, avec leur *jet*, la base de Cap Kennedy en pilotant d'une main et en déclenchant de l'autre, leurs « œuvres » étant commentées tous les lundis matin par la NASA.

Évidemment, *Life* veut les documents réalisés sur la Lune. En 1969, l'hebdomadaire consacrera huit couvertures au programme spatial américain. Ce n'est plus le grand *Life* d'avant-guerre, celui d'Eugene Smith, Carl Mydans, Robert Capa, Margaret Bourke-White, Alfred Eisenstaedt, Ralph Morse et George Silk, mais certains y croient toujours après la formidable année 68 et la publication de reportages sur la guerre du Vietnam où s'illustrent Co Rentmeester, Larry Burrows et David Douglas Duncan. *Life* veut les photos et les aura, n'hésitant pas — selon une belle légende — à payer l'assurance-vie des astronautes pour obtenir l'exclusivité du reportage d'Armstrong.

Il y a pourtant des images que le magazine ne pourra pas contrôler. Le 21 juillet 1969 à 3 h 56 heure française, six cents millions de téléspectateurs assistent, en direct, aux premiers pas de l'homme sur la Lune, alors que *Life* ne pourra présenter au lecteur ses belles photos en couleurs que le 8 août. Dix-huit jours à attendre le retour sur terre des astronautes. On connaît la suite. Le magazine disparaît trois ans plus tard, le 29 décembre 1972. « Life *is dead* », titreront tous les quotidiens américains même si le jeu de mots n'est pas du meilleur goût. Trois raisons expliquent sa chute. Le magazine, vendu essentiel-

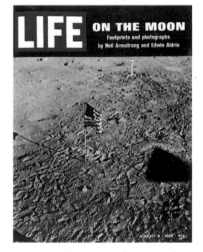

Outre son édition du 8 août 1969 (ci-dessus), *Life* publiera un numéro spécial consacré aux premiers hommes sur la Lune. Le « photographe » Neil Armstrong était équipé d'un appareil Hasselblad SWC modifié, et d'un objectif Zeiss Biogon f : 5,6 de 70 mm. Un appareil qui, outre sa grande qualité technique, possède un magasin qui permet de prendre 160 vues couleurs ou 200 vues noir et blanc. Aldrin, lui, ne possédait pas d'appareil et servait de « modèle ». Au développement, la principale difficulté était de traduire exactement les couleurs de la Lune, en se fondant sur les indications transmises par les astronautes ainsi que sur les couleurs « connues », comme celles du drapeau américain.

Peut-être la photo la plus célèbre de
la guerre du Vietnam, prise en 1966
par Larry Burrows, de *Life*. La carrière de ce Britannique né en 1926
commence par un mythe sans fondement : jeune laborantin de seize ans
au bureau de *Life* à Londres, il serait
à l'origine de l'erreur de développement des photos du débarquement en
Normandie prises par Robert Capa
en 1944 *(page 18).* Il commence à photographier la guerre du Vietnam en
1962, où il trouve la mort, le 9 février
1971, après que l'hélicoptère qui le
transportait avec Henri Huet (AP)
au-dessus de la piste Hô Chi Minh
eut été abattu. « *Le Vietnam était
"son" reportage* », écrira *Life* à sa
mort. Par son engagement total dans
le conflit et la qualité de ses images
en couleur, Larry Burrows est considéré, par certains, comme le plus
grand photographe de guerre de tous
les temps. Myope, grand, sec, métho-
dique, d'une humilité et d'une rigueur
professionnelle saluées par tous ceux
qui l'ont côtoyé au Vietnam, le
reporter de *Life* s'est particulièrement distingué dans la guerre
aérienne — il a effectué une centaine
de missions en hélicoptère —, n'hésitant pas à faire démonter la porte
arrière d'un avion, et à fixer son
appareil à l'extérieur pour avoir les
meilleures images. Il disait souvent :
« *Quand cette guerre sera terminée,
j'espère que je serai encore là pour
photographier la paix.* »

lement sur abonnement, est sous la menace d'une forte augmentation du tarif des postes (+ 130 % entre 1973 et 1978). Deuxième raison, liée à la disparition d'Henry Luce en 1967 : beaucoup pensent que le fondateur de *Life* n'aurait pas laissé « mourir » son magazine, dont le déficit était négligeable par rapport au chiffre d'affaires réalisé par le groupe *Time Life Inc.* Troisième raison : la télévision, qui frappe de plein fouet tous les magazines illustrés. Les annonceurs publicitaires décident de se tourner vers « *l'image qui bouge* », jugée plus attrayante que les images fixes de l'hebdomadaire. En 1956, *Life* comptait 4 655 pages de publicité, contre 2 025 en 1972. Des mesures draconiennes sont prises dès 1968 : la rédaction est passée de 800 à 300 journalistes, et le tirage de 8,5 millions à 5,5 millions (pour réduire les tarifs publicitaires). Ce qui n'a pas empêché le magazine de perdre 30 millions de dollars en quatre ans.

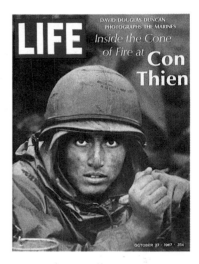

La couverture de *Life* du 27 octobre 1967, consacrée à la bataille de Con Thien au Vietnam, est signée David Douglas Duncan. Ancien major d'archéologie à l'université de l'Arizona, ce grand reporter maniait aussi bien le stylo que l'appareil photo et s'était d'abord illustré par ses photos de la guerre de Corée, avant de « couvrir », côté *marines*, trois batailles décisives du Vietnam : Cua Viet, Con Thien et Khe Sanh. Cette photo sera également publiée en couverture de son livre *War without Heroes* en 1971.

Life n'est pas le seul à succomber aux États-Unis. Plusieurs hebdomadaires illustrés d'information générale (*Look*, *Collier's*, *The Saturday Evening Post*) disparaissent également, laissant le champ libre aux magazines spécialisés comme *Sport Illustrated*, *Money*, *Fortune*, *Business Week*, *Forbes*. *Life* va reparaître en octobre 1978, mais sous la forme d'un mensuel, ce qui va l'éloigner du *hot news* et le rapprocher d'un *people magazine*. Jamais un hebdomadaire n'avait aussi bien traité le *news* en images. « *Tout photographe rêve encore à la "double" dans* Life. *C'est dur* », affirme Manuel Bidermanas, du *Point*. Sous-entendu, jamais plus les photographes ne pourront s'épanouir autant dans un magazine.

Vu, fondé par Lucien Vogel en 1928, est le premier magazine illustré moderne. Henry Luce s'en inspire quand il crée *Life* en 1936. Le premier numéro paraît le 23 novembre, au prix de 10 cents — un prix qui ne variera pas pendant dix ans —, avec une photo d'architecture signée Margaret Bourke-White en couverture. Dans un éditorial désormais célèbre, Henry Luce énonce ce qui sera la profession de foi de *Life* jusqu'à sa disparition en 1972, et dans laquelle se retrouvent, encore aujourd'hui, beaucoup de photojournalistes : « *Voir la vie ; voir le monde ; être témoin visuel des grands événements ; observer les visages des pauvres et les gestes des puissants ; voir l'étrange — machines, armées, foules, ombres dans la jungle et ombres sur la Lune. Voir le travail de l'homme — ses peintures, ses tours et ses découvertes ; voir des choses à des milliers de kilomètres ; des choses cachées derrière des murs et dans des chambres, des choses dangereuses qui apparaissent ; voir et prendre du plaisir à voir ; voir et être ébahi ; voir et apprendre ; ainsi, voir et être montré sont-ils maintenant le vœu et la nouvelle attente de la moitié du genre humain.* »

Pour mener à bien une telle entreprise, *Life* s'appuyait sur un impressionnant *staff* de photographes. La chute du magazine américain, amorcée dès 1968, annonce la fin des grandes équipes de salariés et l'avènement des agences. *Life* : 50 photographes en 1960, 12 en 1972. *Paris Match* : 27 en 1960 et 7 en 1988. *France-Soir* : 26 en 1960, 7 en 1988. Même *L'Express* est touché : 10 en 1972, 3 en 1988. En soi, ce n'est juste qu'une redéfinition du marché ; pour le photographe, c'est plus qu'un choc psychologique, « *un désastre* », affirme Hubert Le

Les athlètes noirs ont marqué de leur stature les Jeux olympiques d'été à Mexico, en 1968. Sur la piste d'abord, où ils ont accumulé les médailles, comme dans la finale du 100 mètres où les huit participants étaient des athlètes de couleur. Mais aussi sur les podiums. En novembre 1967, deux cents athlètes noirs américains avaient décidé de ne pas participer aux Jeux de Mexico pour protester contre la ségrégation raciale aux États-Unis. Six mois avant le début des compétitions, le pasteur Martin Luther King est assassiné à Memphis. Après la finale du 200 mètres, Tommie Smith et John Carlos montent sur les première et troisième marches du podium. Leur main est gantée de noir. Pendant toute la durée de l'hymne américain, ils baissent la tête et tendent le poing, défiant leur drapeau et leur pays qui assiste à la scène à la télévision. Le parti des Panthères noires commence à faire parler de lui. John Dominis, de *Life*, était là, à côté du podium, photographiant ce qui sera le moment le plus fort de ses Jeux olympiques.

Campion qui a travaillé pour *Life* entre 1966 et 1972. « *Je crois que trois photographes sont morts dans les six mois qui ont suivi la fermeture. Moi, j'ai voulu faire le point. Je suis parti un an au Népal en famille.* » Pierre Boulat, vingt-trois ans sous contrat avec le magazine américain, se souvient du « dernier jour » : « *Je "couvrais" un tournage de film à Londres. Mon assistant est appelé au téléphone. Il revient, blême : "Life is dead !" Je lui fais répéter. "C'est fini ! Dans le monde entier !" Le metteur en scène s'approche et nous demande ce qui se passe. On lui apprend la nouvelle. Alors, dans un grand geste des bras, il se retourne, et hurle : "Cut the lights !"* » (Éteignez !)

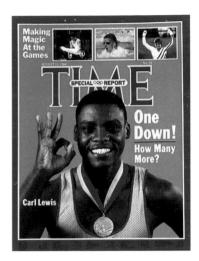

L'Américain Carl Lewis en couverture de *Time*, le 13 août 1984, grand triomphateur des Jeux olympiques de Los Angeles. Seize ans après Mexico, les athlètes de couleur dominent toujours autant les épreuves de courses. Cette fois, ce n'est plus le poing que tend Carl Lewis après chacune de ses victoires, mais un drapeau de son pays. Cette photo, signée Neil Leifer, est le nouveau symbole de l'Amérique qui gagne.

Le marché des quotidiens américains

Si les grands magazines illustrés américains ont disparu au début des années 70, les quotidiens d'outre-Atlantique — au nombre de 1 673 en 1988 ! — sont toujours aussi puissants, avec des *staffs* d'une vingtaine de photographes. Certains — le *Boston Globe*, le *Miami Herald*, le *Philadelphia Enquirer*— ont une qualité d'images qui n'a pas grand-chose à envier aux grands hebdomadaires. La réussite de *USA Today*, journal entièrement en couleurs diffusé sur l'ensemble du territoire, a ouvert une brèche. Beaucoup pensent que la presse quotidienne est le marché d'avenir pour la photo. « *Les quotidiens sont riches, très bien faits, et la photo y tient une place de choix. Ils commencent à concurrencer les magazines comme* Time *et* Newsweek, *et même les télévisions, avec en toile de fond de forts enjeux publicitaires* », commente Robert Pledge, le directeur de l'agence Contact.

Goksin Sipahioglu a bien tenté de vendre aux journaux américains, mais les « ouvertures » sont minces. « *Je n'y crois pas du tout. On a fait une expérience avec douze grands quotidiens. On a dû avoir vingt publications en trois ans ! Il suffit de les feuilleter. La locale est faite par leurs photographes, le "national" et l'"international" par les agences téléphoto. La seule chose que Sipa peut proposer, ce sont des images de show business, voire des sujets magazine. Mais on perd trop en qualité en acheminant les clichés par un satellite.* » Hubert Henrotte, associé à Robert Maxwell, essaie à son tour d'engager Sygma dans la course aux journaux américains. « *Nous espérons servir 200 quotidiens en 1989* », affirme Éliane Laffont qui dirige l'agence aux États-Unis ; mais, pour l'instant, Sygma rencontre également de grosses difficultés à transmettre, par satellite, des images de bonne qualité technique.

Changement de décor avec les quotidiens français où la situation est loin d'être brillante. Si dix mille photos sont publiées chaque jour dans la presse régionale, si les principaux quotidiens de province possèdent des équipes de reporters, la production est de qualité médiocre. Une exposition de photos de la presse régionale, organisée par le Centre de formation et de perfectionnement des journalistes (CFPJ) en 1986 à Paris, montrait de réels talents, mais qui sont noyés

Francis Apesteguy, jeune reporter de
vingt ans, dîne tranquillement au
Drugstore Publicis à Paris, ce 28 septembre 1972, quand il sent une odeur
de fumée. Le restaurant prend feu.
Pour lui, « *c'est un coup de chance* ».
Mais il ajoute: « *Être là, c'est une
chose ; faire "la" photo, c'est du travail.* » Il est impossible de faire des
images à l'intérieur à cause de
l'épaisse fumée noire. « *Je suis sorti ;
j'ai vu cette femme, et j'ai simplement
attendu qu'elle saute. Ce que j'aime
dans cette photo, c'est le rapport
entre la femme et les gens, en bas,
qui lui tendent tous les mains.* »
Apesteguy ramène la photo à Sipa,
son agence, et se trouve lancé dans le
métier, après la publication de ce
« saut » dans plusieurs quotidiens. Il
se fait une belle réputation de *paparazzo*, et rejoint Gamma en 1977 où il
abandonne la « traque » pour des
portraits de personnalités sur rendez-
vous.

dans une production quotidienne insipide, dont la valeur se résume souvent au nombre de notables présents sur l'image.

L'évolution de *France-Soir* montre également combien les journaux nationaux ont perdu en qualité photographique (en qualité tout court ?) durant ces vingt dernières années. Pierre Lazareff et Paul Renaudon, le remarquable chef du service photo jusqu'en 1965 de ce quotidien, avaient défini une véritable politique de l'image. Dans les domaines du fait divers, des catastrophes en tous genres, de la politique et du sport, *France-Soir* s'était fait une belle réputation.

Bernard Charlet, qui a débuté à quatorze ans dans un labo de Levallois, rejoint l'équipe des reporters en 1960, à vingt et un ans, après avoir passé un CAP de photographe. « *Nous étions les derniers à travailler avec des plaques de verre de format 6 × 11. Les appareils de marque Gaumont possédaient un objectif unique de 90 mm et ne pouvaient contenir que six ou douze plaques. Sur un match de foot, on ne faisait que deux plaques. Valait mieux pas se "planter"...* » Chaque photographe accompagnait un rédacteur, et c'est ainsi que Bernard Charlet a travaillé avec les grands reporters de l'époque comme Lucien Bodard. À l'actif de Charlet, dix-neuf Tours de France qu'il suit à moto — « *derrière le peloton, sur le plat, pour voir la "casse"; devant, dans les montées des cols, pour voir les meilleurs* » —, des centaines de compétitions de ski, trente voyages avec de Gaulle, un « scoop » sur le général, qu'il a surpris avec un 800 mm « doublé » à Colombey, après sa démission de 1969, au milieu des feuillages.

Aujourd'hui, Bernard Charlet ne voyage plus qu'une fois par an à l'étranger, mais multiplie les reportages à Paris. Jusqu'à cinq par jour. « *Il faut aller plus vite; la qualité s'en ressent.* » Il regrette les « *belles années* » où il suivait le cyclisme l'été et le ski l'hiver, et pense parfois avec nostalgie aux photos qui pouvaient « *faire régulièrement huit colonnes à la "une"* ».

La photo de Francis Apesteguy sur l'incendie du Drugstore Publicis a été publiée en « une » de *France-Soir*, le 29 septembre 1972, avec cette légende: « *Cette jeune femme, qui tombe dans le vide, est tombée sur des têtes et des bras : indemne.* »

Le *Libération* de Christian Caujolle

Un quotidien national français va connaître un développement spectaculaire durant les années 80. Diverses raisons expliquent la réussite de *Libération*, mais le fait qu'il soit le seul, depuis *France-Soir* — et dans un style bien différent —, à avoir développé une ambitieuse politique de l'image, a contribué à le démarquer des autres quotidiens, au point que sa réputation photographique a débordé nos frontières. Le succès, sur ce plan, de *Libération*, c'est aussi le succès de Christian Caujolle, né le 26 décembre 1953 à Sissonne, dans l'Aisne, dont il gardera un très léger accent chantant et un visage d'éternel adolescent. À vingt-huit ans, il est nommé responsable de la photo du quotidien, huit mois après le lancement de la nouvelle formule, en 1981. Le profil tranche avec le « milieu ». Normalien, il suit les cours de Barthes, Bourdieu mais aussi de Michel Foucault, dont il deviendra un des proches, et milite à La Cause du peuple (maoïstes). À vingt et un ans, il rend visite, tous les samedis après-midi, à Agathe Gaillard qui dirige la principale galerie photo de Paris et qui va

Portrait de Coluche, réalisé par JeanLoup Sieff à Paris en 1985 pour *Vogue* Allemagne. « *Je le connaissais car je l'avais déjà photographié. Il est venu dans mon studio. Il a fait des blagues comme d'habitude. La séance a duré 1 heure ; le café compris.* »

lui faire rencontrer de nombreux photographes comme Robert Doisneau et André Kertész. Sa « formation » est faite, et ses convictions affirmées. *« Je trouvais stupide que des photographes intéressants ne travaillaient jamais pour la presse, alors que beaucoup de médiocres obtenaient la publication de leurs photos. J'ai donc voulu faire travailler au rythme quotidien ceux qu'on voyait, au mieux, dans les mensuels. »* Une démarche qui s'inscrit dans le projet de *Libération* : réaliser un « quotidien-magazine », qui n'hésite pas à faire paraître une image sur toute la première page, et qui va même plus loin en publiant des dossiers photos sur de grands événements d'actualité.

Christian Caujolle a un atout maître : Serge July, le directeur, et la grande majorité des journalistes le suivent dans sa démarche. *« Tous ont compris que je n'étais pas là pour défendre la photo mais pour faire le meilleur journal possible »*, explique Christian Caujolle. Il demande des cartes de presse pour l'ensemble de son équipe, et s'impose comme un chef de service à part entière, au même titre que les secteurs Politique ou Étranger. Bien conscient que tout le monde se croit autorisé à avoir un avis sur une image — à la différence des textes —, il n'hésite pas à refuser toute photo rapportée par un rédacteur, ou faite par « un copain d'un copain ». À chacun son « boulot ». *« Dans les quotidiens, l'image avait souvent une simple fonction d'illustration d'un article. J'avais l'impression de ne pas les voir. J'ai voulu que le photographe ait sa signature au même titre qu'un rédacteur, et qu'on le traite comme tel. Le journal se faisait avec des textes "et" avec des photos. »*

L'objectif est ambitieux. Christian Caujolle veut faire un quotidien comme il n'en existe pas. Sa référence est la presse des années 30, celle qui faisait découvrir le monde en images, c'est tout dire. *« J'ai un souvenir merveilleux de Kertész me racontant* Vu. *»* Il le reconnaît, il y avait un grand décalage entre son ambition et les moyens dont il disposait. *Libération* n'est pas riche. Comment attirer les grandes signatures tout en les sous-payant ? *« Les photographes trouvaient le journal sympathique. En plus, ils me connaissaient. Mais le plus important est que, chaque fois, nous avions un véritable projet commun qui allait bien au-delà de la simple commande. »*

Deux « unes » de *Libération*. La mort de Coluche, en juin 1986 ; Madonna à Paris, en août 1987 (photo Herb Ritt-Contact).

L'élection présidentielle de 1981 provoque le premier grand sujet photo de *Libération*, un numéro spécial de 16 pages réalisé avec des photographes de Magnum, dont Henri Cartier-Bresson, sur l'installation de Mitterrand à l'Élysée. Coût de l'ensemble du reportage, 5 000 F, c'est-à-dire trois fois rien : *« Ils ont tous travaillé une journée. Henri Cartier-Bresson m'a dit qu'il n'avait jamais vu ses photos imprimées aussi vite. C'était la première fois depuis des années qu'un quotidien demandait à Magnum de faire de l'actualité. »* D'autres « coups » suivront, comme envoyer William Klein suivre le séjour du pape Jean-Paul II à Lourdes, un cahier spécial sur le mouvement polonais Solidarité, un autre sur l'Afrique du Sud, la famine au Sahel par Sebastiao Salgado, la guerre Irak-Iran par Reza et Manoocher.

L'opération la plus audacieuse sera la « correspondance new-yorkaise » de Raymond Depardon durant l'été 1981. Le photographe

« La mode en Martinique », une
photo signée Françoise Huguier (Vu),
parue dans le numéro hors série de
Marie-Claire bis en 1986. Auteur de
nombreux reportages en Asie, puis en
Afrique, Françoise Huguier se distingue depuis quelques années par
ses photos de mode, publiées notamment dans *Libération*. Cette image de
mode — mais aussi de reportage dans
son traitement — illustre bien la
volonté de l'agence Vu de multiplier
les passerelles entre les différents
genres photographiques tout en affirmant le regard de l'auteur.
« *Lorsque, en noir et blanc ou en couleurs, les photographes suivent les
défilés de mode et les "documentent",
ils utilisent leur regard pour situer
ces événements aux limites de la fiction* », peut-on lire dans la brochure
de présentation de l'agence publiée
en 1988.

de Magnum envoyait chaque jour, et sans prendre de l'avance, une image des États-Unis accompagnée d'un texte. Ce voyage intérieur sera ensuite publié dans un petit livre, où l'on apprend, selon les dires du *Picture Editor* du *New York Times*, « *que c'était la première fois, dans l'histoire de la presse, qu'une telle publication d'images au jour le jour, entre cartes postales et carnets de notes, avait eu lieu* ».

« *Ayant fait le tour de ce que je pouvais faire avec le quotidien* », Christian Caujolle a quitté *Libération* en 1985 pour créer l'agence Vu, embarquant, dans cette nouvelle aventure, les photographes qu'il faisait travailler régulièrement. L'évolution est logique et le pari risqué. Peut-on appliquer à d'autres journaux un traitement de l'actualité qui a fait le succès de *Libération* ? Des photographes qui se revendiquent en tant qu'auteurs peuvent-ils s'adapter à une structure d'agence ? La réponse est encore incertaine.

Time et *Newsweek*

Comment imaginer, quand on feuillette *Time* et *Newsweek*, que ces deux « news magazines » ont joué un grand rôle dans le développement des agences françaises ? Comment ces hebdomadaires de texte, qui publient les images souvent en « *timbre-poste* » selon l'expression des photographes, ont-ils pu faire vivre toute la génération de reporters de *news* des années 70 ? Liban, Afghanistan, Amérique centrale, Pologne de Solidarité. Tous ceux qui ont « couvert » les grands événements internationaux étaient plus ou moins financés par *Time* ou *Newsweek*. Les agences françaises ont pris leur envol en rompant avec la pratique des photographes salariés. Les magazines vont faire de même en développant le système des contrats et des garanties. Dans un contrat annuel, le magazine assure au photographe un certain nombre de journées de travail par an (entre 50 et 100) à 350 dollars la journée en moyenne, sans compter les frais (avion, logement, etc.). François Lochon (Gamma) bénéficiait par exemple, pour 1984, d'un contrat de 30 000 dollars. Si le contrat est annuel, la garantie (*assignment*) est une somme forfaitaire journalière dont le montant est de 325 dollars à *Newsweek* et de 350 dollars à *Time*, sans compter les frais. Ces garanties délivrées par les magazines sont d'abord perçues par l'agence qui en reverse ensuite une partie à son photographe (moins de 50 %).

Éliane Laffont a monté le bureau de Gamma à New York, et dirige, depuis la scission en 1973, l'agence Sygma aux États-Unis. Elle se souvient du jour où, en 1968, elle est allée voir pour la première fois John Durniak, le *Picture Editor* de *Time* : « *Il était saisi par la qualité des images ; il est littéralement tombé amoureux des photos de Caron et de Depardon ; il m'a demandé d'où je venais. Time n'avait que quatre photographes sous contrat et Gamma n'avait pas vraiment de concurrents. Durniak était surpris par notre vitesse. Un photographe français était déjà sur place quand un photographe américain partait. Il*

Membre de l'agence Vu, prix Niepce en 1987, Agnès Bonnot est surtout connue pour ses portraits, carrés, de chevaux qui regardent l'objectif mieux que n'importe quel personnage narcissique, et que l'on retrouvait régulièrement dans les pages hippiques du quotidien *Libération*. Cette photo a été publiée en couverture du catalogue de la première exposition de l'agence Vu, organisée en 1986 au musée de l'Élysée à Lausanne.

Le sommet de Reykjavik entre Reagan et Gorbatchev, qui s'est tenu en octobre 1986, a montré que la bataille que se livrent les magazines *Time* et *Newsweek* n'a plus seulement pour enjeu la qualité des photos mais la rapidité de transmission des images. *Time* a réalisé pas moins de sept projets de couvertures du sommet qui retracent les diverses étapes des négociations (trois projets, les n°s 1, 4 et 6, sont présentés sur la page de droite). Grâce à un système de transmission électronique des photos par satellite, l'échec de dernière minute est illustré par le cliché ci-dessus, pris la veille de la parution, où Reagan a le masque des mauvais jours (photo David Hume Kennerly). En revanche, *Newsweek* n'a pas eu le temps de substituer une autre photo à cette image souriante signée Peter Turnley, sans rapport avec le titre : « Stalemate » (« pat » au jeu d'échecs).

m'a proposé un contrat sur-le-champ! C'est ainsi que l'agence a "couvert" tout le secteur étranger de Time; une grande chance pour développer Gamma aux États-Unis. » Dans les années 70, Time et Newsweek vont « "arroser" en garanties » tous les points chauds du globe. Il était courant, pour de gros événements, de compter une dizaine de photographes sous *assignment* pour chaque magazine. Reza, qui a eu avec Newsweek « *la plus longue garantie durant toute la révolution iranienne* », a ensuite bénéficié d'un contrat avec Time, notamment pendant la guerre du Liban au début des années 80. « *Il y avait toujours à Beyrouth huit photographes qui travaillaient pour les Américains, alors que deux suffisaient. C'était fou!* » Barbara Nagelsmith, qui s'occupe de la recherche photo à Paris pour Time, prend l'exemple du premier voyage du pape Jean-Paul II en Pologne en juin 1979 : « *Nous avions quatre photographes* Time, *et quatre reporters sous garantie. Je suis allée en avion à Varsovie pour récupérer les films de chaque agence, mais aussi ceux de* Newsweek *avec qui nous avions passé un accord. J'ai mis toutes les pellicules dans un immense sac en plastique et je suis rentrée à Paris tel le père Noël. J'ai ensuite fait l'"editing" (le choix) que j'envoyais à New York. Je ne savais plus où donner de la tête tellement j'étais submergée de films.* »

Comment expliquer de tels investissements ? Première raison, la richesse des magazines américains, ce qui va leur permettre de « mettre le paquet ». Time, par exemple, appartient à un groupe de quinze journaux représentant un chiffre d'affaires annuel de 4,6 milliards de dollars. Ensuite, la concurrence effrénée que se livrent les « frères ennemis », Time et Newsweek, incitait à la surenchère. Troisième raison, la politique mise en place par Arnold Drapkin, le *Picture Editor* de Time. C'est lui qui a intensifié les contrats dans les années 70, avec l'accord de son rédacteur en chef Ray Cave, un ancien de *Sport Illustrated*, mais surtout un passionné d'images.

Pour certains, cette politique garantissait d'avoir les meilleures images. Mais pour beaucoup, les moyens mis en place par Time et Newsweek se transformaient en véritables « gâchis ». « *Il y a eu des excès* », reconnaît Barbara Nagelsmith de Time. Reza parle d'un « *énorme décalage entre les moyens mis en place et les résultats. Les Américains ont fait "joujou" avec la photo* ». Plus grave, les grands magazines européens ont autant profité des investissements mis en place par les magazines américains que ces derniers. Reza donne l'exemple d'un reportage sur l'opposition au Pakistan : « *Tous les magazines français ont refusé de financer le sujet.* Time *accepte de me donner une garantie. À mon retour,* Match *l'a publié sur six pages. Des exemples comme celui-là, il y en a à "à la pelle".* »

Cela ne pouvait pas durer. Depuis 1985, Time et Newsweek ont fortement réduit le nombre de leurs photographes sous contrat ainsi que le nombre de leurs garanties. S'ils se refusent à donner des données précises, l'économie se chiffre en millions de dollars, et les renseignements fournis par les agences et les photographes sont éloquents : François Lochon (Gamma) était, en 1988, le dernier photographe français sous contrat avec Time; David Burnett (Contact) a

Le saut de l'Américain Bob Beamon
aux Jeux olympiques de Mexico en
1968 était toujours d'actualité vingt
ans plus tard, aucun athlète n'ayant
réussi à dépasser ses 8,90 m. Patrice
Habans, de *Match*, était là. Cette
année annonce la fin de la grande
époque de l'hebdomadaire de Jean
Prouvost. Celui qui n'hésitait pas à
installer une salle de rédaction dans
une Caravelle, lors du premier
voyage d'un pape en Israël, en janvier
1964. Les images, prises par une
vingtaine de photographes, étaient
tirées à bord de l'avion, pendant le
trajet du retour, et le numéro monté
avant l'atterrissage à Orly. C'était
l'époque où André Lacaze, le responsable de la photo jusqu'en 1968, disait
sans cesse : « *On va être meilleur que
Life.* » Ce même Lacaze qui, à l'aube
des années 60, avait provoqué la rencontre entre le jeune prince Rainier
de Monaco et la belle actrice américaine Grace Kelly.

travaillé quarante jours pour *Time* en 1985, mais seulement quinze jours lors des deux années suivantes. Éliane Laffont avoue que le chiffre d'affaires réalisé par Sygma avec les deux principaux magazines ne représente plus que 20 % de ce qu'il était au début des années 80. À Gamma, on indique que ce marché s'est réduit de 50 %. Principale raison de cette chute, les difficultés financières rencontrées par *Time* et *Newsweek*, mais aussi le changement de politique pour la photo. Les magazines américains affirment que les agences ont un peu trop « *tiré sur la corde* », et ils se sont rendu compte qu'ils finançaient indirectement la presse européenne.

Les agences ont bien « encaissé » la chute des garanties. Sygma a augmenté de 30 % son chiffre d'affaires aux États-Unis entre 1986 et 1987 en multipliant ses clients (huit cents aujourd'hui, contre une dizaine il y a vingt ans pour Gamma). En revanche, de nombreux photographes ont subi de plein fouet la chute du marché américain. Si les principaux « producteurs » font défaut...

Match et les autres

Il y avait *Life*; il y a *Paris Match*. Au-delà de la similitude des logos (lettres blanches sur fond rouge), beaucoup trouveront la comparaison audacieuse. Si le magazine de Daniel Filipacchi n'a ni la réputation ni l'audience de celui d'Henry Luce, *Match* est l'hebdomadaire d'informations générales en images qui a le mieux traversé la « tourmente » des années 70. Il est le dernier à « couvrir » le *hot news,* et à « monter » son cahier « actualité » de 72 pages couleur en une journée, le lundi, après le passage des agences, pour être en kiosque le jeudi matin. Surtout, il incarne bien la mutation du photojournalisme qui s'est opérée ces vingt dernières années.

Un million d'exemplaires, cinq millions de lecteurs et plus de deux mille numéros depuis que Roger Thérond en a repris les rênes en 1976. *Match,* c'est d'abord l'histoire d'un miraculé. Comme pour *Life,* la télévision menaçait d'avoir sa peau. Le couperet est passé près. Le tirage est tombé de 1 800 000 en 1958 (année de l'apogée) à 724 000 exemplaires en 1976. « *Personne ne voulait de ce magazine qui perdait un milliard de centimes par an,* rappelle Roger Thérond. *Et pourtant, avec Daniel Filipacchi, nous y croyions aveuglément.* » Coup de pouce du destin, Mao Tsé-toung meurt « pour » le premier numéro publié par la nouvelle équipe; l'occasion d'offrir au lecteur une rétrospective comme *Match* sait les faire, puisant dans son trésor d'archives (plus de trois millions de documents); l'occasion de commencer « fort », car « *c'est lors des disparitions que les lecteurs "attendent"* Match *au tournant* », affirme Didier Rapaud, le responsable de la photo; l'occasion enfin et surtout de montrer que *Match* est redevenu un magazine d'images, après les errements de la période 1968-1975 où l'hebdomadaire hésitait entre un *news* et un *picture magazine*.

Le choix est fait. « *En 1976, je savais que Paris était devenu la capitale mondiale du photojournalisme. Nous étions dans les meilleures conditions pour redonner à l'image le rôle primordial qu'elle tenait avant 1968* », explique Roger Thérond. *Match* va s'appuyer sur

La tragédie du Heysel — ce stade de football à Bruxelles, où trente-huit supporters ont trouvé la mort en mai 1985 — tombe le plus mauvais jour pour *Paris Match*: un mercredi. Le journal est bouclé depuis lundi soir. Roger Thérond décide de sortir, en 48 heures, un numéro spécial de soixante-quatre pages, sans publicité et tiré à 400 000 exemplaires. Un joli « coup » journalistique. Le premier depuis qu'il dirige l'hebdomadaire. Ce numéro spécial contient 35 photos, dont la plupart en couleurs, mais aussi des articles de Jean Cau et de Michel Platini — un des joueurs de la rencontre de football — qui est sous contrat exclusif avec *Match*.

Cette photo de soldats britanniques, tenus en joue par des militaires argentins qui viennent d'investir l'île des Malouines, a donné lieu à la plus formidable empoignade de l'histoire de la presse. Rafaël Wollman prend ce document le 2 avril 1982. Il rencontre François Lochon, de Gamma, qui lui rachète les documents 50 000 dollars. « *C'est de la folie !* », lui dit au téléphone Jean Monteux, le directeur de Gamma. « *C'est le Vietnam !* » lui répond François Lochon. Une fois les documents arrivés à Paris, « *ce sera la grosse guerre* ». Depuis deux ans, Maurice Siegel, le patron de *VSD*, a décidé de livrer à *Match* une sévère bataille dans l'achat des photos. « *Je veux les Malouines* », dit-il simplement. Sous-entendu, à n'importe quel prix. François Caron, le vendeur de Gamma, fera une dizaine d'aller-retour entre les deux hebdomadaires. « *C'était une partie de poker.* » Prix de départ, 150 000 F de *Match*. Siegel propose

200 000 F. Commencée dans la soirée, la vente aux enchères va durer toute la nuit. Fatigué, Maurice Siegel va se coucher à trois heures du matin, après avoir bu son thé. Mais il laisse des ordres. À six heures, *Match* abdique. La satisfaction d'avoir, pour la première et dernière fois, « battu » *Match* a coûté cher à *VSD* : 420 000 F. Du jamais vu. On apprendra plus tard que Maurice Siegel avait fixé le plafond à 600 000 F. Mais une fois de plus, *Match* aura le dernier mot. Le *Daily Mail* avait d'autres photos de l'événement. *VSD* appelle le quotidien anglais pour les récupérer et préserver son exclusivité en France. C'est trop tard. *Match* avait déjà acheté les photos...

Gamma, Sygma et Sipa, mais aussi sur son *staff* ramené de quinze à six photographes, « *ceux de la grande époque* », et huit pigistes réguliers pour « couvrir » le *hot news* au jour le jour. Enfin, Roger Thérond s'est entouré d'une équipe solide chargée de trouver, chaque semaine, « *les meilleures images exclusives* ». Quelle qu'en soit la difficulté. Et le prix. Comme l'explique Didier Rapaud, « *il est impensable de trouver la même photo ailleurs que dans* Match ». Le service photo du magazine comprend six personnes, plus quatre, chargées de « *trouver les photos "compliquées"; car si on se contentait d'attendre, on serait déjà mort* ». La « machine » est redoutablement efficace. « *Quoi qu'on pense de* Match, *ce sont de vrais "pros" en photo. C'est loin d'être le cas dans tous les magazines* », affirment de nombreux photographes et responsables d'agences.

Les « pros », c'est avant tout le tandem Didier Rapaud-Michel Sola. Étonnant personnage que celui de Michel Sola, nommé chef du service photo en 1977, puis rédacteur en chef en 1979. « *Je suis un homme de l'ombre* », affirme-t-il d'une voix forte, mêlant quelques mots d'anglais dans la conversation, et refusant d'en dire davantage sur son rôle et sa façon de travailler. Il est pourtant incontournable, et a instauré avec les vendeurs d'agences des relations où la psychologie tourne parfois à l'épreuve de force, n'hésitant pas à leur « balancer » quelques formules du genre : « *Une "merde" exclusive est toujours une "merde"*. »

L'hebdomadaire n'a plus vraiment de concurrent aujourd'hui. Comme les magazines achètent l'exclusivité d'un reportage pour leur zone de diffusion seulement, *Match* n'a donc pas eu à lutter avec *Stern* ou *Life*, mais avec *Jours de France* d'abord, puis *France-Soir Magazine*, *VSD* et *Le Figaro Magazine*; autant de périodiques qui, tour à tour, ont dû baisser les bras, n'ayant pas les reins assez solides pour concurrencer l'hebdomadaire de Daniel Filipacchi dans la « guerre des images ». *Paris Match*, comme tous les magazines, se montre fort discret sur son budget annuel en achat de photos. « *Ça pourrait donner des idées à la concurrence* », explique Didier Rapaud. Une chose est sûre, le budget a grimpé de façon vertigineuse au début des années 80. Patrice Habans, qui a dirigé le service photo entre 1973 et 1977, affirme « *ne jamais avoir dépassé les 25 000 F par semaine d'achat de photos. Aujourd'hui, à mon avis, il faut multiplier ce chiffre par cent* ». Sans aller jusque-là, *Paris Match* n'hésite pas à mettre le prix, notamment lors de la période folle de 1980 à 1982 où la concurrence jouait à plein avec *VSD* et *Le Figaro Magazine*, les grands « scoops » se négociant à coups de dizaines de millions de centimes.

« *Dans la photothèque du Français moyen, il y a* Match », confiait Roger Thérond à *Photographies Magazine*, en février 1988. Sans remonter à la création de l'hebdomadaire, sur le modèle de *Life*, par Jean Prouvost en 1938, sans aller chercher les superbes reportages qui nous faisaient découvrir le monde dans les années 50 et 60 il faut admettre que *Paris Match* a bien changé en vingt ans, autant dans le choix des sujets que dans leur traitement. La priorité donnée à la photo « choc » sur le reportage et la consécration des stars de cinéma et des princesses — souvent « paparazzitées » — sont les deux princi-

La couverture la plus chère de l'histoire de la presse française, en avril 1982, sur la guerre des Malouines. Commentaire de Roger Thérond, après la fameuse nuit au cours de laquelle *Match* et *VSD* ont fait monter les prix : « *Cette concurrence entre les magazines n'a fait qu'un heureux : les agences.* »

Dans son numéro du 6 février 1982, *Le Figaro Magazine* publiait une photo montrant des cadavres en train de brûler. Le cliché était accompagné de cette légende: « *Le massacre des Indiens Mosquitos, farouchement anticastristes, par les "barbudos" socialo-marxistes du Nicaragua.* » Le titre de l'article était à l'unisson. « *La France attise le feu dans cette sale guerre* » (voir page de droite). Tout était faux dans cette présentation. La photo représente, en fait, des combattants — des deux bords — de la guerre civile, la Croix-Rouge ayant décidé de brûler des cadavres par mesure d'hygiène. *Le Figaro Magazine* était d'autant moins excusable d'avoir « détourné » cette photo que l'agence Gamma la lui avait fournie avec cette mention: « Nicaragua 1978 », soit trois ans avant les événements. *Le Canard enchaîné*, puis d'autres journaux ayant découvert le pot aux roses, le « *Fig Mag* » décida, un mois plus tard, de publier un *erratum* rectifiant ce qu'il appela une « *malencontreuse erreur de légende* ». Entre-temps, l'affaire avait pris de l'ampleur puisque le secrétaire d'État américain Alexander Haig avait brandi un exemplaire du journal comme « preuve » de l'ignominie du régime sandiniste. Perfidement, *Le Canard enchaîné* écrivit: « *Il n'y a vraiment que le général Haig pour faire confiance au Figaro Magazine.* » L'auteur de la photo, l'Américain Matthew Naythons, décida de porter plainte et le tribunal de Paris condamna le magazine. (Informations tirées du *Monde* du 12 juillet 1984.)

paux virages pris par la direction du magazine pour le sortir de la crise. L'hebdomadaire n'a pas hésité à faire de la surenchère dans l'« hémoglobine » et les carnages en tous genres pour impressionner son lecteur. Claude Duverger, de Sygma, se souvient du temps où « Match *"faisait" beaucoup de cadavres. Je "coupais" mon reportage en deux : le sang pour* Match *et les moins dramatiques pour* VSD *ou* Le Figaro Magazine ». Lorsqu'on demande à James Andanson (Sygma) si le fait de photographier une mère éplorée, écroulée sur le cercueil de son fils, lui pose un problème, il répond logiquement : « *Une autre agence l'aurait fait à ma place et aurait vendu les images à* Match. *Sola ne se pose pas ce genre de questions. Il dit simplement :* "Les photos ? À la table lumineuse, coco ! Tu les as ou tu ne les as pas ?" »

Aujourd'hui, le magazine est « *plus* clean », comme on dit à *Match*. Beaucoup moins de sang et de photos de *paparazzi*. En revanche, le virage *people* est plus que jamais d'actualité. Si les images de princesses et d'actrices de cinéma ont toujours été une des spécialités de l'hebdomadaire, le phénomène s'est fortement accentué depuis 1976. Il suffit de regarder les couvertures, et de comparer un numéro d'il y a vingt ans avec un exemplaire des années 80. « *L'impact de la télévision nous oblige à aller de plus en plus vers le* people, reconnaît Didier Rapaud. *C'est irrémédiable. Le sujet de couverture influe tellement sur les ventes qu'il est quasiment impossible de passer un sujet* news. *Dans les pages intérieures, on y arrive encore...* »

« Match *n'est plus ce qu'il était* », affirment de nombreux photographes et des lecteurs nostalgiques. Mais pouvait-il faire autrement ? *Paris Match* reste pourtant un des derniers magazines à publier des grands reportages d'actualité. « *Seul* Match *me permet de partir six mois en reportage* », rappelle Benoît Gysembergh. Mais les voit-on vraiment, toutes ces images ? Que représentent-elles face au dossier bien ficelé sur un tueur de vieilles dames, réalisé à partir d'un album de famille ? Ce qui fait dire à beaucoup de photojournalistes : « Match *est irremplaçable, mais ce n'est pas ma tasse de thé.* » L'hebdomadaire a une mauvaise réputation. Une mauvaise image de marque qui séduit cinq millions de lecteurs prêts à lui pardonner quelques « excès ».

Match va-t-il trop loin dans sa recherche du « choc » des photos ? Plusieurs exemples tendent à le faire croire. Un de ses reporters a proposé de l'argent et un appareil au fils de Jean-Paul Kauffmann pour qu'il prenne des photos de son père, otage fraîchement libéré de Beyrouth. Plus fort : selon plusieurs témoignages, deux pigistes du magazine auraient payé des jeunes pour qu'ils brûlent des voitures afin de faire de « bonnes photos » sur les violences dans la banlieue lyonnaise de septembre 1981. Ils seront interpellés par la police. En mars 1985, *Match* a publié une photo censée montrer une réunion d'Action directe sur les quais de Seine. Mais un journaliste de *Libération* s'est reconnu sur la photo, révélant que cette réunion n'avait rien à voir avec Action directe. Manipulé par un « photographe », le rédacteur en chef assumera son « *erreur* » et sa « *légèreté* ».

On ne compte plus les personnalités qui ont poursuivi le magazine. La famille de Monaco, Romy Schneider, Jacques Brel, la famille de

Sur la page de gauche, la photo de Matthew Naythons, où la Croix-Rouge est bien visible. Ci-dessus, la parution du *Figaro Magazine* dans son édition du 6 février 1982. Ou comment faire dire à l'image ce qu'elle ne disait pas. Beaucoup de photographes dénoncent le détournement quotidien de leurs photos par la presse, dans des formes bien moins pernicieuses que celui présenté ici, il est vrai. Les agences pourraient limiter les erreurs de date, de lieu, d'identification des personnalités figurant sur les images, si leurs légendes étaient plus complètes et plus rigoureuses.

La « *photo de l'année 1973* » est une photo anonyme. Le 11 septembre, à 11 heures, les partisans du général Pinochet encerclent le palais de la Moneda, où est retranché Salvador Allende, le président du Chili. Par trois fois, selon des témoins, des officiers lui proposent de s'enfuir du pays, en mettant un avion à sa disposition. Allende refuse et donne l'ordre de tirer. Il meurt, lors de l'assaut de la Moneda, dans des conditions inexpliquées. Ce document, publié dans le *New York Times*, est le dernier représentant le président du Chili.

Jean Gabin, Chantal Nobel, Miou-Miou, etc. « *Lorsqu'on a moins de procès au cours d'une année, Daniel Filipacchi s'inquiète. Ça veut dire qu'on est "terne"* », répond Roger Thérond. Au-delà des poursuites, dont beaucoup de journaux font l'objet, pour « atteintes à la vie privée », certaines affaires montrent que *Match* peut aller très loin. En avril 1982, le magazine est condamné à retirer de son numéro deux photos de Joëlle Aubron nue, publiées sous le titre « *Joëlle la terroriste* ». Membre présumé du groupe Action directe, elle a découvert, en prison, ces photos prises par un ami trois ans auparavant. Mais l'affaire la plus retentissante est la publication dans le mensuel *Photo* (groupe Filipacchi), sous la forme d'un « *cahier spécial fermé* », de douze clichés en noir et blanc montrant le corps mutilé et dépecé d'une Hollandaise de vingt-cinq ans, assassinée par un étudiant japonais anthropophage en juin 1981. L'affaire a fait grand bruit puisque Jean Durieux, rédacteur en chef adjoint de *Paris Match*, a été inculpé pour « *vol et recel de vol* » et incarcéré brièvement.

Roger Thérond

Un gamin qui épinglait dans sa chambre, à Sète, les portraits de Viviane Romance signés Voinquel et Corbeau, qui rêvait face aux photos de Jean Gabin et de Louis Jouvet, qui s'est découvert une vocation de journaliste à la sortie de *Citizen Kane* d'Orson Welles, est devenu le patron de *Paris Match* pour en faire, définitivement, le plus diffusé des magazines d'images de *news* au monde. À soixante-quatre ans, en 1988, Roger Thérond maîtrise le photojournalisme comme personne. C'est aussi une énigme, car on peut se demander, avec une nuance de provocation, ce qui le rattache à *Match*, tant l'hebdomadaire publie peu le genre de photos qui hantent son album imaginaire.

Roger Thérond est d'abord un amoureux de l'image. S'il n'avait pas été patron de *Match*, il aurait été metteur en scène de cinéma, mais sûrement pas photographe. « *La technique m'a toujours ennuyé.* » Collectionneur éclairé de photographies du XIXe — « *Je n'ai pas une seule image de photojournalisme, c'est trop facile* » —, il avoue sa faiblesse pour une marine de Le Gray, un daguerréotype du baron Gros représentant l'Acropole d'Athènes et un portrait de Liszt au piano ; mais aussi pour un regard de Jean-Pierre Pedrazzini, grand reporter à *Match*, sur son lit d'hôpital en France, après avoir été grièvement blessé durant les émeutes de Budapest en octobre 1956, et insistant pour voir son dernier reportage. Il mourra quelques jours plus tard. « *Cette photo me suit partout.* »

Intime de Lartigue, il a eu « *les larmes aux yeux* » quand ce dernier lui a donné un *vintage* (épreuve d'époque tirée par l'auteur) représentant Renée, la femme du photographe ; s'affirmant proche de Henri Cartier-Bresson et de Marc Riboud, il a également côtoyé André Kertész et regrette « *de ne pas leur avoir assez dit combien je les aimais ; être amis occulte le talent* ». Il connaît sur le bout des doigts l'évolution de la presse illustrée, depuis *Vu* — dont il possède la collection complète — jusqu'à *Life* et cite, quand on lui demande qui a marqué ces vingt dernières années, des photographes qui ont tous

Deux couvertures de *Stern*, le plus important magazine d'images en Allemagne fédérale : le numéro du 21 janvier 1982, consacré à l'état de guerre en Pologne et celui du 6 février 1986, sur l'explosion de la navette américaine Challenger. « *Nous ne faisons plus que deux couvertures par an avec des événements d'actualité chaude* », affirme Lothar Wiedemann, le responsable de la photo à Paris. En raison d'une forte pagination et de techniques de fabrication lourdes, cet hebdomadaire publie des sujets photos non événementiels, qui le distinguent de *Paris Match*.

Né le 13 février 1941 au Maroc, Bruno Barbey est un des photojournalistes français les plus réputés pour son travail en couleurs qu'il a entrepris en 1972. Remarqué pour ses reportages sur les Italiens, les Palestiniens et les événements d'Irlande, il est membre de l'agence Magnum depuis 1968. Durant les années 1980 et 1981, il séjourne sept mois en Pologne et réalise une série de reportages de fond (ci-dessus), qui seront publiés dans les grands magazines internationaux, mais aussi dans un livre remarquable, publié en 1983 avec un texte de Bernard Guetta, du *Monde*: « *La plupart des photographes travaillent en couleurs comme s'ils faisaient du noir et blanc. La couleur me semble plus difficile,* *parce qu'il y a plus d'éléments à contrôler: la composition, mais aussi la lumière et sa signification, son rôle dans le cadre. La couleur a un danger: faire passer la technique avant la sensibilité. Il y a une tendance à la mise en scène et à la création d'images artificielles réalisées sur le terrain même. C'est impeccable, mais trop parfait, figé. Ce n'est plus du reportage.* »

été associés à Magnum, tout en regrettant que la plupart ne fassent plus de reportages d'actualité : Don Mc Cullin, Thomas Höpker, Mary Ellen Mark, Bruno Barbey, René Burri, Raymond Depardon *« et Josef Koudelka, une des grandes révélations »*. Enfin, il affirme que les deux plus beaux reportages de ces dernières années ont été réalisés par Sebastiao Salgado : la famine au Sahel et le travail dans les mines d'or au Brésil.

Peut-on rappeler à Roger Thérond que tous ces photographes qu'il aime, eux, n'aiment pas *Match* ? Leurs routes ont divergé depuis longtemps, même si elles se croisent parfois. La remarque — un peu manichéenne il est vrai — ne fait pas perdre son flegme à l'intéressé. *« Match est critiqué comme tout journal qui marche. Mais comment peut-on attaquer le seul magazine dans lequel le photojournaliste peut s'exprimer ? Je trouve aussi que la relation "amour-haine" qui existe entre* Match *et les photographes est normale et salutaire. Il y a également un malentendu avec les "grands". Je crois que les torts sont partagés. Il faudrait rétablir les ponts, et, de toute façon, il ne peut y avoir de divorce réel. Même si le journal a changé, c'est toujours le même* Match. *»*

Il n'y a qu'un seul *Match* pour Roger Thérond, qu'il appelle *« mon frère siamois »*. Une formule pudique qui cache plus que de l'affection. Il le découvre en 1949 comme journaliste après des études de lettres, le quitte en 1968 après en avoir assuré la rédaction en chef, et le dirige depuis 1976. Dans son bureau en rond des Champs-Élysées, il domine les deux mille couvertures qu'il a réalisées en vingt-deux ans, affichées en réduction. Affirmant *« qu'il faut frapper fort, et aller à l'essentiel, car les lecteurs n'ont plus le temps de se faire raconter une histoire comme le faisait* Life *»*, c'est lui qui a trouvé en 1978 le slogan *« le poids des mots, le choc des photos »*, une formule qu'il trouve vieillie et qui est devenue péjorative. *« Je préfère le "chic" des photos, mais ça fonctionne moins bien. »* « Chic », il l'est. Le costume élégant, la barbe soigneusement taillée, la voix douce et posée, et la formule aisée, parfois cinglante. À propos du *Figaro Magazine* : *« * Match *ne publie pas douze pages par semaine sur les îles Maldives. »* Sur les « relations » de l'hebdomadaire avec la famille de Monaco : *« Elles varient entre le bouquet de fleurs et le "papier bleu"; c'est comme le temps... »*

Roger Thérond est l'antithèse du baroudeur. Mais le patron de *Match*, c'est bien lui. Lui qui choisit les photos — grands sujets comme couverture — le lundi à midi, en salle de projection. Il construit inlassablement son numéro, veillant à bien *« changer de climat »* en passant d'un sujet à l'autre, tout en se fondant sur quelques principes rigoureux : *« L'intérêt humain, le fait et le "tralala" — c'est-à-dire le petit "truc" en plus — sont les trois ingrédients d'un bon sujet. Si aucune image n'émerge d'un bon reportage, c'est que le reportage n'est pas bon. Ensuite il suffit de laisser parler les images et surtout de rester le plus simple possible. »* Ça semble simple en effet. Et pourtant, tous affirment que rien n'est plus impressionnant que de voir Roger Thérond jongler avec les documents lorsqu'il bâtit *Match*.

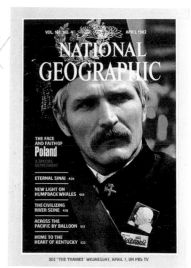

Bruno Barbey est un des rares photographes français qui travaille régulièrement avec *The National Geographic*, cette véritable institution américaine, centenaire, avec ses onze millions d'abonnés et ses quarante millions de lecteurs. C'est peu dire que le *Geographic* a les moyens, n'hésitant pas à envoyer un photographe pendant six mois en reportage à 350 dollars la journée. En avril 1982, le mensuel publiait le travail de Barbey dans un numéro « spécial Pologne » (en haut). Bruno Barbey a également « fait » la couverture du supplément hebdomadaire du *Chicago Tribune*, le 7 novembre 1982 (ci-dessus).

5
Grandeur et décadence de l'actualité

Il y a une malédiction Kennedy. Une légende aussi. À cinq ans d'intervalle, les frères John et Robert sont assassinés, le premier à Dallas, le second à Los Angeles. L'aîné était président des États-Unis, le cadet ambitionnait de le devenir. À chaque fois, les caméras sont là, enregistrant des images à jamais gravées dans les mémoires. Ce 5 juin 1968, Bob Kennedy n'est encore que sénateur de New York, ancien ministre de la Justice, critique virulent de la guerre du Vietnam et candidat à l'investiture démocrate. Il a quarante-trois ans. Il sera investi et remportera les élections. Personne n'en doute. Sa campagne le mène à Los Angeles. Évidemment, des photographes sont là : Boris Yaro, du *Los Angeles Times*, le principal quotidien de la ville, mais aussi Bill Eppridge de *Life*. Sirhan Bishara Sirhan, un Jordanien installé aux États-Unis depuis onze ans, s'avance et tire dans la foule.

Six personnes sont touchées, dont le candidat démocrate. Il est là, allongé dans son costume sombre, les yeux et la bouche ouverts, le poing droit serré. On se penche sur lui. Il mourra le lendemain à l'hôpital. Lorsque vingt ans plus tard, Bill Eppridge est amené à présenter dans *Life* sa photo préférée, il choisit cette image de Bob Kennedy. Il raconte : « *Je me souviens de chaque seconde (...) Je me suis penché sur sa tête et j'ai réalisé que c'était la mauvaise position. Aussi, je suis allé à ses pieds. C'est certainement l'image la plus significative, la plus signifiante que je n'ai jamais prise, la meilleure image que j'ai eu à réaliser dans une situation d'actualité brûlante. Je ne voulais pas la faire, et j'étais horrifié d'être obligé de la faire. Il était un ami.* ».

Il y aura toujours des grandes images d'actualité. Il y aura toujours des rencontres miraculeuses entre un grand photographe et un événement qui ne l'est pas moins. « *Le photographe était là* », dit-on, enregistrant la scène en direct ou presque. Entre la mort de Robert Kennedy et sa représentation, à peine quelques secondes se sont écoulées. Ce n'est plus le reporter mais l'événement qui provoque une grande image. Tant mieux si derrière l'appareil se trouvent des photographes de talent, des Yaro (*photo ci-contre*) et des Eppridge pour sentir qu'il fallait prendre du recul par rapport à Kennedy et jouer avec la lumière, au point que leurs images sont quasiment identiques. Pour faire une image encore plus forte. Comme si l'événement ne l'était pas assez.

Il y aura toujours des grandes images d'actualité pour faire les beaux jours de la presse illustrée. Pour entretenir le mythe du reporter « *toujours au plus près de l'action* ». Il y aura toujours des « scoops », des images qui durent, des images chères. Mais des images qui, au fond, révèlent peu d'indices quant à l'évolution du photojournalisme,

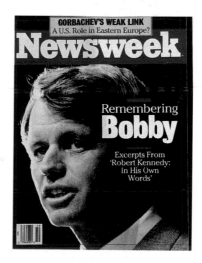

Vingt ans après la disparition de Robert Kennedy, une des rares couvertures en noir et blanc de *Newsweek* signée Burt Glinn (Magnum).

« *Le photographe était là.* » Le jeudi
4 avril 1968, le pasteur Martin
Luther King est atteint d'une balle
dans la tête, à Memphis (Tennessee),
alors qu'il prononce un discours
depuis un balcon d'hôtel. Le prix
Nobel de la paix est à terre ; ses proches pointent du doigt la chambre
d'où plusieurs coups de feu sont
partis. Cette photo a été prise par
Joseph Louw, un jeune Sud-Africain
noir qui réalisait un documentaire
télévisé consacré à King. Cet attentat
se produit en pleine lutte des Noirs
américains pour leurs droits civiques.
La nouvelle de l'attentat a provoqué
des réactions de colère dans plusieurs villes, qui feront quarante-six
morts et des centaines de blessés.

tant les événements qu'elles contiennent éclipsent leur traitement photographique.

Dans les années 30, la photographie nous permet de découvrir le monde. Robert Capa nous fait vivre la guerre d'Espagne; David Seymour, le Front populaire; Henri Cartier-Bresson photographie le Mexique. Dans les années 40, l'agence Magnum est créée pour faire contrepoids (déjà!) aux magazines comme *Life* dont la pression et les exigences ne vont pas toujours dans le sens de la volonté du photographe. Dans les années 60, l'image montre toujours, mais surtout elle dénonce, choque, gêne, resplendit dans les grands magazines au détriment du texte. Le Vietnam prouve que ce sont aussi les images qui font exister une guerre et qui peuvent même en modifier le cours. Dans les années 70, naissent des agences « performantes », produisant des images en quantité industrielle. « *Des supermarchés de la photo* », affirment les mauvaises langues, « *des usines à images* », qui font irrésistiblement grimper les chiffres d'affaires. Leur force : la rapidité.

Le photojournalisme va payer très cher sa liberté et son influence conquises au Vietnam. Vingt ans après cette sale guerre, le constat est sévère. C'est peu de dire que le reportage photographique a laissé beaucoup de plumes dans la bataille. Il s'est disloqué, transformé, a emprunté une multitude de voies souvent contradictoires. Surtout, il n'est plus seul. Il faut aujourd'hui compter avec la télévision, dont les effets se font sentir dans les magazines qui en ont tiré de douloureuses conséquences, privilégiant l'image rassurante en couleurs à l'image forte en noir et blanc.

L'irruption de la télévision

« *Nous avons perdu le Vietnam le jour où Cronkite a fait un éditorial contre cette guerre.* » La formule de Richard Nixon est célèbre. Walter Cronkite ne l'est pas moins. Présentateur vedette de la chaîne américaine CBS, ses commentaires ont eu un impact non négligeable sur l'opinion américaine. Tout comme les quatre heures d'images quotidiennes diffusées, le plus souvent en direct, par les grandes chaînes. Étonnant paradoxe que celui de cette « *guerre de l'image* » comme il n'y en aura plus jamais; d'un Vietnam qui verra naître toute une génération de photographes âgés de vingt ans; d'une guerre dont sortiront des photos exemplaires, mais qui, aussi, consacrera le reportage télévisé. Au Vietnam, le photojournalisme vit son âge d'or. Mais, le jugement de Nixon le prouve, la télévision fait mieux.

La photographie face à la télévision. L'image fixe contre l'image-mouvement. Le débat est inépuisable. Tout le monde s'accorde pour penser que la photo « *est plus forte, a plus d'impact à long terme* », et de citer le Vietnam toujours : cette petite fille napalmée qui hurle sa détresse, et l'exécution par le chef de la police de Saigon d'un « traître » sont des images qui ont bouleversé l'Amérique. Les images qui restent sont des images fixes. Le débat serait vain si la télévision n'avait pas bouleversé le reportage photographique. C'est d'abord la

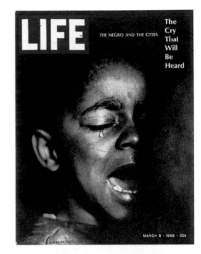

Près d'un mois avant l'assassinat de Martin Luther King, *Life* consacrait sa couverture à la condition des Noirs dans les ghettos des grandes villes, appuyée par un reportage — texte et photos — signé Gordon Parks, le premier photographe noir engagé par le magazine. Ci-dessus, la photo de la veuve de Martin Luther King avec ses enfants, prise par Harry Benson quelques heures après l'assassinat du pasteur, et publiée par *Newsday magazine* en novembre 1987 dans un numéro consacré au photojournalisme.

Grandeur et décadence de l'actualité   129

Véritable « radeau de la méduse », cette image, prise en 1968 pendant l'offensive de Hué par John Olson (*Life*), est une des plus saisissantes photos de la guerre du Vietnam. « *Jamais une guerre n'a été mieux "couverte"* », dira Horst Faas, qui était le patron des photographes de l'Associated Press à Saigon. Et jamais plus un conflit ne sera aussi bien photographié. À cela, plusieurs raisons. Outre la liberté d'action, l'absence de censure, les Américains offrent le maximum de facilités car ils pensent que les journalistes montreront le conflit sous un angle « favorable ». Chaque reporter est muni d'une carte « priorité 3 ». Le « 1 » est pour les blessés ; le « 2 » pour les hommes politiques ; les soldats en mission n'ont que le « 5 ». L'armée américaine prend entièrement en charge les reporters pour la modique somme de 2,5 dollars par jour. L'accès au terrain est facile : de vieilles voitures américaines pour les combats proches, et l'hélicoptère — quinze places par jour sont réservées à la presse — pour les offensives plus lointaines. De plus, mis à part Eugene Smith et George Rodger, tous les plus grands photographes de guerre sont présents au Vietnam : Burrows, Mc Cullin, Duncan, Jones Griffiths pour ne citer que les plus connus. En 1968, point culminant, il y a près de 700 journalistes au Vietnam. Enfin, avec l'engagement américain, la presse internationale « couvre » ce conflit comme jamais elle ne l'a fait. La mort du photographe est la rançon d'un conflit « ouvert ». Soixante-dix journalistes ont été tués ou ont disparu au Vietnam, dont une large majorité de photographes, obligés de monter en première ligne.

condition du photographe qui a changé. Écoutons René Burri (Magnum) : « *La guerre du Vietnam a donné ses heures de gloire à un journal comme* Life *dont on attendait toujours les images. Le photographe était un baroudeur mythifié, adulé, une sorte de Don Quichotte. Aujourd'hui, on attend devant sa télé des images du Liban. Vénéré au Vietnam, je suis devenu un vulgaire espion. Pire, on me demande souvent à quelle chaîne de télé j'appartiens parce qu'il y a beaucoup de photos aux journaux télévisés.* » Sur le terrain de l'actualité « chaude », la télévision supplante souvent le photographe. « *Avant, c'était les photographes devant, les télés derrière. Aujourd'hui, ce sont les télévisions qui sont en première ligne* », affirme Esaias Baitel qui a photographié pour l'AFP les troubles de 1987 et de 1988 dans les territoires occupés par Israël. « *Un jour, j'ai vu débarquer à Naplouse douze équipes de NBC. C'est fou!* »

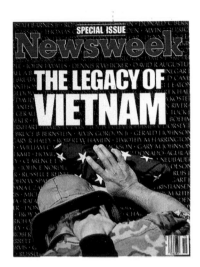

Dix ans après la fin de la guerre du Vietnam, *Newsweek* sort, en 1985, un numéro spécial consacré à cette guerre, dont la couverture est réalisée avec une photo de Peter Marlow (Magnum) : « *The legacy of Vietnam* ».

Cela fait longtemps que nous n'attendons plus les photos pour savoir ce qui se passe dans le monde. Les reportages les plus marquants sur la guerre en Afghanistan ont été réalisés par des cameramen. Même chose pour les émeutes dans les territoires occupés par Israël. Et qui se souvient qu'à côté de la caméra de Michel Parbot se trouvait un photographe nommé Fabian Cevallos pour enregistrer, le 25 octobre 1983, le débarquement américain à la Grenade ? La télévision va vite, trop vite pour le photographe. René Burri toujours : « *Dès 1959, j'ai senti cette évolution. Je revenais de Chypre avec mes images de l'archevêque Makarios rentrant au pays. Je me trouvais dans un hôtel, fatigué, en train d'écrire les légendes de mes photos. Je regardais la télévision, et qu'est-ce que je vois ? Les événements de Chypre! Je me souviens, ça a été un choc. Je me suis levé, j'ai ressenti une grande injustice; j'ai crié : "Non! Arrêtez! Cette histoire m'appartient, elle est dans mon appareil, c'est à moi de raconter!" C'était comme un train qui passait à côté de moi, cheminant à cheval.* »

Le développement de la télévision et son omniprésence sur les fronts de l'actualité vont porter un coup terrible, parfois fatal, aux magazines qui donnent la priorité au reportage photographique. L'exemple de *Paris Match* est spectaculaire. « *Entre 1960 et 1975, le nombre des téléviseurs est passé, en France, de 1,8 million à 15 millions. Porté par le flot, le tirage de* Télé 7 Jours *décuplait;* Paris-Match, *à l'inverse, sévèrement concurrencé, voyait son tirage réduit des deux tiers* », peut-on lire dans une enquête du magazine *L'Expansion* de septembre 1976.

Avec les satellites de communication, une guerre filmée dans la journée fait irruption dans la salle à manger des familles occidentales le soir, au journal télévisé. « *Beyrouth 82 a été le point culminant*, se souvient Alain Mingam, le rédacteur en chef de l'agence Gamma. *Le téléspectateur avait droit à sa ration quotidienne d'images de violence. Outre le ras-le-bol du public, la télévision a eu un effet pervers en banalisant l'image d'actualité. Les photographes en ont subi les conséquences.* » Les conséquences, ce sont les grands magazines illustrés qui les ont tirées. Puisqu'il est impossible de concurrencer la télévision, puisque cette dernière diffuse une surdose d'images, offrons au lecteur des photos différentes. L'actualité a toujours droit de cité, mais le plus

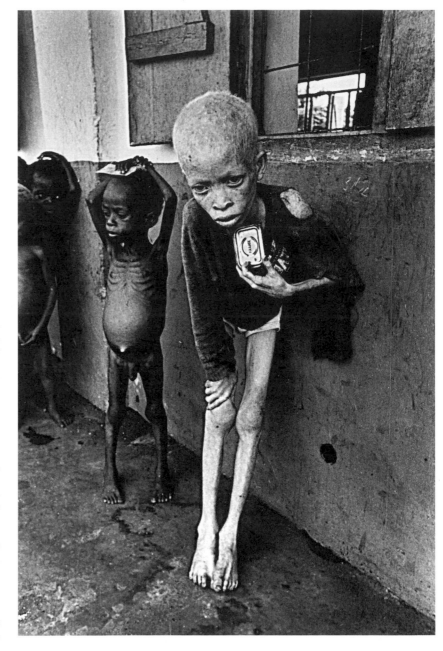

Un enfant affamé de l'ethnie des Ibos, victime des combats pour l'indépendance du Biafra, photographié en avril 1969 dans un camp de la Croix-Rouge par Donald Mc Cullin pour le *Sunday Times magazine*. « *Je suis un produit d'Hitler : je suis né dans les années 30, j'ai été bombardé dans les années 40, puis les gens d'Hollywood m'ont montré des films sur la violence.* » Le parcours de Don Mc Cullin, né en 1935 à Londres, est marqué par cette confession, faite durant la guerre du Vietnam. La misère, la douleur et la violence. Trois thèmes qui le poursuivront toujours, qui feront dire à John Le Carré que « *ses photographies d'Angleterre sont des photos de guerre prises en temps de paix, je m'en souviens. Partout où il va, il en fait un champ de bataille* ». Tout son travail de photojournaliste sera lié aux magazines anglais, et surtout au *Sunday Times* dont il sera « *une diva mal payée* », et où son travail sera remarquablement édité par le *Picture Editor* Michael Rand et le graphiste David King. S'affirmant d'abord journaliste — « *Je hais l'art ; je veux que mes images puent un peu* » — Don Mc Cullin compose pourtant admirablement ses photos au 28 mm et au 35 mm essentiellement, mesurant toujours la lumière avec une cellule indépendante, ce qui paraît "délirant" quand on pense aux situations de guerre. « *Je ne veux pas courir le risque d'être tué et, en plus, de me tromper d'exposition.* »

Tout a été dit sur la dureté des images de Mc Cullin, leur caractère souvent insoutenable, intolérable. « *Il est le photographe le plus dur, le plus brutal, le plus cru, le plus direct, le plus violent qui soit. Voilà ce que Don Mc Cullin affirme vouloir être. Montrer la guerre dans toute son horreur* », écrivait Robert Pledge dans *Zoom* en décembre 1971.

Don Mc Cullin voit « *un avenir gris* » pour le photojournalisme, et entre quelques commandes pour les magazines, réalise aujourd'hui des photos de paysages. Au calme, loin des « *monstres* ». L'image ne manque pas d'humour : « *Je suis comme un chasseur de lions qui se transforme en collectionneur de papillons* ».

souvent sous forme de « scoop », d'images uniques, fortes. Le « *choc des photos* » a remplacé les grands reportages qui s'étalaient sur plusieurs doubles pages. Les images différentes, c'est aussi et surtout les images de « *charme, people, show-biz* », la vie des rois, des reines, des « stars » de cinéma. La télévision présente la réalité, les magazines vont offrir du rêve. Première règle : moins de *news* en couverture. La « une » de *Paris Match* représentant le croiseur argentin *General Belgrano* en train de couler pendant la guerre des Malouines a été une des plus mauvaises ventes de l'année. Ce sont les portraits de personnalités qui font grimper les tirages. Surtout quand elles disparaissent... Autre exemple : à *Stern*, le principal hebdomadaire illustré allemand, il n'y a pas plus de deux couvertures *news* par an.

« Je ne veux plus de misère »

La scène se passe dans les bureaux du *Sunday Times magazine* à Londres en 1986. Rupert Murdoch, le nouveau propriétaire, reçoit la rédaction. Le magazine s'est taillé une solide réputation internationale dans le photojournalisme sous l'impulsion du *Picture Editor* Michael Rand. Il y a là Don Mc Cullin, un des plus grands photographes de guerre, dont les reportages sur Chypre, le conflit irlandais, le Biafra ou le Vietnam font date. Murdoch prend la parole : « *L'hebdomadaire va changer. Je ne veux plus de misère ni de guerre dans ce journal. Je veux du loisir et des modes de vie.* » Directement mis en cause, choqué, Mc Cullin répond à Murdoch dans une revue universitaire : « *Je ne supporte pas de travailler dans un journal qui ressemble à un catalogue de vente par correspondance.* » Mc Cullin a été licencié.

Jeudi 17 mars 1988, 17 h 30, dans les bureaux de *Stern* à Paris. C'est le jour de bouclage. Lothar Wiedemann, le responsable de la photo, reçoit un coup de fil de l'agence Gamma. Le vendeur possède des photos des obsèques, en Irlande, de deux militants de l'IRA, au cours desquelles un homme a tiré sur la foule. Il y a des morts. Wiedemann le presse de questions : « *Est-ce qu'il y a une photo intense ? Est-ce que c'est net ? Est-ce qu'on voit le "mec" qui tient le pistolet ? Si on ne le voit pas, ça vaut pas un "clou" ! Tu penses à une "double" en noir et blanc ? Elle est "largeur" ? À quelle heure je peux les avoir ? Qu'est-ce que tu as en tête comme prix ? 5 000 marks ? Combien il y a de gens sur la photo quand ça explose ? Viens avec de la couleur ! OK ! J'appelle Hambourg ! Sois là à 18 h 15 !* » Hambourg prévient Wiedemann que la télévision vient de diffuser un reportage sur ces obsèques sanglantes. Il rappelle Gamma : « *On ne fait plus rien ! La télévision a réduit le sujet !* » Il raccroche, et ajoute pensif : « *C'est tout le temps comme ça...* »

Même si ce n'est pas tout le temps comme ça, la scène en dit long quant à l'influence de la télévision sur le reportage photographique. Une influence pas toujours néfaste. Esaias Baitel : « *Elle nous fait "mal", la télé, c'est vrai, mais s'il n'y a pas de télé, il n'y a pas de publications non plus ! Je l'ai souvent remarqué. Un événement télé-*

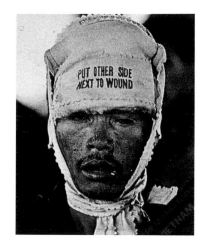

« Onze jours avec les marines à Hué », par Donald McCullin en 1968 (numéro spécial du *Sunday Times magazine*). Tous ceux qui l'ont connu témoignent des « *risques insensés* » que prenait McCullin sur les champs de bataille. Donné pour mort à plusieurs reprises, roué de coups dans une prison d'Amin Dada en Ouganda, il a été blessé au Cambodge en 1970, où « *j'ai vu le sang gicler entre mes cuisses* », puis au Salvador en 1982 et confiait à John Le Carré en 1980, que s'il devait mourir pour une photo, ce sera pour quelque chose qui en vaudra la peine. « *Travailler avec lui est effrayant* », a écrit un journaliste anglais. Au Vietnam, il côtoie Gilles Caron, pour qui il a un immense respect. « *Nous étions comme deux coqs de combat dans le même enclos. Cette concurrence m'a fait le bien.* » Hubert Le Campion, dont les reportages sur la guerre d'Algérie, puis du Vietnam pour *Life*, en font un des grands témoins de cette époque, a travaillé au Vietnam avec Caron et Mc Cullin : « *Il y avait une rivalité entre eux. Ils ne cessaient d'avancer. Franchement, je crois qu'ils jouaient leur vie. J'ai vu Caron avec du sang et des morceaux de chair sur le treillis. Mc Cullin, est celui qui est allé le plus loin, au bout de la fatigue et de l'horreur. C'est à la fois un grand journaliste, un grand cadreur tout en faisant montre d'une grande sensibilité* ».

Avant 1970, les images qui nous sont parvenues du Cambodge, comme celles de Philip Jones Griffiths en 1967, témoignaient d'un paradis tranquille. Ensuite, l'horreur succède à l'horreur. Chaque année, à la saison sèche, les Khmers rouges lançaient une offensive sur Phnom Penh. Cette image, signée Thierry Deliveyne (Sipa), a été prise dans la capitale cambodgienne en 1974. Aucun photographe n'était présent au moment où Phnom Penh tombait, dans la seconde semaine d'avril 1975. Le « black out » décrété par le régime de Pol Pot a empêché les photographes d'assister au conflit avec le Vietnam et au génocide dont a été victime la population cambodgienne.

visé provoque l'utilisation de photos. *On se demande souvent :* "*Quelle télé est là ?*" *Si la télévision n'est pas présente, ce n'est pas très grave de louper l'événement. En revanche, beaucoup de magazines vont* "*suivre*" *un événement dont ils auront vu des images au journal de 20 heures.* » L'outil télévision a un tel impact qu'il va même être utilisé par les agences photographiques. « *Il faut que j'entre dans le cinéma, car je n'ai aucun avenir dans la photo* », affirmait curieusement Robert Capa dès 1935. En 1967, c'est Raymond Depardon qui insiste auprès des autres fondateurs de Gamma pour créer un secteur télévision. Deux ans plus tard, il réalise avec une caméra 16 mm *Jan Palach,* un film couleur de 12 minutes consacré au martyr tchèque qui s'était immolé par le feu pour protester contre l'invasion soviétique en Tchécoslovaquie. Mais, déjà, se pose le problème de l'impossible rentabilité de tels films d'actualité.

Les trois grandes agences françaises, qui ont investi dans la vidéo dans les années 70, vont s'en rendre compte. L'exemple de Sygma est révélateur. L'agence sera la première entreprise de presse française à posséder la caméra Betacam qui, par sa technique et sa légèreté, permet au cameraman de travailler seul, sans équipe. Cet outil révolutionnaire, qui revient à la coquette somme de 400 000 F en 1988, sera baptisé et « médiatisé » en octobre 1983, lors du débarquement américain à la Grenade. Un « scoop » mondial. 2 millions de francs de ventes. Derrière la caméra, seul sur l'île, Michel Parbot de l'agence Sygma.

La Grenade va provoquer l'euphorie. « *Pendant toute une période, on a dit que la télévision allait redynamiser les agences photos. Ça me fait rigoler,* explique Sylvie Philippe de l'agence Sipa. *Il y a un mythe de la télé. C'est bien simple, avec les tarifs pratiqués par les chaînes françaises et étrangères, un reportage d'actualité ne peut par être rentable mis à part le "scoop". Le problème, c'est qu'il y a un "scoop" tous les dix ans...* » Très vite, les agences vont déchanter. Gamma d'abord, avec un « flop » monumental à propos de l'affaire Greenpeace en Nouvelle-Zélande. Sygma ensuite qui, après avoir perdu en 1988 un contrat rémunérateur avec « Canal + » (60 % de son chiffre d'affaires), a dû licencier vingt-deux des cinquante-sept personnes qui formaient l'équipe. « *C'est un fait, on s'est "planté" avec l'information télévisée. On continue, mais "profil bas"* », avoue Hubert Henrotte, le patron de Sygma.

Des frontières fermées

« *Il faut se dépêcher de photographier le monde, car il va en se rétrécissant.* » Catherine Leroy aime rappeler cette formule, elle qui a parcouru le globe, du Vietnam au Liban. Si « *le monde est devenu un village* », comme le souligne Alain Mingam, faisant référence aux satellites de communication qui relient les quatre coins du globe en quelques secondes, ce village est devenu plus difficile à pénétrer ces dernières années. Ce « *nouvel ordre de l'information* », comme le dit Alain Mingam, ces obstacles mis au travail des reporters, gênent

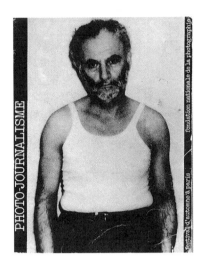

Pour le festival d'automne à Paris, Pierre de Fenoÿl a organisé en 1977, au musée Galliera à Paris, une exposition consacrée à dix ans de photojournalisme. Il écrivait notamment dans le catalogue : « *Presque toutes les photographies sont des images de violence (...) Ce choix que j'ai fait ne fait que refléter la situation du photojournalisme aujourd'hui et l'appauvrissement progressif de son contenu, surtout depuis les années 60 (...) Le critère devient la rapidité et le spectaculaire. On aboutit ainsi à une photographie sans surprise.* »

Comme beaucoup de photographes, Philip Jones Griffiths a débarqué au Vietnam à l'âge de trente ans, juste pour voir, fasciné par les événements. C'était en 1966. Ce Gallois, pharmacien de formation, avait découvert la photo de guerre cinq ans auparavant en Algérie, pour l'*Observer*. Cette fois, il arrive à Saigon sans aucune commande de journaux. Il a juste une accréditation de l'agence Magnum. Dès sa descente d'avion, il se dit: « *Griffiths, c'est ici que tu aurais dû naître.* » Il descend au Royal, un vieil hôtel tenu par un Corse. « *À part les images, il n'y avait que trois activités possibles: bouffer, baiser, fumer. La cuisine du Royal était une merveille, l'herbe, l'opium et les filles étaient les denrées les moins chères et les plus faciles à trouver.* » Il développe lui-même ses films au laboratoire d'Associated Press: « *L'eau étant souvent trop chaude, je la refroidissais par un système compliqué de tuyaux qui pas-* *saient dans le réfrigérateur à Coca-Cola* », a raconté Jones Griffiths à Jean-Jacques Naudet dans un numéro de *Photo* de 1975, où il explique également qu' « *il n'y avait que deux démarches photographiques possibles dans ce conflit. Couvrir l'événement à la façon des reporters d'AP ou d'UPI en espérant décrocher la première page du* New York Times, *ou chercher en profondeur les véritables motivations de ce conflit.* » Jones Griffiths optera pour la seconde, accumulant des photos qu'il mettra en pages et publiera dans *Vietnam Inc*, le plus abouti des livres consacrés à cette guerre, un des plus marquants de l'histoire du photojournalisme.

beaucoup plus les photographes que les journalistes de presse écrite. « *Nous avons besoin d'être en première ligne, d'être au plus près de l'action; le rédacteur, non* », affirment les photographes qui, d'ailleurs, sont des témoins privilégiés, des « *chiens de chasse* » pour ceux qui écrivent. « *J'aime bien travailler avec des photographes car, en règle générale, vous êtes sûr qu'ils sont sur de bons "coups"* », expliquait Françoise Chipaux, envoyée spéciale du *Monde* au Liban, sur France-Culture en novembre 1986. Une image : pendant que Robert Capa affirmait que si la photo n'est pas bonne, c'est que le photographe n'est pas assez près de l'événement, Lucien Bodard racontait merveilleusement le monde depuis, dit-on, sa chambre d'hôtel...

Beaucoup pensent que c'est au Vietnam que tout a basculé. Jamais en effet les photographes n'ont été aussi libres de leurs mouvements ; tous ceux qui ont couvert ce conflit le reconnaissent. Hubert Le Campion, qui s'est rendu sept fois au Vietnam entre 1965 et 1971, d'abord pour les Reporters Associés, ensuite pour *Life*, explique : « *Dès le premier jour, je me faisais accréditer en deux heures et je pouvais prendre n'importe quel transport militaire. En général, je sautais dans un hélicoptère.* » La censure était quasi inexistante. Les photographes arrivaient même à influencer les opérations militaires selon leurs desiderata. Les pellicules étaient transmises du lieu des opérations au quartier général par l'intermédiaire du courrier de presse des armées.

Après le Vietnam, le Liban. Jean-Claude Francolon, de l'agence Gamma, qui a couvert les deux conflits, affirme que la comparaison est impossible : « *Au Vietnam, on pouvait vraiment aller n'importe où. Je me suis retrouvé en 1978 au Sud-Liban. J'ai assisté à des scènes extraordinaires que je n'ai pu photographier. Un jour, je me suis fait braquer vingt-trois fois ! Les soldats pointaient leur arme sur moi et disaient : "If you shoot, I shoot !" Je me suis dit : OK, je rentre à Paris...* »

Philip Jones Griffiths en couverture d'un cahier magazine du *Monde* consacré au photojournalisme en janvier 1985. « *Il y a deux sortes de photographes,* affirme Griffiths, *ceux qui sont tournés vers leur monde intérieur, et ceux qui veulent photographier le monde extérieur. Je crois qu'on ne peut pas photographier son nombril. Il faut sortir pour regarder le monde.* » Aujourd'hui, il y a comme un voile dans ses yeux, comme une absence. « *C'est très dur de photographier après avoir fait le Vietnam* », dit-il sobrement.

Censure

Benoît Gysembergh, de *Paris Match*, affectionne pour sa part les guérillas : Érythrée, Angola, Birmanie, Sahara occidental, Cambodge et Tchad où il s'est rendu quinze fois : « *C'était ma combine. Je sautais d'un conflit à l'autre. Je n'avais pas de problème de "fric" ou d'appartement puisque je vivais avec les guérilleros. Le problème, c'est qu'il n'y a plus de conflits de ce genre.* » Les conflits les plus ouverts à la presse sont en fait les guerres de libération ou d'indépendance comme le Nicaragua en 1979, où les reporters passaient, dans la même journée, du côté somoziste au côté sandiniste. Même au Vietnam, ce n'était pas possible.

La tendance est à la censure. Pendant la guerre d'Algérie, Hubert Le Campion se souvient « *qu'il fallait remplir une quinzaine de papiers. Ça prenait un temps fou ! Pour aller dans le "bled", c'était toute une histoire, et on était contrôlé, surveillé en permanence.*

Marc Riboud défend la tradition d'une photographie documentaire: « *Je guette le moment décisif. Le plus souvent, il m'échappe ou je l'évite, éprouvant plus de plaisir aux moments qui se prolongent.* » Le 21 octobre 1967 a lieu à Washington une grande marche pour la paix au Vietnam. Environ cent mille personnes se réunissent au Lincoln Memorial, à quatre kilomètres du Pentagone. Le slogan? « *Rendez-nous nos G.I's.* » Les affrontements avec les forces de l'ordre feront une centaine de blessés. Marc Riboud et Dany Lyon, tous deux de Magnum, sont dans la foule. À la tombée de la nuit, un peu à l'écart des « points chauds », Marc Riboud prendra cette image au Leica, objectif 35 mm, ouverture pleine. Un an plus tard, il veut se rendre au Vietnam, mais au Nord, « *chez les Rouges* ». Rares sont les journalistes qui ont pu photographier la guerre du côté communiste. Romano Cagnoni et James Cameron sont les premiers photographes à y être parvenus, à l'automne 1965. Marc Riboud se retrouve à Hanoï, dans le bureau de Pham Van Dong, avec l'espoir d'obtenir un visa. Le Premier ministre tient dans ses mains le dossier du photographe. Il regarde une image, et se met à pleurer. C'est la jeune fille face aux baïonnettes américaines. « *C'est grâce à cette photo que j'ai obtenu mon visa.* »

L'armée nous emmenait là où elle le voulait bien... » Aujourd'hui, les grandes puissances ont bien retenu la leçon du Vietnam. Les exemples ne manquent pas. On sait le sort que les Soviétiques réservaient à la presse en Afghanistan ; le contrôle opéré par l'armée française lors de ses opérations au Tchad « *où c'était impossible de sortir librement de N'Djamena* », se souvient Bernard Bisson, de Sygma. La Libye ne peut être photographiée « *que sur rendez-vous* », entend-on partout. Ceux qui ont couvert le Liban affirment également qu'il est impossible de photographier un blessé israélien. La presse américaine était exclue de l'opération contre l'île de la Grenade en octobre 1983. Ces nouvelles conditions de travail influent sur la qualité des images. « *Pour moi, personne n'a réussi à montrer la guerre en Afghanistan ou au Tchad,* affirme Jean-Claude Francolon, *je n'ai pas vu une seule action photographiée.* »

La guerre des Malouines a été une petite merveille de « verrouillage » de l'information photographique : « *C'était "absolutely crazy",* affirme l'Anglais Ian Berry de Magnum. *Tous les photographes ont essayé de partir par tous les moyens. Impossible !* » Seuls deux photographes représentant le *Daily Express* et Associated Press ont pu embarquer avec les troupes britanniques. Mais avec des conditions de travail draconiennes, les films étant systématiquement soumis à la censure. Certaines photos étaient envoyées par bateau pour les « ralentir » au maximum. Il a fallu attendre des mois pour publier des images « sensibles ». Le syndrome Vietnam a joué à plein. Désormais, le photographe est dangereux. Don Mc Cullin voulait évidemment partir aux Malouines. Il avait « fait » le Vietnam. Et de quelle façon ! Lors d'un colloque organisé par Gamma en 1987, il a exprimé son sentiment : « *C'était très douloureux pour moi. Quand Thatcher a préparé sa force d'intervention, je pensais partir avec eux. Je croyais avoir la priorité. Et je ne suis pas parti. J'étais prêt à y aller sans être payé. Pour moi, c'est un complot du gouvernement britannique.* »

La guerre en autobus

Le 23 septembre 1980, commence ce qui va devenir une des guerres les plus meurtrières de l'histoire de l'humanité. Les forces irakiennes envahissent le territoire iranien « en riposte à la décision iranienne de paralyser le trafic maritime dans le détroit d'Ormuz ». Ce jour-là, Bagdad est bombardée à trois reprises. Bilan officieux après huit ans de guerre : un million de morts. À titre de comparaison, la guerre du Vietnam, selon des sources américaines, aurait fait près de deux millions de morts dont 56 000 soldats américains.

De cette guerre entre l'Irak et l'Iran, qu'avons-nous vu ? Rien ou presque. Des images de télévision contrôlées par chacun des deux pays pour vanter leurs victoires respectives. En photographie, l'image d'Henri Bureau, prise les tout premiers jours du conflit, et qui symbolise la guerre du pétrole (*voir page 66*). Mais il faudra attendre quatre ans pour découvrir les seules photos « authentiques ». Elles ont été

« *Je voudrais rencontrer Hô Chi Minh, car il y a des rumeurs sur sa mort* », demande Marc Riboud à Pham Van Dong en 1968. Ce dernier répond : « *On s'en fout des rumeurs !* » La rencontre aura lieu le mardi 5 novembre 1968, le jour où Richard Nixon est élu président des États-Unis. Marc Riboud prendra le thé pendant une demi-heure avec le président et son Premier ministre (ci-dessus). Il sera le dernier journaliste occidental à avoir rencontré Hô Chi Minh avant sa mort, le 3 septembre 1970. « *L'entourage du président avait peur de ce qu'il pourrait dire à la télévision. Il avait soixante dix huit ans. C'est là qu'on voit que la photo, c'est différent. Pour moi, c'est un grand jour.* » Cette série de photos, mais aussi tous ses reportages réalisés au Nord-Vietnam seront publiés par *Look*, le *Sunday Times magazine*, *Stern*, *Paris Match*, etc.

En février 1984, François Lochon et Jacques Pavlovsky ont photographié la guerre Irak-Iran dans la région de Bostan. François Lochon raconte : « *Je demande un visa au consulat d'Irak. Ils me répondent :* "Partez dès demain à 14 h 45 sur le vol d'Air France ; nous vous emmènerons dans les villes frontalières bombardées par les Iraniens." *Avec moi, il y a seulement une équipe de CBS et Pavlovsky. Mon informateur dans le pays me dit :* "La bataille s'intensifie. On ne peut pas encore vous emmener, mais restez à l'hôtel, nous vous préviendrons !" *L'offensive Aurore V a déjà débuté depuis une semaine. L'attente devient insupportable. Enfin nous partons ! 400 km d'avion. Nous sommes impatients de visiter le champ de bataille. C'est une zone marécageuse. Le général Fakri, responsable militaire du front Sud, nous explique qu'ils ont repoussé une offensive de 25 000 Iraniens. Il n'y aurait que 250 survivants. Nous*

pénétrons sur les premières digues. Le spectacle est complètement fou, indescriptible. Des corps, des corps partout. Des milliers de morts à 360 °. Le cameraman de CBS pose sa caméra, s'essuie le front et murmure : Putain, je n'ai jamais vu ça, même dans les pires combats du Vietnam." » Ce récit illustre bien la façon dont les pays contrôlent leurs guerres. Quand les photographes sont arrivés sur le terrain, tout était déjà terminé. Ce jour-là, les Irakiens ont remporté la bataille du terrain et celle de l'information. Les photographes, eux, tiennent des images « exclusives ».

prises par Manoocher, de nationalité iranienne, qui a donc photographié son pays en guerre. Elles ont été publiées dans un remarquable portfolio de douze pages, par le quotidien français *Libération*, le 14 février 1985. Sous le titre « *Deux photographes au front* » (les photos de Manoocher sont accompagnées de celles de son frère Reza), Christian Caujolle, alors responsable de la photo du quotidien, écrivait : « *Ce que nous connaissions du front Irak-Iran, ce sont, la plupart du temps en couleur, des amoncellements de cadavres venant s'ajouter aux cadavres des autres guerres et des autres fronts. Avec ses noirs et blancs rigoureux, Manoocher nous montre autre chose. Les volontaires au front, les secouristes, l'évacuation des blessés, la visite des mollahs, les regards fatigués, l'humain dans une guerre aux images parfois surréalistes, comme les images de toutes les guerres. Et cet "essai" photographique devient immédiatement un classique, parce qu'il nous évoque, spontanément, le travail de Capa sur le front catalan, pendant la guerre d'Espagne, et celui de Philip Jones Griffiths au Vietnam.* »

François Lochon (ci-dessus) et Jacques Pavlovsky (page de gauche) ont pris deux images quasiment identiques. Le premier a obtenu le prix *Paris Match* avec ce reportage. François Lochon raconte : « *Deux Iraniens, un Pasdaran et un gardien de la révolution, ont été tués dans leurs trous individuels. L'opérateur radio a le front cerclé d'un bandeau rouge sur lequel est écrit : "Les croisés vers les Lieux Saints". Le second semble dormir sur le dos, la barbe pointée vers le ciel, une grenade défensive à portée de main. Le village est en feu. Seules les flammes brisent le calme de ce cimetière. Tous les symboles de la guerre sont réunis, l'idéal pour une photo informative. Cette conjonction rarissime peut ne durer qu'un bref instant. Il faut faire vite. Une fois de plus, l'appareil est un excellent alibi pour sortir de ce cauchemar.* »

Les « amoncellements de cadavres » dont parle Christian Caujolle, on les trouve dans un double reportage de Jacques Pavlovsky (Sygma) et de François Lochon (Gamma) effectué, côté irakien, en février 1984. « *Ce n'est plus du photojournalisme, c'est du charter organisé* », entend-on souvent. Lochon et Pavlovsky ont photographié le conflit Irak-Iran comme ils ont pu. C'est-à-dire dans un cadre très contraignant, obligés d'attendre le bon vouloir de leurs hôtes. Une pratique qui tend à se généraliser. « *Il y a une nouvelle génération de photographes qui font du reportage en voyage organisé* », dénonce Catherine Leroy. « *Avant, la concurrence s'exerçait sur le terrain*, explique un autre photographe, *aujourd'hui, la "bagarre" a lieu dans les autobus affrétés par le pays "visité". C'est à celui qui sera le plus prêt de la porte pour descendre le premier et prendre des photos de "l'événement" avant les confrères !* » Bernard Bisson, de Sygma, a suivi les bombardements américains sur Tripoli (Libye) en 1986 : « *Les autorités libyennes ont mis des autobus à notre disposition. On était totalement contrôlés. Pas question de se balader ! Aujourd'hui, la guerre, c'est Intourist !* »

Dans ce concert de témoignages pessimistes, on trouve peu de voix discordantes. Il y a celle de Yan Morvan, qui a couvert le Liban pour Sipa et dont le goût pour le démarquage est bien connu : « *J'ai toujours entendu les photographes râler à Beyrouth : "On ne peut plus rien faire !" Au même moment, je voyais plein de photographes moins connus "se casser le cul" pour faire des images. Moi, je pense que si on le veut vraiment, on peut aller partout.* »

Les hommes politiques aussi

S'il n'y avait que les guerres... Le contrôle des images s'exerce également de plus en plus dans tous les domaines de l'information. En politique par exemple, Raymond Depardon, à vingt ans d'intervalle, a photographié la campagne présidentielle de Richard Nixon et la cam-

Une semaine après la catastrophe de Challenger, l'US Air Force rend un dernier hommage en février 1986 à l'équipage, dans le ciel de Huston. Aux côtés de Ronald et Nancy Reagan, June Scobee, la femme du commandant de bord disparu. A 150 mètres de là, quatre cents photographes sont à l'affût. Frank Fournier (Contact) sera le seul à saisir l'image-choc : « *Les Reagan nous tournaient le dos. Ce n'était pas facile de travailler. J'avais un objectif 600 mm, un doubleur de focale, et je travaillais au moteur. J'avais vingt kilos d'appareil plus vingt kilos de trépied. Tout le monde fait obligatoirement la même photo, tant l'image est contrôlée par la sécurité de la Maison Blanche : on est complètement fouillé, on est parqué dans un périmètre précis, on nous indique la lumière, l'objectif et le temps d'exposition ! C'est allé très vite. Au moment où ils se sont retournés pour voir les avions passer au-dessus de leurs têtes, j'ai ressenti quelque chose de très fort. L'image de cette femme hurlant sa détresse m'est apparue en une fraction de seconde. J'ai compris que j'avais "la" photo, qu'il n'y en aurait pas d'autre. J'ai eu de la chance. Cette photo a été exposée en grand format à la NASA. Beaucoup de visiteurs s'arrêtaient et pleuraient, croyant qu'elle avait été prise au moment de l'explosion.* »

pagne électorale française de 1988. La première pour le compte de l'agence Gamma. La seconde pour le quotidien *Le Monde*. « *En 1968, je pouvais vraiment travailler comme je le voulais aux États-Unis. Une fois accrédité, le service d'ordre me laissait tranquille. J'approchais Nixon sans problème. En 1988, en France, on ne compte plus les barrières, les intermédiaires, les filtres, toute une série d'obstacles qui protègent les principaux candidats. Pour s'en sortir, il faut l'appui d'un journal influent. C'est ce que j'ai pu faire avec* Le Monde. »

Mal Langsdon, le rédacteur en chef du bureau parisien de l'agence anglaise Reuter, explique ce qui l'a décidé d'arrêter le reportage : « *Ronald Reagan était en visite en Chine. Son service de presse de la Maison Blanche avait organisé pour douze photographes une "photo op", c'est-à-dire un rendez-vous de cinq minutes avec le président. Cette fois, c'était sur la Grande Muraille. Le service de presse avait apporté de Washington un grand cordon. On nous dit de rester derrière. Sur le sol, on découvre une croix qui tenait avec du scotch pour nous indiquer où Reagan allait se placer. Un officiel s'avance, imagine le cadre des appareils, et nous dit : "Objectif 85 mm !" Il prend une cellule, nous indique la lumière et tous les photographes mettent leur 85 mm. Pour moi, c'était trop. Je n'ai pas parcouru le monde entier pour faire ça ! Car c'était ça ou rien. J'ai laissé ce travail aux autres. L'administration Reagan connaît très bien la valeur de l'image. On ne peut photographier que certains événements, et qu'une partie de ces événements. J'ai vu tellement de journalistes naïfs qui se sont fait manipuler. On est loin de situations "naturelles". Et on assiste de plus en plus à ce genre de "photo op". »*

Pour clore ce panorama du nouvel ordre de l'information, il reste ces images de personnalités, de « stars », d'actrices de cinéma et de princesses qui envahissent les magazines. Le phénomène, on le verra, n'est pas nouveau. Mais ce ne sont plus les mêmes photos. En vingt ans, l'actrice a compris que gérer sa carrière c'est aussi gérer son image. Du regard du photographe, on est passé au droit de regard du photographié. Aujourd'hui, il n'est pas rare que l'actrice visionne la première les photos et fasse son choix, sa sélection avant toute diffusion dans les magazines. On est loin des instantanés spontanés et insouciants de Brigitte Bardot pris par Leonard de Raemy et Jean-Pierre Bonnotte dans les années 60.

La surenchère des magazines

Comme le répètent les présentateurs à longueur de journaux télévisés, « *l'actualité n'est pas très gaie ce soir* ». Images de guerre, images de désolation, images de détresse. Le photojournalisme s'est forgé dans le drame. Trois images : celle d'un Thaïlandais pendu, déjà mort, et sur lequel un homme s'acharne en lui fracassant une chaise sur la tête ; au Cambodge, celle de ce gamin qui urine sur un cadavre et celle de la détresse d'un enfant fixant l'objectif, en haut des marches d'un escalier, dominant sa famille massacrée.

Les images du Vietnam étaient dures mais souvent maîtrisées et

Reporter à l'agence Vu, le Belge John Vink a photographié le Tour de France 1987 pour le quotidien *Libération*. S'agissant d'un événement pour le moins attendu, John Vink s'est attaché à suivre les à-côtés du Tour. Avant et après la course, avant et après le passage des coureurs, l'élément compétition n'étant qu'un code parmi tant d'autres. Travaillant essentiellement en noir et blanc, John Vink affectionne les longs sujets. Remarqué pour ses travaux sur la Belgique et l'Italie, il a obtenu le prix Eugene Smith pour son essai sur « l'eau et le Sahel » et travaille actuellement sur les réfugiés dans le monde.

Le 6 septembre 1965, les troupes indiennes pénètrent au Pakistan et avancent vers Lahore, ce « *paradis perdu* » du Pendjab. La guerre entre les deux pays va durer près de sept ans. Le 16 décembre 1971, les troupes pakistanaises capitulent à Dacca, la capitale du Pakistan oriental. Le Bangladesh voit le jour. Plusieurs photographes assistent à la libération du Bangladesh par les troupes indiennes appuyées par des maquisards bengalis : Michel Laurent et Horst Faas (Associated Press), Christian Simonpietri (Gamma), Penny Tweegy (indépendante) et Marc Riboud (Magnum). Le 17 décembre, la résistance organise un grand meeting au stade de Dacca. Scènes de liesse et scènes d'horreur. Marc Riboud raconte : « *C'est l'excès le plus monumental lié à l'épuration après une libération. Nous n'avons d'abord pas prêté attention à ces hommes aux poings liés. Sous la responsabilité des chefs de la résistance, ils ont commencé à les bousculer. J'ai vu les baïonnettes pénétrer les corps et le sang couler. Les malheureux hurlaient. Impossible de photographier. Une guerre, c'est rien à côté. J'ai culpabilisé à mort. Avec Penny, nous avons cherché un officier indien pour arrêter le massacre. On n'a trouvé personne. On est revenu. J'ai vu des enfants pisser sur les cadavres. J'ai dégueulé.* »

leur force journalistique évidente. Décrire, témoigner et dénoncer. Dans un texte désormais célèbre, le magazine *Life* répondait ainsi à ses lecteurs choqués par la cruauté des reportages sur les guerres d'Espagne et de Chine : « *Les images, même les meilleures, sont impuissantes à montrer toute l'horreur et la laideur de la guerre (...) Aucune image ne saurait transmettre le cri d'un millier de mourants, ni l'odeur d'un million de cadavres (...) Mais les morts auraient péri en vain si les vivants refusaient de les voir.* » Dans un remarquable entretien donné en 1971 par Don Mc Cullin au magazine *Zoom*, le photographe britannique, dont les images terribles n'étaient jamais gratuites, affirmait : « *Maintenant, quand je pars, la seule chose qui me polarise, c'est de montrer l'injustice et la souffrance.* »

La chute du « news »

L'après-Vietnam a provoqué une fuite en avant désordonnée et relayée par les magazines. L'Américain Fred Ritchin enseigne la photographie aux États-Unis et a été le *Picture Editor* du *New York Times Magazine* entre 1978 et 1982. Dans un article intitulé « *Le photojournalisme depuis le Vietnam* », voilà ce qu'il écrivait en 1986 : « *De nouveaux conflits (du moins ceux couverts par les photographes) ne sont plus présentés qu'en termes de violence, de sensationnalisme. Les grands thèmes contemporains se perdent dans un amalgame sanglant et brutal. C'est presque comme si le chaos et le décor apocalyptique du Vietnam nous manquaient, et que nous voulions les recréer (...) Le photojournalisme pratiqué par la grande presse a généralement voulu éviter les rigueurs de l'enquête en profondeur. De façon générale, le photojournalisme préfère, à de rares exceptions près, fixer son attention sur les symptômes des maux sociaux telles ces brusques éruptions de violence (qui offrent évidemment des images plus excitantes), plutôt que chercher à comprendre et à dépeindre les racines de ces phénomènes. Notre compréhension des problèmes du Salvador, du Nicaragua ou du Liban est embuée par toutes ces images de violence qui nous parviennent sans cesse. Qui sait ce qui se passe vraiment dans ces pays ? (...) De nos jours, le photojournalisme n'est souvent qu'une forme de voyeurisme pervers, et ne répond plus qu'à un besoin de divertir qui prend comme prétexte un besoin de savoir. (...) Ce que je vois n'a aucun sens. J'ai aussi parfois le sentiment qu'on essaie de me divertir, et vraiment ça me dégoûte.* »

Paris Match s'était fait une spécialité de l'image violente. C'était « le sang à la une ». « *Ce reproche est périmé* », se défend Roger Thérond, le directeur du magazine, qui prend l'exemple de la catastrophe ferroviaire survenue en juin 1988 à la gare de Lyon à Paris. « *J'ai vu sur mon bureau des images épouvantables. On n'a pas voulu les publier. Les gens en ont assez de cette surenchère dans la violence. Nous laissons ça à d'autres journaux et à la télévision.* » Il n'empêche, les magazines veulent surtout du sensationnel. « *Pour que ça se vende, je suis obligé de cadrer spectaculaire*, explique Jacques Torregano, de *Sipa. Dans n'importe quel congrès, j'exagère tout, je prends les plus*

À vingt-six ans, Michel Laurent est le premier Français à obtenir le prix Pulitzer pour ses images du massacre de Dacca (page de gauche). Christian Simonpietri a réalisé un reportage quasiment identique (ci-dessus). Marc Riboud a refusé de prendre des photos, tout en expliquant le dilemme qu'elles soulèvent : « *Je ne comprends pas que l'on puisse soutenir la vue de telles scènes et faire des photos. Mais quelques jours après ce drame, j'ai rencontré Indira Gandhi. Elle m'a dit que ces images, publiées partout, étaient "la honte de l'Inde" car elle n'avait pu empêcher cette exécution. Et elle a ajouté : "J'ai donné des ordres pour que de tels actes ne se reproduisent plus." La publication de ces photos a donc fait cesser les massacres.* »

Une semaine de bain de sang au Salvador. Mgr Oscar Romero, archevêque de la capitale et défenseur des
droits de l'homme, est assassiné le 24
mars 1980. Une semaine plus tard,
lors de ses obsèques, une fusillade
éclate : 38 morts et 400 blessés. Vrai-
semblablement une provocation des
militants d'extrême droite. Deux photographes français saisissent la
scène : Benoît Gysembergh de *Paris
Match* et Patrick Chauvel de Sygma.
Avec un objectif 24 mm, ce dernier
réalisera la meilleure photo, la plus
aérée et donc la plus publiée, permet-
tant au magazine d'insérer, en gros,
le titre « Massacre au Salvador ».

belles "gueules" avec un 20 mm et en avant le spectacle ! Mais que signifient de telles images ? » L'omniprésence de la télévision, le nouvel ordre de l'information, la nouvelle demande des magazines, la meilleure qualité et le développement des agences télégraphiques, le « ras-le-bol » des images de violence, la chute, comme nous l'avons vu, du marché américain. Sans parler des coûts des reportages qui, en vingt ans, ont grimpé beaucoup plus vite que les tarifs de vente des photos. Autant de facteurs qui ont porté un coup sévère à ce qu'on appelle le marché du *hot news* pour les agences photographiques.

En vingt ans, l'évolution est spectaculaire. Vocation prioritaire de Gamma en 1967, le secteur de l'actualité « chaude » ne représente aujourd'hui que 20 % du chiffre d'affaires. À Sygma, on avoue que le secteur est déficitaire. Goksin Sipahioglu, le patron de l'agence Sipa qui est leader dans ce secteur, affirme pour sa part : « *Pour que l'actualité soit rentable, il faut produire des "scoops", ce qui n'est pas évident. L'ensemble de nos photographes de* news *ont un passif de trois millions de francs.* » La tendance est confirmée par les propos pour le moins pessimistes de nombreux photographes tel Jean-Claude Francolon (Gamma) : « *Je ne connais pas un seul photographe qui vive seulement du* news. »

Si les plus anciens s'en sortent avec l'exploitation de leurs archives (qui peuvent représenter 50 % de leurs revenus), on ne compte plus aujourd'hui les photographes qui sont « *dans le rouge* », comme ils disent, c'est-à-dire qui doivent de grosses sommes à leur agence à la suite de reportages coûteux et qui ne se sont pas vendus. Dans ce cas, l'entreprise éponge le découvert et se rembourse progressivement, en trouvant notamment des reportages « juteux » pour son photographe. Mais comme le dit un patron d'agence, « *il y a une spirale du "rouge" et c'est parfois impossible de remonter la pente* ». Un photographe de Gamma a par exemple quitté l'agence avec 150 000 F de découvert. « *Il y a des gars à "moins 20 briques"* », affirme un photographe de Sipa.

À l'énoncé de ces chiffres, on peut se demander ce qui pousse ces agences à maintenir leur secteur *hot news*. Tout simplement parce que c'est leur vitrine, le secteur qui a fait leur réputation dans le monde entier. Elles doivent tout à l'actualité, elles ont trusté les couvertures des magazines dans les années 70, elles se sont fait un nom. Et puis il y a l'espoir de tirer le gros lot. Le « scoop » qui fait flamber les prix.

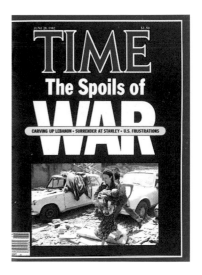

Coskun Aral, de nationalité turque, est un des rares photographes d'agences qui ne couvre que les grands conflits mondiaux. Il ne compte plus ses séjours à Beyrouth pour le compte de Sipa. Il a « fait » la couverture de *Time*, comme on dit, le 28 juin 1982, alors que l'armée israélienne occupait Beyrouth. « *Je suis vivant, et c'est un miracle !* », dit-il avec humour, « *Deux fois, j'ai cru que j'étais mort. En Afghanistan, mon camion a sauté sur une mine : trois jours de coma. Et puis j'ai une trace de balle sur le crâne. Dans le même genre que moi, il n'y a que Chauvel, de Sygma ; personne ne veut partir avec nous ! Je crois que j'ai le cerveau un peu "bousillé". J'entends des bruits, je fais des cauchemars la nuit, et je ne peux pas dormir seul. Mais si je reste plus de trois semaines à Paris, je deviens fou.* »

Le combat de Coskun Aral

L'exemple de Coskun Aral illustre bien les difficultés rencontrées par un photographe qui consacre sa vie au reportage d'actualité. Son sujet de prédilection : la guerre. L'homme est rare. Son profil aussi. Né le 1er mai 1956 en Turquie, ce reporter de Sipa découvre la photo, mais aussi le drame, le 1er mai 1977, à Istanbul, où trente-quatre personnes sont tuées au cours d'un meeting électoral. En octobre 1980, il est à bord d'un avion détourné par des militants pro-iraniens. Il prend des photos et les dissimule dans son slip. Accusé de terrorisme,

Éric Bouvet, vingt-sept ans, a réalisé
sur une période de trois ans (1984-
1987) plusieurs reportages consacrés
à la marine nationale française, dont
un sur les sous-marins nucléaires en
mars 1986 (ci-contre) ; vingt-cinq
déplacements et neuf mois de terrain
pour un résultat remarquable mais
souvent boudé par les magazines :
« *C'est avant tout un sujet de pres-*
tige où je me suis fait plaisir. Voir un
zinc qui décolle depuis un porte-
avions est un sacré spectacle. J'ai
même placé un boîtier dans le cockpit
d'un Super Étendard. La presse me
disait : "C'est superbe", *mais trouvait*
toujours de "bonnes raisons" *de ne*
pas publier. De toute façon, si on ne
travaille qu'en fonction de la publica-
tion, on ne fait que des "merdes". »
Éric Bouvet cherche « *l'image prise*
sur le vif, entière, naturelle, tout en
essayant de bien la composer. Je suis
archinul en studio, je ne sais même
pas faire marcher un éclairage, et j'ai
dû "monter" *à peine dix photos*
depuis que je travaille. En revanche,
j'adore jouer avec la lumière
ambiante. » Il a collaboré pendant
cinq ans avec Gamma, où il « *a beau-*
coup donné. J'étais prêt à partir du
jour au lendemain, j'ai dû prendre
deux cents fois l'avion, j'ai fait trois
tours du monde, je suis allé trois fois
en Afghanistan ». Outre son travail
sur la marine, il s'est fait remarquer
avec des reportages sur les enfants
cancéreux et un rodéo dans le
Dakota du Nord, aux États-Unis.
Bouvet a quitté l'agence en 1988
« *pour prendre du recul, prendre mon*
temps, mieux choisir mes sujets, tra-
vailler "en direct" *avec certains*
magazines, gravir un nouveau
palier ».

il passe une semaine dans une prison d'Istanbul. L'année suivante, il assiste à l'agonie de grévistes de la faim irlandais et se rend pour la première fois au Liban. « *J'ai dû y retourner une quarantaine de fois.* » En 1983, il rencontre le commandant Massoud en Afghanistan et se rend au Tchad. En 1984, c'est « *le grand tour* » : Pakistan, Afghanistan, élections en Inde (et émeutes dans le sud du pays), Sri Lanka, Thaïlande. Et toujours le Liban. En 1986, il suit le départ des Marcos des Philippines, photographie les rebelles dans le Sud, et se rend au Nicaragua où il découvre la vidéo pour la télévision américaine. En 1987, il retourne aux Philippines, puis au Liban où il rencontre les militants kurdes dans la plaine de la Bekaa.

« *Depuis 1985, il n'y a plus un endroit*, dit-il, *d'où on peut rapporter des reportages qui se vendent. Jusqu'à cette date, tout allait bien, je gagnais autour de 30 000 F par mois, surtout avec les garanties de* Time *et de* Newsweek. *Ensuite, tout a basculé. Le Liban n'intéresse plus personne. En 1987, j'ai fait 42 000 F de ventes et 150 000 F de frais. Je dois 80 000 F à l'agence, je n'ai pas réglé mes impôts ; j'ai quitté mon appartement car je ne peux plus le payer ; je n'ai plus qu'un appareil photo avec un objectif 55 mm. J'en avais une douzaine. Ils ont tous été volés ou cassés. J'avais une assurance, mais il fallait remplir des papiers dans les 48 heures et comme j'étais au Tchad... Une autre fois, une jeep m'est passée dessus. La Sécurité sociale n'a pas voulu me rembourser parce que je n'avais pas le numéro de la plaque d'immatriculation du véhicule ! Comme je ne veux pas faire de photos de* showbiz *pour me refaire, je suis dans la merde. Caroline de Monaco, ça ne m'intéresse pas. Et je ne veux pas être salarié. Je veux rester libre.* »

La montée du « newsmagazine »

Pour s'en sortir dans le *hot news*, il n'y a pas trente-six solutions. Avoir de solides archives, être salarié, ou alors être bien coté sur le marché, ce qui permet de bénéficier de commandes des journaux, voire de contrats à l'année. Dernière solution, faire du « Paris ». Conseils des ministres, meetings, conflits sociaux, plateaux de télévision, un peu de *showbiz*. Éviter les longs voyages qui coûtent cher et dont la rentabilité est hypothétique. Comme on dit, « *le* news, *c'est une danseuse* ». Ça peut être le *jackpot* mais aussi le « flop » : un correspondant de Gamma qui voit le car-ferry *Free Enterprise* couler au large de Zeebruge, mais aussi un photographe de cette même agence qui ne ramène rien d'excitant de Nouvelle-Calédonie.

Il y a des exemples qui font réfléchir. Le patron de Gamma constate que, parfois, il a du mal à trouver un photographe pour couvrir un événement lointain. Jacques Torregano, de Sipa, lui répond indirectement : « *Je ne veux pas partir sur n'importe quoi. Je veux gagner ma vie, alors je fais attention.* » Hubert Henrotte, le patron de Sygma, en a tiré les conséquences : « *Nous avons de plus en plus de mal à assurer l'actualité quotidienne. Les photographes rechignent. Outre le fait que la concurrence est plus rude, il y a un problème de génération. Les*

En 1987, Gérard Rancinan réalisait, en collaboration avec Alain Keler, un reportage « magazine » sur *l'Exodus, 40 ans après*. Les deux photographes de Gamma ont retrouvé les passagers de ce bateau qui avait quitté Marseille en juillet 1947 pour rejoindre, en vain, Israël. Avec plus d'un million de francs, leur « *Exodus* » a battu les records de vente. Parmi les publications, *Bunte*, *VSD*, *Sunday Times magazine*, *l'Illustré* et *7*, le superbe supplément du quotidien italien *Corriere della Sera*.

« J'essaie de faire un grand sujet *"magazine" par an »*, explique Gérard Rancinan, ancien photographe de *Sud-Ouest* et de Sygma, aujourd'hui à Gamma. En 1985, il réalise les « Grands d'Espagne ». Ou comment traiter l'entrée de ce pays dans le Marché commun en le racontant à travers les gens. Pas n'importe lesquels. *« Je suis parti d'un sondage réalisé par le quotidien* El Pais, *"Qui fait l'Espagne?" J'ai photographié les trente personnalités les plus citées. Chaque image est montée comme un film. Je voyais ce pays avec des lumières de rêve, de sang, d'arène. Du rouge, du noir et beaucoup de soleil. Aucune image n'est faite en studio. J'ai photographié les gens dans leur contexte. À chacun, j'ai demandé comment ils voyaient l'Espagne de demain. J'accorde beaucoup d'importance aux textes qui accompagnaient mon reportage. J'ai donné à voir ce que j'ai eu envie de voir, j'ai raconté une histoire. C'est*

un sujet "lourd". Un mois de travail avec un assistant, 200 000 F de frais. Mais je pense avoir eu 10 millions de spectateurs avec les publications. C'est comme une exposition volante. La plus belle, la plus vraie. » Parmi les personnalités photographiées, le toréador Espartaco dans le hall de l'hôtel Ritz de Barcelone (ci-dessus); le chanteur Julio Iglesias; Pedro Domecq, propriétaire de vignobles, avec son chien Paco; Juan Luis Cebrian, le directeur du quotidien *El Pais* (page de droite, de haut en bas).

jeunes n'ont pas quinze ans d'archives pour assurer leurs arrières, alors ils réfléchissent davantage avant de partir sur un événement. J'ai donc établi, pour cinq photographes sur cinquante, des contrats, ce qui leur assure un salaire (autour de 15 000 F), tout en conservant le système du pourcentage lorsque leurs ventes dépassent leur fixe. En échange, ils ne peuvent pas refuser un travail. »

Si le *hot news* est en perte de vitesse, c'est que la presse illustrée traite différemment l'actualité. Les magazines ont évolué, les agences aussi. Un nouveau marché a vu le jour dans les années 80 : le « newsmagazine ». Lors d'un colloque sur le photojournalisme qui s'est tenu à Paris en 1986, Alain Mingam, le rédacteur en chef de l'agence Gamma, expliquait cette évolution : « *La couleur a modifié le contenu des sujets. Ne pas la maîtriser devient impardonnable. Le news n'étant plus ce qu'il était, il a fallu se repositionner, faire autre chose. L'esprit du "newsmagazine", c'est anticiper et creuser l'événement. C'est travailler autour de l'actualité. Aujourd'hui, nous ne pouvons plus attendre qu'une dépêche tombe, qu'un journaliste écrive un article pour faire des photos. C'est nous qui devons créer l'événement.* »

Les chiffres sont là. Quasiment inexistant en 1967, le « newsmagazine » représente aujourd'hui le secteur le plus important de l'agence Gamma (40 % de la production en chiffre d'affaires). Les trois principales agences ont créé un département de ce genre, Gamma étant celle qui, pour l'instant, a le mieux maîtrisé son « repositionnement » sur le marché.

Les nouveaux dangers

Avec le « newsmagazine », le photographe ne prend plus une photo, il la « monte », il la crée, il la « scénarise ». Il est autant (plus ?) technicien que journaliste. Il devient metteur en scène, il fait poser ses personnages et utilise des éclairages artificiels pour arriver à ses fins. Bien maîtrisée, l'intervention du photographe ne pose pas de problèmes. Mais le danger est évident : jusqu'où peut-il aller sans travestir la réalité ? Ce n'est pas un débat d'école. La question agite fortement la profession.

Un exemple : Patrick Aventurier, jeune et prometteur photographe de l'agence Gamma, a réalisé en 1987 un reportage sur l'École polytechnique. Son image la plus connue : un portrait d'étudiants, tirés à quatre épingles, en tenue avec bicorne, assis autour d'une table, buvant du champagne, regardant un élève qui trace au tableau des équations savantes pendant qu'un dernier saute à cheval au-dessus de la table. Le tout parfaitement éclairé. Tout y est. Comme on dit, « *ça en jette* ». Réaction d'un polytechnicien : « *Il était difficile d'aller plus loin dans l'accumulation des poncifs.* » Le photographe n'est pas en cause. Sans le savoir, il a donné de cette école l'image que tous attendaient. Depuis lui-même jusqu'au lecteur, en passant par le magazine. En l'occurrence, *Le Figaro Magazine*, avec lequel Gamma entretient des relations privilégiées.

Alain Mingam reconnaît qu'avec le « newsmagazine », la barrière

« *C'est quoi le Nicaragua ?* » se
demande Susan Meseilas (Magnum)
en janvier 1978, découvrant l'existence de ce pays dans les journaux.
Cinq ans plus tard, lorsque les Sandinistes prennent le pouvoir, Susan
Meseilas est considérée comme « la »
photographe de ce pays d'Amérique
latine, celle qui a le mieux « couvert »
la révolution d'un pays où elle
retourne régulièrement depuis dix
ans. Elle publiera un livre remarquable avec ses photos aux couleurs
froides et mouillées. « *Tu ne tra-
vailles pas comme un coloriste* », lui
dira même Henri Cartier-Bresson.
« *Ce livre est plus important que mon
travail pour la presse. Il me permet
de donner le contexte ; la presse, ce
sont des fragments.* »

n'est pas limpide entre la scénarisation et la falsification de la réalité : « *Il y a des dérives dangereuses, j'en suis conscient. Le fait que les magazines ont dans la tête des images bien définies avant même que le reportage soit réalisé n'arrange pas les choses. Je ne dis pas que nous sommes dans le vrai, mais par rapport à la réalité du marché, je ne rougis pas de notre production. Ma position est simple, je refuse la scénarisation lorsqu'elle trafique la réalité.* » Éric Bouvet, par exemple, un ancien de Gamma, a montré avec son exemplaire reportage sur la marine nationale que l'on pouvait réaliser du très bon « magazine » sans avoir besoin des artifices de la mise en scène.

Il est bien difficile aujourd'hui d'échapper à la spirale de la scénarisation. Même le *hot news* est touché. Sous la pression de la presse et de la concurrence, des photographes se posent, en gros, cette question : à quoi sert-il d'attendre la scène qu'on souhaite et qui finira bien par se produire ? Susan Meseilas, qui a réalisé des reportages exemplaires sur la révolution au Nicaragua, constate « *sans juger, que de nombreux photographes montaient leurs images. Ils plaçaient les gens en fonction des photos qu'ils désiraient. Ce n'est pas mon "truc"* ». Yan Morvan raconte une de ses mésaventures, révélatrice du fonctionnement des journaux : « *Je reçois un télex de* Newsweek *qui me demande une couverture sur la violence au Liban. Je vais dans les ruines de Beyrouth avec mon chauffeur, je trouve une femme, je la paie et je la fais poser en lui demandant de lever les bras. Je savais que ça n'allait pas être publié. C'était juste un essai pour une maquette. Quand je suis rentré à Paris, on m'a dit :* "Alors, comme ça, tu 'montes' tes photos ?" »

Susan Meseilas effectue son premier reportage au Nicaragua en juin 1978. A son retour, le *New York Times Magazine* publie cette photo en couverture d'un numéro de juillet. « *Les révolutionnaires portent des masques pour se cacher ; mais il y a aussi une dimension folklorique. J'ai eu de la chance. Le magazine s'est mis en grève juste après la parution. Ma photo est donc restée à la "une" pendant trois semaines.* » Cette couverture est un « accident ». Il n'y avait pas encore la guerre au Nicaragua. Mais un journaliste du magazine venait d'y effectuer un reportage...

Mitterrand et Platini dans le même panier

La tendance aujourd'hui est à la « peopleisation du news ». L'expression est barbare, mais le phénomène est réel. Là encore, c'est une conséquence du bouleversement du marché du reportage photographique, qui répond à une évolution de la presse en général. Ce n'est plus l'actualité qui intéresse mais ceux qui la font. Comme le dit Alain Mingam, « *ce ne sont pas les nouveaux pauvres que l'on va photographier, c'est l'abbé Pierre* ». Le Liban n'intéresse plus personne ? Yan Morvan réalise un sujet intitulé « la ligne verte » : des portraits, à la chambre, d'habitants de Beyrouth. Comment photographier l'entrée de l'Espagne dans le Marché commun ? Gérard Rancinan réalise « les grands d'Espagne », portraits léchés de personnalités qui « font » ce pays. Deux sujets « magazine » réalisés sur le terrain. Deux grands succès de presse, deux succès mérités. La démarche est loin d'être toujours aussi maîtrisée. On peut s'interroger, par exemple, sur la signification journalistique (sur l'éthique, diront certains) des portraits de résistants afghans réalisés à Peshawar, au Pakistan, par Julio Donoso. Des portraits aseptisés, écrasés par des éclairages, et coupés de leur contexte. La tendance est déjà à l'uniformisation du portrait. Fondamentalistes musulmans, Mitterrand, Platini, Tapie ou Caroline de Monaco, tous dans le même panier.

Grandeur et décadence de l'actualité   153

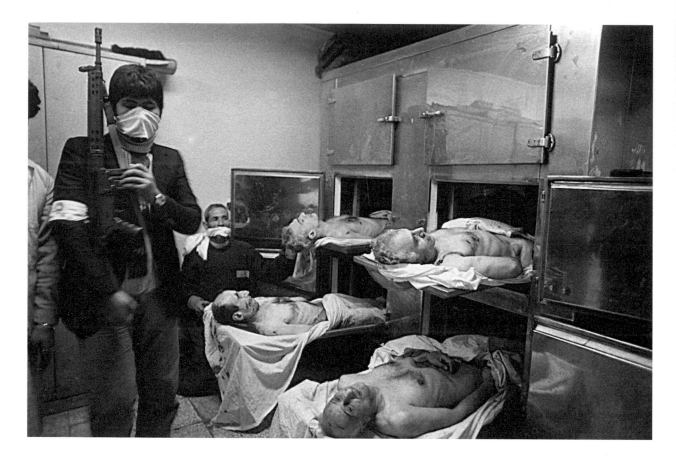

Le 1er février 1979, l'imam Khomeiny
fait un retour triomphal en Iran.
Quinze jours plus tard, l'épuration de
l'armée commence. Militaires et
hommes politiques sont jugés som-
mairement et exécutés sur le toit de
la chambre où dort Khomeiny. Le
photographe Abbas, aujourd'hui
membre de l'agence Magnum, a réalisé, pour Gamma, la meilleure couverture de la révolution iranienne. Il
a photographié, à la morgue, les
corps de quatre généraux dont celui
de Nassiri, le chef de la Savak pendant treize ans.

Beaucoup de photographes qui ont une solide réputation dans le *news* s'opposent à toute scénarisation. Il y a d'abord certains photographes de Magnum, dans la tradition de Henri Cartier-Bresson dont les propos de 1963 semblent bien démodés : « *Dans un reportage photographique, on vient compter les coups, un peu comme un arbitre, mais fatalement on arrive comme un intrus. Il faut donc approcher le sujet à pas de loup, même s'il s'agit d'une nature morte. Faire patte de velours, mais avoir l'œil aigu (...) Bien entendu, pas de photos au "flash", ne serait-ce que par respect pour la lumière, même absente, sinon le photographe devient quelqu'un d'insupportablement agressif.* » S'il n'est pas opposé à la mise en scène, Raymond Depardon affirme : « *Avant d'utiliser des éclairages savants, à la mode, et qui étaient déjà en vogue il y a vingt ans, que les jeunes apprennent d'abord à bien cadrer au Leica...* »

Mais des voix s'élèvent aussi contre la dérive de la scénarisation au sein même des trois principales agences et dans les grands magazines. Bernard Bisson, de Sygma : « *C'est très grave ce qui est en train de se passer. On n'est plus là pour raconter la vie, mais fabriquer une situation en la mettant en scène. C'est déplorable. Les magazines sont en grande partie responsables, sans parler de l'éthique du journaliste qui est bafouée.* » Alain Noguès, de Sygma : « *Pour moi, le news, c'est saisir l'information. Ne pas intervenir. Il y a chez les jeunes photographes une démarche publicitaire.* » Jacques Torregano, de Sipa : « *Aujourd'hui, c'est "flash", éclairages sophistiqués, rendez-vous et photos spectaculaires. Moi je préfère l'authenticité et l'émotion. C'est d'ailleurs toute une tradition française qui est en train de se perdre.* » Benoît Gysembergh, de *Paris Match* : « *Il y a de moins en moins de journalistes parmi les photographes. J'en ai vu un faire poser un couple de députés socialistes (François Hollande et Ségolène Royale) avec des éclairages. C'est nul! C'est à se demander s'ils aiment le photojournalisme.* »

Photojournalisme. Le mot est fourre-tout et de moins en moins satisfaisant : reportage, instantanés, essais, documents, magazine, *people*. Les voies sont multiples, mais, nous l'avons vu, de plus en plus étroites. Beaucoup se débattent, luttent avec l'actualité, d'autres la contournent et photographient à leur rythme. Revenons à René Burri après sa mésaventure de Chypre : « *J'ai bien sûr continué à faire du reportage, mais j'ai compris qu'il me fallait trouver une autre façon de raconter des histoires. Chercher à rendre par la photo quelque chose de plus permanent que l'événement. Au-delà d'un meeting, d'une élection, d'une rencontre au sommet, que puis-je raconter ?* »

Un mollah armé photographié par Abbas le 14 février 1979 pendant la révolution iranienne. C'est une des trente-deux images réunies par le photographe dans un livre intitulé « Iran, la révolution confisquée », paru en 1980.

6
L'instant
et la durée

L'année 1978 aurait dû être une année de répit pour le régime sud-africain. Pour une fois, aucun événement spectaculaire. Pas d'émeutes sanglantes, pas de grèves, pas de condamnation qui méritent que la presse occidentale tire à boulets rouges sur l'apartheid. Juste un changement de dirigeants. En septembre, Pieter Botha devient Premier ministre à la place de John Vorster qui, pour sa part, est élu président de la République. Le pouvoir blanc peut respirer. La ségrégation raciale au quotidien attire peu les médias. Steve Biko, un des pères de la conscience noire, est mort en prison l'année précédente, provoquant d'importantes manifestations. En 1979, John Vorster est compromis dans un scandale. Mais en 1978, rien. Rien si ce n'est un reportage photographique qui fera dire à l'ambassadeur d'Afrique du Sud en France : « *Cette photo nous a fait plus de mal qu'une division ennemie.* »

Pour les dignitaires sud-africains, comme pour la mémoire collective, le travail d'Abbas en Afrique du Sud se résume à une photo. « La » photo. Celle dont on dit un peu rapidement qu'elle explique à elle toute seule un conflit, une situation, un état des lieux et des choses. Ici, le Blanc qui forme le Noir pour matraquer le Noir. Cette photo, donc, Abbas l'a prise dans une école de policiers de couleur qui se trouvait dans la ville d'Hammanskraal : « *Curieusement, ce sont les autorités qui ont voulu que j'aille visiter cette école. Ils en étaient fiers. Ils faisaient des exercices. À les voir, le chef blanc en tenue et les élèves noirs torse nu, je me suis tout de suite dit qu'il y avait "une" photo à prendre. Je leur demande de se placer de telle façon. Le chef hésite, se tourne vers un colonel qui lui répond : "Vas-y !" Ce n'est pas une image "montée". La situation existait. De toute façon, prendre une photo est un choix permanent en fonction de son idéologie, de sa culture et de son éducation. Et c'est l'Histoire qui détermine la vie d'une photo. Je ne pensais quand même pas que celle-ci ferait le tour du monde.* »

Le travail d'Abbas est en tous points exemplaire. Il s'est rendu en Afrique du Sud hors de tout contexte d'actualité « chaude », à tel point que seul le directeur de Gamma, Jean Monteux, était au courant de son projet. Il y est resté deux mois (février et mars 1978), privilégiant le travail en profondeur. Il n'a pas pris des photos, mais a construit un reportage. Enfin, il n'a cessé de s'interroger sur la signification de ses images. « *Je soupçonnais qu'il pouvait se passer des choses intéressantes. Je savais que le pays était très "ouvert" aux Blancs, que le régime jouait le jeu démocratique. J'en ai tiré parti. C'est une situation ambiguë. Il n'y a pas une seule vérité. Le problème, c'est que les magazines veulent l'image "choc", celle qui résume tout.*

Le *Sunday Times magazine* est, selon Abbas, le journal qui a le mieux mis en valeur son reportage en Afrique du Sud. Cette fameuse image prise dans une école de policiers noirs existe en noir et blanc et en couleurs, en cadrage vertical et horizontal. « *Je préfère la verticale, car c'est la hauteur qui donne la "pression"* », affirme le photographe. On peut aussi estimer que le noir et blanc (Noirs et Blanc ?) dramatise la scène.

L'instant et la durée   157

Dans la nuit du 20 au 21 août 1968, les armées de cinq pays du Pacte de Varsovie, emmenées par sept mille chars soviétiques, envahissent la Tchécoslovaquie pour mettre un terme au Printemps de Prague. L'effectif soviétique était estimé entre 400 000 et 500 000 hommes, soit le double du corps expéditionnaire envoyé, douze ans plus tôt, en Hongrie, quatre fois plus que celui qui a fait la guerre en Afghanistan, presque autant que le contingent américain envoyé à la même époque par le président Johnson au Vietnam...

« *En face, le surréalisme était la réponse à la démesure* », a écrit Michel Tatu, du *Monde*. Les radios libres demandent à la population d'enlever ou de maquiller tous les panneaux de signalisation du pays. Une seule indication subsistait: « *Moscou, 2000 km* ». Plusieurs photographes enregistreront les confrontations entre la population et les militaires soviétiques, retranchés dans leurs chars. Parmi eux, le Tchèque Josef Koudelka, qui s'est installé en France en 1970 où il a rejoint l'agence Magnum.

J'espère, en tout cas, que mes photos ont desservi le régime. Je sais aussi que c'était une période où l'on pouvait encore travailler en Afrique du Sud. »

« *Pourquoi Abbas nous hait-il tellement ?* » La réflexion d'un haut responsable du régime en dit long sur la force du reportage. Où l'on découvre les conditions de vie des Noirs dans les mines d'or et de diamant, les tests de « performance » que doivent endurer ces mineurs, les bracelets et numéros d'identification qu'ils portent en permanence, comment ils vivent à vingt dans une chambre. Autant d'images qui inspireront ce titre qui ouvre le reportage publié sur treize pages dans *The Sunday Times magazine* : « *Black muscle, white power* ». Abbas a fait mouche.

De Henri Cartier-Bresson à Robert Frank

Il y a toujours eu deux façons de raconter l'événement en images. Selon Roger Thérond, directeur de *Paris Match* : « *D'un côté, il y a "la" photo, l'instantané-choc, rapide ; de l'autre, le reportage en profondeur réalisé par le photographe qui prend son temps. Parler de photojournalisme en général ne veut donc rien dire.* » Dans le catalogue qui accompagnait l'exposition de 1977 à Paris, Pierre de Fenoÿl allait dans le même sens et opérait une distinction entre photoreportage et photojournalisme : « *Le reportage suppose une approche photographique dans sa durée. Il y a travail dans le temps, enquête approfondie (...) À la limite, deux reporters pourraient, à partir d'une même situation, bâtir des suites d'images entièrement différentes : ce sont l'approche, les opinions, la personnalité qui "font" la photo de reportage. (...) Au contraire, dans le cas du photojournalisme, la différence de point de vue ne serait pas ou peu sensible. Le photojournaliste est envoyé par l'agence à un moment précis, dans un pays donné. Il doit ramener "la" photo, le document-choc. Le mérite du photojournaliste est sa présence, son sang-froid.* »

Pierre de Fenoÿl affirmait un peu rapidement le caractère « impersonnel » du photographe dans la recherche de l'instantané. S'il est vrai que le reporter s'efface le plus souvent devant son sujet, que de nombreux documents ont été pris par des photographes qui ont laissé peu de traces dans l'histoire, voire par des photographes anonymes, que la majorité de la production *hot news* publiée dans la presse est impersonnelle, il y a des maîtres de l'instantané. Les photos de la guerre du Vietnam prises par Larry Burrows sont rapidement identifiables et sont autant de coups de poing pour celui qui les regarde. Plus généralement, même lorsque la « meute » des photographes se retrouve sur le même événement, « *il y en a toujours un qui fait la différence* » par son placement, sa rapidité, son regard, voire la chance.

Il y a une tradition française de la photographie « unique ». Henri Cartier-Bresson en est certainement le « père », depuis ce livre historique paru aux États-Unis en 1952 sous le titre *The Decisive Moment*, et en France sous le titre *Images à la sauvette*. Le photographe

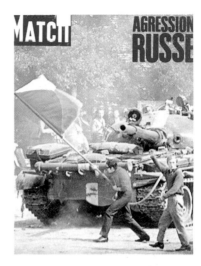

La couverture de *Paris Match* daté du 31 août 1968, consacré aux événements de Prague. « *Pour moi, à ce moment là, ce n'était pas un peuple persécuté. C'était le plus grand peuple du monde. La solidarité passait avant tout. Tout le monde était uni contre l'ennemi. C'était un vrai miracle. Dans les trains, les bus, chacun s'entraidait. Les voleurs ont annoncé qu'ils cessaient de voler parce que la police était trop occupée. Même si l'heure était grave, la vie avait une valeur fantastique* », confiait Josef Koudelka — prix Robert Capa pour ses reportages sur Prague en 1968 — à Patrick Roegiers du *Monde*, en mars 1988.

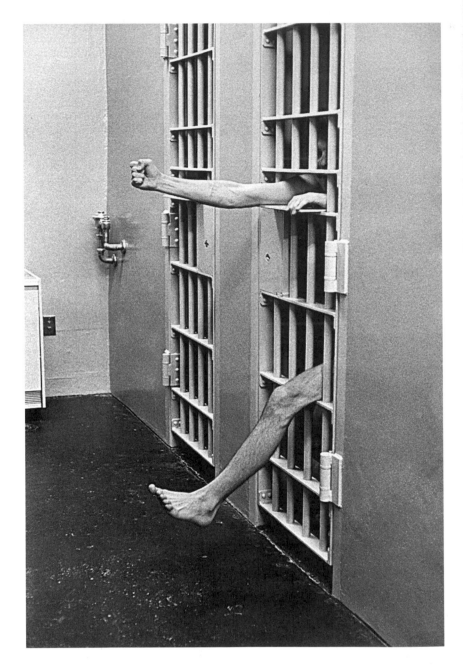

Prison de Leesbury, dans l'État du
New Jersey, aux États-Unis. Photo
Henri Cartier-Bresson (Magnum).
« Comment parler du père ? », écrivait Jean Kempf dans le remarquable
numéro 18 des *Cahiers de la Photographie* consacré à Henri Cartier-
Bresson. « *Il nous a donné envie de
descendre dans la rue, d'explorer le
monde, de l'inventer, de faire l'amour
avec lui. Il a été ce père nous initiant
aux choses de la vie.* » Le paradoxe
est connu : le plus grand photographe
vivant se consacre essentiellement au
dessin depuis 1974. Âgé de quatre-
vingts ans, Cartier-Bresson affirmait
encore récemment : « *Le photojournalisme est de la foutaise. Seul
compte l'essai photographique.* »

écrivait notamment dans un texte dense et rigoureux : « *Je marchais toute la journée l'esprit tendu, cherchant dans les rues à prendre sur le vif des photos comme des flagrants délits. J'avais surtout le désir de saisir dans une seule image l'essentiel d'une scène qui surgissait. Faire des reportages photographiques, c'est-à-dire raconter une histoire en plusieurs photos, cette idée ne m'était jamais venue ; ce n'est que plus tard, en regardant le travail de mes amis du métier et les revues illustrées, et en travaillant à mon tour pour elles, que peu à peu j'ai appris à faire un reportage.* » HCB précisera sa pensée en 1963, dans un petit livre paru chez Delpire : « *J'ai longuement parlé du reportage ; j'en fais, mais ce que je recherche désespérément c'est la photo unique, qui se suffit à elle-même par sa rigueur, sans prétendre pour autant à faire de l'art, de la psychanalyse ou de la sociologie, son intensité, et dont le sujet dépasse l'anecdote.* »

Attention à l'amalgame. Si beaucoup de reporters ont été marqués par les images de Cartier-Bresson, par ses propos sur « *l'instant décisif* », tout les sépare ensuite du fondateur de l'agence Magnum, dont la dimension va bien au-delà du reportage photographique. C'est d'ailleurs plutôt du côté de Gilles Caron que les regards se tournent. Ses instantanés pris au cœur même de l'événement en font, pour beaucoup, le modèle du photojournaliste. Hugues Vassal se souvient : « *C'était lors d'un congrès de l'UDR à Nantes. Tous les "barons" étaient sur l'estrade, tournant le dos au portrait géant de De Gaulle. Il y avait une cinquantaine de photographes. Seul Caron a pris "la" photo : Georges Pompidou se retournant, seul, fixant le général. C'est ça, l'œil.* »

L'instantané d'un côté, le reportage de l'autre. « *Que puis-je raconter ?* », se demandait René Burri face au bouleversement de l'image d'actualité. Robert Frank, suisse comme lui, va montrer la voie en publiant, en 1958, *Les Américains*, chez Delpire. Ce long voyage à travers les États-Unis a révolutionné le reportage. Ou comment le « monde réel » sert de matériau à l'imaginaire du photographe. Robert Frank a dépassé le reportage en renonçant à l'objectivité du regard et a donné de l'Amérique le plus important témoignage photographique jamais réalisé. Dans la préface de l'édition américaine qui paraîtra en 1959, Jack Kerouac écrira : « *Ce sentiment fou que l'on ressent en Amérique quand le soleil brûle les rues et que de la musique parvient d'un juke-box ou d'un enterrement qui passe à côté, voilà ce que Robert Frank a réussi à saisir tandis qu'il sillonnait les routes de près de quarante-huit États à bord d'une vieille voiture d'occasion (et grâce à une bourse de la fondation Guggenheim) et qu'avec l'agilité, le mystère, le génie, la tristesse et l'étrange discrétion d'une ombre, il photographiait des scènes qu'on n'avait jamais vues sur pellicule... Après avoir vu ces photos, on finit par ne plus savoir si un juke-box est plus triste qu'un cercueil.* » Avec Frank, c'est toute une génération de photographes américains qui vont affirmer leur regard sur le monde, le plus souvent à partir de scènes de la vie quotidienne : Lee Friedlander, Garry Winogrand, Diane Arbus, William Klein. Est-ce encore du photojournalisme ? Peu importe. Robert Frank a influencé des générations de photographes à la recherche d'un traitement différent,

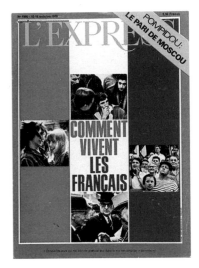

« Comment vivent les Français », une enquête de *L'Express* parue en octobre 1970 avec quatorze photos signées Henri Cartier-Bresson. Ces images sont extraites d'une série consacrée à la France, que le photographe a rassemblée, après un an le travail, dans un livre intitulé « Vive la France », publié par « Sélection du Reader's Digest » et diffusé par Robert Laffont.

Qui est Illich Ramirez Sanchez, alias « Carlos », impliqué dans plusieurs attentats sanglants en Europe occidentale? L'énigme « Carlos » est née le 27 juin 1975, lorsque le terroriste tue deux inspecteurs de la DST dans un immeuble du 5e arrondissement à Paris et parvient à s'enfuir. Six mois plus tard, le 21 décembre, un commando se réclamant du mouvement « Bras de la révolution arabe » prend en otages une quarantaine de personnes, dont dix ministres et délégués de l'OPEP, à Vienne en Autriche. Goksin Sipahioglu, directeur de l'agence Sipa, raconte: « *J'avais le photographe Boccon-Gibod à Vienne. Il y avait une rumeur comme quoi les ravisseurs partiraient avec leurs otages à Alger. J'y envoie Nik Wheeler. En effet, c'est la bonne destination. Sans trop savoir ce qu'il faisait, avec un objectif 500 mm, Wheeler prend des photos à travers une vitre de l'aéroport. Je reçois les documents. Personne* *n'avait de photos de « Carlos ». J'avais juste un profil transmis par la police. J'ai fait agrandir plusieurs fois cette image, et j'ai identifié le terroriste, par son nez, à côté de Bouteflika, le ministre des affaires étrangères algérien.* » Ensuite, l'agence Sipa s'apercevra que Boccon-Gibod a également photographié « Carlos » à Vienne.

plus en profondeur, de l'actualité. René Burri, par exemple, qui va publier, toujours chez Delpire, *Les Allemands*, quatre ans après *Les Américains*. Un remarquable portrait de l'Allemagne d'après-guerre. Sa réponse au défi de la télévision. Ou comment traduire par la photographie quelque chose de plus permanent que l'événement à chaud.

L'image comme pièce à conviction

« La » photo, c'est d'abord le style *Match*. « *"The photo", disait-on dans le jargon de la rue Pierre-Charron* », raconte Guillaume Hanoteau dans son livre *La fabuleuse Aventure de* Paris Match, et qui explique : « *On cherchait la concision, le choc d'une image unique, résumé de tout un drame ou de tout un vaudeville. "The photo" est l'image que l'on peut regarder pendant des heures pour y découvrir un détail qui a pu échapper au premier examen et trouver, derrière ce détail, une signification.* »

Parmi la multitude des chocs photographiques, quoi de plus excitant pour un reporter que de saisir l'événement en direct ? « *Notre photographe était là* », triomphe le magazine. C'est donc « vrai ». Voilà les preuves. John Kennedy, Jean-Paul II, Reagan, Sadate qui s'affaissent sous les balles. Jack Ruby qui tire sur Lee Harvey Oswald, l'assassin présumé de John Kennedy. Un bonze qui s'immole par le feu au Sud-Vietnam. Un député socialiste japonais qui se fait poignarder en plein discours. L'exécution de membres de la police durant les émeutes de Hongrie en 1956. Le lieutenant-colonel Tejero qui tient en otages les parlementaires espagnols. Autant d'images qui nous font vivre le drame —seules scènes qui « restent » — « *comme si vous y étiez* ».

La photo en dit toujours plus que le choc émotionnel qu'elle provoque. Les conséquences sont parfois aussi énormes qu'imprévisibles. Combien de fois le film de l'assassinat de John Kennedy a-t-il été visionné dans l'espoir de trouver le moindre indice susceptible de faire progresser l'enquête ? Aux Malouines, l'Argentine a aussi perdu la guerre des images. Première erreur : laisser photographier les rares soldats britanniques, les mains en l'air, tenus en joue par les militaires argentins (*voir page 118*). Des images qui ont humilié la fière Albion. « *L'empire est un vestige poussiéreux, mais la fierté chauvine des Anglais est intacte* », écrira *Libération*. Des images, dit-on, qui ont provoqué la fureur de Margaret Thatcher. Sa riposte sera sévère.

Deuxième erreur, due à la corruption d'un officier argentin : la photo représentant le *General Belgrano* en train de couler (*voir page 10*) va bien au-delà du « scoop » journalistique, tant on peut imaginer l'effet de sa publication sur le moral des troupes argentines (321 marins sont morts au cours du naufrage). Les six photos que le lieutenant de marine Martin Sgut a données à ses supérieurs étaient classées « confidentiel défense ». Les journaux argentins ont dénoncé avec violence le fait que de telles photos puissent être publiées dans la presse étrangère.

Le portrait de « Carlos » a fait le tour du monde, et a été notamment publié en couverture de *L'Express* et de *Stern*. Peu importe que la photo soit techniquement médiocre, qu'elle soit en noir et blanc, tant sa valeur documentaire est forte. Les deux magazines ont d'ailleurs dramatisé l'image en « travaillant » la mise en page.

« *Dans une révolution, si elle est vraie, on triomphe ou on meurt* », avait déclaré Ernesto « Che » Guevara dans un message d'adieu, en 1966. Ce médecin, né en Argentine dans une famille de la bonne bourgeoisie, avait décidé de « *lutter contre l'impérialisme où qu'il se trouve* ». Humaniste, il affirmait : « *Si le communisme ne devait pas aboutir à la création d'un "homme nouveau", il n'aurait aucun sens.* » Après avoir dirigé la banque nationale de Cuba, on perd sa trace dès avril 1965. Vient alors le temps des rumeurs. On l'annonce aux quatre coins du globe, sur tous les terrains de la révolution ; on le déclare mort à plusieurs reprises, notamment à Saint-Domingue. En avril 1967, un texte du « Che » est communiqué à la presse : « *Il faut détruire l'impérialisme par l'élimination de son bastion le plus fort : la domination des États-Unis. Il faut pour cela créer deux, trois, plusieurs Vietnam, pour obliger* l'impérialisme à disperser ses forces. *Peu importe le lieu où me surprendra la mort. Qu'elle soit la bienvenue, pourvu que notre appel soit entendu, qu'une autre main se tende pour empoigner nos armes...* » Six mois plus tard, le 8 octobre 1967, le « Che » est tué à la Higuera, après huit mois de guérilla, par l'armée bolivienne. Son corps sera présenté à la presse dans la ville de Vallegrande. Le photographe bolivien Freddy Alborta, reporter indépendant, était là, offrant à l'opinion mondiale la preuve de la mort du « Che ». « *C'est la fin de la guérilla en Amérique latine* », proclameront les militaires boliviens. « *Mais qui peut prétendre que le "Che" ne sera pas encore plus redoutable mort que vivant ?* », écrivait Marcel Niedergang dans le *Monde* du 17 octobre 1967.

Toujours dans *Under Fire*, le reporter découvre chez un dirigeant du pouvoir en place ses clichés accrochés au mur représentant les leaders révolutionnaires... Ces portraits, destinés à la presse, deviennent autant de têtes qui doivent tomber. En Nouvelle-Calédonie, une photo est au centre de la polémique relative aux circonstances de la mort en 1988 du dirigeant indépendantiste Alphonse Dianou. Parue d'abord dans *Paris Match* pour illustrer une enquête de Charles Villeneuve, cette photo a ensuite été publiée — fait rarissime — dans *Le Monde* sur quatre colonnes, puis par *Libération*. Edwy Plenel, du *Monde*, a enquêté sur cette affaire. Il explique : « *La photo a été prise par un gendarme. Sûre de son bon droit, l'armée l'a ensuite donnée sans contrepartie à* Match, *simplement pour illustrer l'article. Ce n'est qu'ensuite, en regardant attentivement le document, que je me suis aperçu qu'il révélait un indice important.* »

Mission « raflette »

« *Quel que soit l'événement, où qu'il se produise, quelle que soit l'heure, il y a toujours un témoin, un passant, un touriste, un photographe amateur, un photographe local, qui enregistre la scène. Toujours.* » La formule est une des règles d'or du métier de reporter ou d'agencier. Et elle est vraie. Le *General Belgrano* qui coule, Sadate qui se fait assassiner, l'attentat de la rue Marbeuf à Paris, un détenu qui s'évade en hélicoptère de la prison de la Santé, il y a toujours un témoin qui saisit la scène avec un « Instamatic » ou un appareil plus perfectionné. Peu importe la qualité des images. Leur seul mérite est d'exister. Au magazine ensuite — tel *Match* — de les « vendre » le mieux possible par la qualité de la mise en page et des titres accrocheurs.

Second principe : « *D'abord récupérer, ensuite photographier.* » La formule déplaît à beaucoup de photographes, mais répond à la logique du marché. On pourrait croire, naïvement, que seul le souci d'informer motive le reporter dans sa quête de la « perle rare ». C'est oublier que le document récupéré vaut cher, très cher, et peut rapporter gros. Le photographe se transforme alors en fin limier et en homme d'affaires éclairé, attaché-case bourré de dollars à la main, ou carnet de chèques bien provisionné dans la poche, à la recherche de l'homme providentiel qu'il faudra amadouer, tout en profitant de sa crédulité, pour arracher le document au moindre prix.

La « récup », comme on dit, a toujours existé. « *Depuis la nuit des temps* », affirme Roger Thérond. En novembre 1956, un reporter de l'agence américaine UPI a réussi à se procurer, contre un bon paquet de dollars, un film non développé représentant l'intervention soviétique en Hongrie. Le risque était grand. Acheter sans « voir », c'est le coup de poker. Coup gagnant. Les images étaient bien là. Au-delà des exemples isolés, c'est *Paris Match* qui a généralisé la pratique de la récupération. Il y a d'abord les images qui tombent « tout cru » dans les pages du magazine grâce à sa réputation. Guillaume Hanoteau raconte dans son livre paru en 1976 : « *Dès qu'un fait divers se*

Le portrait le plus célèbre de « Che » Guevara, réalisé par René Burri en 1963 à La Havane, le montre « triomphant », le cigare pointé en l'air. L'image a été jugée si « adéquate » que les autorités cubaines l'ont utilisée comme affiche de propagande. René Burri retrouvera le « Che » près de vingt ans plus tard, mais sur les murs des villes cette fois (ci-dessus); une bonne occasion de le photographier de nouveau. « *J'ai perdu le contrôle de cette photo ; elle ne m'appartient plus. Je l'ai même retrouvée imprimée sur des coussins dans des boutiques des Champs-Élysées. Là, je ne peux plus rien faire...* »

Exécution de rebelles kurdes et d'officiers de la police du Shah en août 1979 à Sanandaj, le chef-lieu de la province du Kurdistan, en Iran. Un photographe d'une grande agence internationale, qui préfère garder l'anonymat, a récupéré cette image diffusée ensuite dans la presse occidentale : « *Cette photo, qui a choqué le pays, a été prise par un soldat. La police iranienne a cru que j'en étais l'auteur. Ils m'ont recherché, et j'ai dû me cacher pendant vingt jours. Trois mois plus tard, sur le front Irak-Iran, un gardien de la révolution a cru reconnaître le soldat qui avait pris ce document. Ce dernier a été arrêté, jugé et exécuté. Ce n'était pas lui. Cette image, c'est un prix Pulitzer anonyme.* »

produisait, ses lecteurs n'avaient qu'une hâte : envoyer à Paris Match *les documents qu'ils possédaient. C'étaient donc très souvent les victimes elles-mêmes qui procuraient à* Match *ses meilleurs clichés.* »

Aujourd'hui encore, le « *réflexe* Match » joue à plein. La différence est que le détenteur d'images fortes sait qu'il peut en tirer plusieurs millions de centimes. À une condition : qu'il ait les reins suffisamment solides. Car en face, « *ce ne sont pas des enfants de cœur* », affirment à l'unisson les vendeurs d'agences qui savent de quoi ils parlent. Sinon, proposer ses images à *Match* procure le gros avantage de supprimer les intermédiaires que sont les agences, le magazine s'occupant également de la revente aux journaux étrangers. Le « photographe » perçoit alors entre 60 % et 70 % des ventes. C'est ainsi que *Match* réalise trois ou quatre gros « coups » par an avec ces photos d'amateur.

Mais le magazine a surtout la réputation de savoir « mettre le paquet » pour dénicher les images rares. « *C'est* Match *qui a inventé la "raflette" dans les années 50* », affirme Didier Rapaud, chef des informations et responsable de la photo du magazine. La formule parle d'elle-même. Rafler n'est pas voler, mais prendre rapidement sans rien laisser. « *Tu les verras rafler... toutes les meilleures choses... Ils ne regardent pas au prix.* » L'écrivain Pierre Mac Orlan ne parlait pas des photographes, mais le rapprochement est judicieux. La concurrence est rude sur ce marché particulier entre *Match* et les agences. Pour le magazine, autant trouver directement les photos plutôt que de les acheter, souvent très cher, à Gamma, Sygma ou Sipa.

Les troubles qui secouaient Erevan, la capitale de l'Arménie soviétique, en 1988, en sont un bon exemple. La région est difficile d'accès. Commence alors la valse des « prédateurs » qui font le siège des aéroports à la recherche du touriste qui posséderait des documents parlants. Didier Rapaud : « *On s'est fait avoir une première fois par l'agence Vu. En juillet 1988, lors de la seconde vague de manifestations à Erevan, on a mis les gros moyens. Toutes les agences étaient à l'aéroport Charles de Gaulle. On a acheté des billets pour se rapprocher le plus possible de l'avion qui arrivait d'Arménie. On a trouvé une femme qui a séjourné deux mois à Erevan. Ses photos sont remarquables et elle nous a fourni des informations intéressantes ; par exemple que le premier mort lors des manifestations est un photographe russe. Et le reportage ne nous a vraiment pas coûté cher.* »

Floris de Bonneville, le directeur de la rédaction de l'agence Gamma, raconte une de ses plus belles histoires de récupération d'images, le télescopage au décollage de deux Boeing 747 sur l'aéroport de Tenerife, une des îles espagnoles des Canaries : « *C'est l'exemple type où, si on n'y est pas au moment de l'événement, il faut s'y rendre avec une valise de 4 000 à 20 000 dollars. Je dis au photographe Jean-Pierre Moutin : "Opération raflette !" Il arrive à trouver le seul photographe présent au moment de l'accident. Il récupère les négatifs couleurs contre la somme de 5 000 F. Je me souviens. C'était le jour du déménagement de l'agence. On a étalé les photos sur la moquette. C'était prodigieux ! On a dû faire 50 millions de centimes de ventes au minimum. Le photographe, lui, en a récupéré la moitié.* »

Dans la matinée du 26 mai 1985, un décorateur de cinéma à la retraite est le témoin privilégié d'une évasion en hélicoptère à la prison de la Santé à Paris. Son appartement domine la maison d'arrêt. Il saisit son Leica de 1928 et prend juste quatre photos couleur. Pour le souvenir. Il ne veut pas gâcher de la pellicule. Le reste servira à photographier la réunion de famille, le week-end prochain. Son petit-fils le persuade de confier la pellicule à Goksin Sipahioglu, le patron de Sipa. Les documents seront vendus en exclusivité française à *Paris Match* pour une somme avoisinant les 200 000 F, et feront ensuite le tour du monde.

L'instant et la durée   169

C'était un mercredi 13. Au mois de
mai 1981, de nombreux photographes
sont témoins de l'attentat dont est
victime le pape Jean-Paul II. Des professionnels, mais aussi des amateurs.
Commence alors une course entre
agences et grands magazines, afin
d'obtenir, par tous les moyens, le
document le plus fort. Cette photo,
signée Fabian Cevallos (Sygma), est
la plus saisissante. Plusieurs agences
récupéreront par la suite une photo
sur laquelle on voit le bras armé
pointé en direction du pape.

L'attentat contre le pape, en mai 1981, place Saint-Pierre à Rome, a donné lieu à d'impressionnantes opérations de récupération. Combien y avait-il d'appareils photo parmi les vingt mille fidèles ? Sans compter les photographes professionnels comme Fabian Cevallos, de Sygma, qui réalisera la photo la plus forte du pape juste après l'attentat (mais en ce 13 mai on ne le sait pas encore), et Arturo Mari, le photographe officiel du Vatican. La « récup » prend alors une double dimension : ne pas laisser passer « la » photo et trouver le maximum de « matériel », quitte à le « geler », pour négocier en position de force avec les magazines. C'est ainsi qu'on a vu un rédacteur en chef d'une grande agence parisienne jouant les agents de change, agitant des liasses de dollars (la seule monnaie d'échange pour le récupérateur), place Saint-Pierre, entouré de photographes amateurs... Pourtant, « la » photo ne sera publiée que beaucoup plus tard. Où l'on voit le pistolet pointé en direction du pape. Le bras armé d'Ali Agça et sa cible, souriante, sur la même image. Il y a (presque) toujours un témoin de l'événement...

La plus belle des couvertures de l'attentat contre le pape Jean-Paul II. Celle du *Sunday Times magazine* à partir d'une photo signée Sipa.

Le cas Lochon

La « récup » ne consiste pas seulement à rechercher le « scoop » d'un témoin privilégié. Il y a aussi l'album de famille. Dès qu'une personne entre dans l'actualité pour une raison ou pour une autre, la moindre photo de classe, le plus anodin des souvenirs de vacances à la mer, le plus banal des polaroïds d'anniversaire, toutes ces photos privées intéressent certains magazines. *Match*, par exemple. « *Demander un album de famille est le B-A BA du journalisme photographique. Tout simplement parce qu'on a envie de voir les gens* », estime Roger Thérond. Le plaisir de voir Mitterrand en culottes courtes au collège, de croiser le regard assuré de Fabius à l'ENA. Mais que dire de ce portrait souriant du petit Grégory Villemin réalisé par le photographe du village et qui n'aurait jamais dû quitter son cadre posé bien en évidence sur la commode de la salle à manger de cette maison des Vosges, à Lépanges ? M. et Mme Villemin ont voulu ce portrait pour eux. Grégory a été assassiné. Son père a assassiné son beau-frère. Sa mère est le suspect numéro un. Le portrait est offert en couverture, le 19 juillet 1985, aux cinq millions de lecteurs de *Paris Match*.

Impossible de parler de récupération d'images sans aborder le « cas Lochon ». Surnommé « la Raflette » depuis son coup d'éclat du *General Belgrano* lors de la guerre des Malouines, François Lochon a gravi très vite les échelons de la profession. Trop vite, affirment ses détracteurs qui sont légion, et qui se recrutent au sein même de son agence. C'est peu dire que le personnage est controversé. Né en 1954 dans un village de la Marne, copie conforme du « grand Duduche » (le personnage de BD de Cabu), le visage mangé par des lunettes solides, François Lochon entre à vingt ans à l'agence Gamma — sa première et unique agence — sous la protection d'Hugues Vassal, son père spirituel. À vingt-trois ans, il est à Beyrouth avec Raymond Depardon

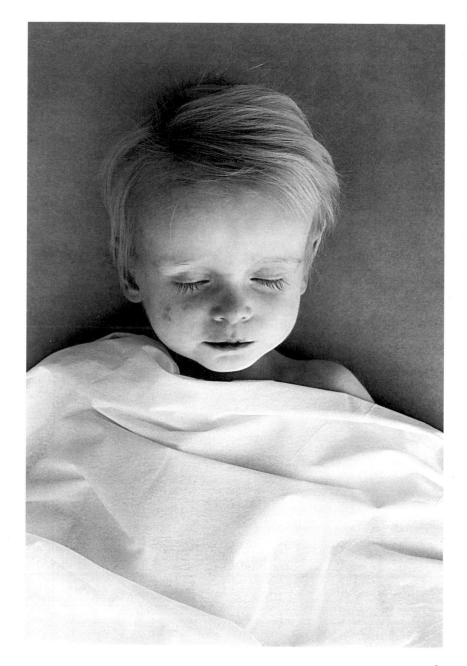

Ce portrait si doux d'un enfant mort a été réalisé en 1986 par le photographe est-allemand Rudolph Schäfer. Il est tiré d'une série intitulée « Portraits de la mort » — réalisés à la morgue de Berlin-Est — et a été publié en France dans *Le Journal littéraire*. Rudolf Schäfer est représenté en France par l'agence Vu. « *C'est dans une problématique de portrait que Schäfer a approché les cadavres avec son appareil grand format, gageure de saisir l'instant d'un visage pour en laisser une trace visible et intelligible. Ces visages émergeant parfois des draps sont inexpressifs, mais pas davantage que ceux de certains dormeurs* », écrit Christian Caujolle, directeur de Vu.

qui vient de quitter Gamma pour Magnum. « *Je me suis retrouvé avec un "flingue" sur la gueule. Depardon a hurlé. Le phalangiste a détourné l'arme et tiré. Je dois la vie à Depardon. Ce jour-là, je me suis promis de ne plus remettre les pieds au Liban.* » Ni à la guerre d'ailleurs, qu'il évitera au maximum. Aujourd'hui, François Lochon est un des trois principaux actionnaires de Gamma avec Jean Monteux, le gérant (qu'il vouvoie), et Jean-Claude Francolon. L'ascension est fulgurante. Reste une réputation à bâtir. Quatre « coups » suffiront. Mais quels coups! L'invasion de l'Afghanistan par les troupes soviétiques (1979), récupération, avec Jean-Claude Francolon, de photos de l'assassinat de Sadate (1981) et celle du *General Belgrano* pendant la guerre des Malouines (1982), la guerre Irak-Iran (1984). Deux « récup » sur quatre opérations lui procurent une réputation qu'il entretiendra comme par provocation, puisque le surnom de « Raflette » est écrit au dos de certains tirages.

La façon dont François Lochon a acheté les photos de l'assassinat du Raïs, au Caire, en dit long sur sa détermination et son sens des affaires. Jean-Claude Francolon, qui a joué un rôle déterminant dans cette opération, raconte : « *Avec Daniel Simon, je retrouve un photographe dans la banlieue du Caire vers trois heures du matin. Il nous emmène à son journal. Je retrouve François qui avait décollé de Paris bien après nous. Je sélectionne cinq images sur l'ensemble du reportage. C'était vraiment fort. J'étais fou d'excitation! On dit : combien ? Il nous répond : "50 000 F." Arrive, à 5 heures du matin, un photographe de Sipa. François a alors l'idée géniale de tout acheter, toute l'histoire! Sinon, Sipa aurait pu casser le marché en s'appropriant le reste du "matériel". Je fais un chèque de 15 "briques" de garantie, et on négocie la transaction autour de 50 000 dollars. François fait l'aller-retour Le Caire-Paris pour ramener des devises américaines. Le photographe connaissait le marché. Nous n'avons pas vraiment gagné de l'argent, mais c'est un beau "coup" de prestige.* » Commentaire de François Lochon : « *J'ai mis 50 000 dollars sur la table! Le reporter de Sipa, lui, a dit au photographe égyptien : "Attendez, il faut que je voie avec mon agence."* » Il ne savait pas s'il pouvait suivre. Il a dû téléphoner. Moi, j'ai décidé tout de suite. Et nous avons obtenu le reportage. »

Depuis, les critiques pleuvent, souvent injustes, voire hypocrites. En gros, cela donne : « *Lochon n'est pas un photographe, c'est un marchand de soupe qui ne pense qu'au fric. Comme il ne sait pas prendre de photos, il les achète.* » L'intéressé encaisse mal, mais sans être surpris : « *Moi, je sais au moins ce que vaut une photo. Ce qui m'excite, c'est de chercher l'image. C'est une excitation folle! C'est comme une enquête policière. Et quand ça marche...* »

François Lochon n'est certainement pas un photographe exceptionnel, mais c'est un « débrouillard » de première, un fin limier, un bon journaliste dont la réussite ne doit rien au hasard et qui fait partie de ceux qui ont le mieux compris le marché de la photo de presse. Bref, le genre de photographe indispensable dans une agence. Ce n'est pas un hasard non plus s'il est le seul photographe français en 1988 à être sous contrat avec le magazine américain *Time*. Le profil

Paris Match consacrera, entre le 5 avril 1985 et le 7 mars 1986, neuf couvertures à l'affaire Gregory Villemin, soit près de 20 % des numéros sur une année. Plusieurs traitements photographiques ont été utilisés: photos de *news* pur, montage à partir de deux images, portrait de l'enfant récupéré auprès de la famille, portrait de Christine Villemin — maquillée et habillée par Courrèges — réalisé en studio. Aucune de ces couvertures ne figure dans les vingt-cinq meilleures ventes de l'hebdomadaire depuis sa reprise, en 1976, par Daniel Filipacchi.

SADATE: L'ASSASSINAT
12 h 02 : ils tirent sur le raïs...

Un document pour
l'histoire : l'instant
où ils tirent sur
Anouar el Sadate.

d'un futur patron de Gamma ? Beaucoup le pensent dans la profession. L'intéressé s'en défend. Mais attention : sous l'apparence d'un personnage jovial, plus charmeur que séducteur, et qui ne paie pas de mine, se cache un homme qui est souvent présent lors des grands rendez-vous.

Le désert, Depardon et Françoise Claustre

On parle de « scoop » à tort et à travers. Dès qu'un photographe se retrouve seul face à un événement quel qu'il soit, qu'il a la chance d'« *être là au bon moment* », le mot magique est lancé. Les catastrophes, les accidents d'avion ou de train, les attentats et quelques faits divers sanglants ont donné leur heure de gloire et rapporté de beaux paquets de dollars aux témoins « vernis ».

Le véritable « scoop » est ailleurs. Lorsque le photographe ou l'agence les construisent patiemment en journalistes, durant plusieurs jours, voire plusieurs mois, maîtres de leur sujet. Rares sont les histoires où le photographe sait exactement ce qu'il cherche. Nous en avons choisi deux, réalisées à dix ans d'intervalle. Elles ne doivent rien à la chance. La première concerne l'affaire Claustre, cette Française prisonnière au Tchad durant près de trois ans. La seconde est l'intervention américaine sur l'île de la Grenade en 1983.

L'ethnologue française Françoise Claustre, épouse du chef de la mission administrative à N'Djamena, est prise en otage avec deux autres Français par les rebelles toubous d'Hissène Habré dans le désert du Tibesti, au nord du Tchad, le 21 avril 1974. Elle ne sera libérée qu'en avril 1977, à Tripoli, par le Frolinat de Goukouni Oueddeï. Près de trois ans de multiples péripéties, au cours desquelles une rançon a été versée et où « *le tragique (l'exécution de l'ancien patron d'Habré, le commandant Galopin, venu en négociateur mais arrêté à son tour) côtoya le ridicule* », écrira *Le Monde*.

Le photographe Raymond Depardon a été un des témoins — voire même un acteur — privilégiés de cette « *première prise d'otages moderne* », comme il la qualifie. « *Je suis parti d'une information en page 6 du* Monde*, entre deux dépêches, et je l'ai amenée à la "une".* » Deux ans de travail, quatre séjours au Tchad et une bonne dose de frayeur (notamment durant une attaque surprise à Faya-Largeau en février 1976) auront été nécessaires pour ramener les images. Depardon raconte : « *Je suis parti une première fois en novembre 1974, sept mois après la prise d'otage. Je pars d'Algérie en moto, j'en casse deux, et je suis obligé de rebrousser chemin. C'était trop dur. La deuxième fois, je me fais saisir mes films. La troisième tentative sera la bonne. Je rencontre le mari de Françoise Claustre et je repars avec lui, Marie-Laure de Decker et Jérôme Hinstin dans de meilleures conditions, en avion, en payant la moitié des frais. Je commençais à en avoir marre. Cela faisait huit mois que j'essayais de passer.* »

Durant l'été 1975, Raymond Depardon se retrouve enfin face à Françoise Claustre. Il prend des photos, mais surtout réalise une interview filmée de l'otage. « *Je lui ai posé des questions très simples,*

Ils ont pu tirer pendant deux minutes...

La paix séparée entre l'Égypte et Israël a coûté la vie à Anouar el Sadate. Le Président égyptien est assassiné par des intégristes musulmans le 6 octobre 1981, à 12 h 02, au cours d'un défilé militaire au Caire. Nakram Gadel Karim, photographe au quotidien égyptien *Al Akhbar*, a saisi la scène et a vendu son reportage à l'agence Gamma (photo en haut, page de gauche). Mais il n'était pas le seul. Outre l'Américain Kevin Fleming du *National Geographic*, l'agence Sygma a récupéré des photos en couleur signées El Kousy, qui ont paru dans Le *Figaro Magazine* (en bas, page de gauche et ci-dessus).

L'instant et la durée   175

Le « scoop » de Raymond Depardon sur l'affaire Claustre est — aussi — une réussite financière. Les deux années de travail au Tibesti ont coûté autour de 60 millions de centimes. Depardon a loué quatre avions, deux Range Rover, une Méhari, a cassé deux motos, a perdu une caméra Éclair 16 mm et un magnétophone. Sans compter le coût de 24 mois de travail. Les recettes provenant des ventes des textes, photos et films en France et à l'étranger pour l'ensemble de l'équipe (Depardon, Marie-Laure de Decker et Hinstin) avoisinent les 100 millions de centimes. *Paris Match* a acheté le reportage photos 8 millions de centimes. La télévision française a obtenu le film pour la même somme. « *8 "briques" à Match, c'est rien ! Je crois qu'aujourd'hui, on triplerait les ventes* », affirme Depardon.

terre à terre. Comment elle vit, qu'est-ce qu'elle mange, depuis quand elle n'avait pas vu son mari. Et elle se met à pleurer... » Avant de repartir, Hissène Habré lui remet un ultimatum pour le gouvernement français. Si les négociations n'aboutissent pas, l'otage sera exécutée dans trois semaines. Depardon est de retour à Paris fin août. Il transmet l'ultimatum à Jean-Pierre Abelin, le ministre de la Coopération, qui répond, énervé : « *On n'a pas besoin de vous.* »

Raymond Depardon va alors bien manœuvrer : « *Pendant quinze jours, j'étais prêt à ne pas utiliser mon "matériel" pour débloquer l'affaire. Mais comme le ministère ne voulait rien entendre... J'ai attendu la fin des événements d'Aléria, en Corse. Toute la presse ne parlait que de ça. Je suis allé donner l'ultimatum à l'AFP. Ils ont hésité, appelé Abelin, et "balancé l'info sur le fil". À 13 heures, France-Soir en fait sa "une". Toute la presse cherche les photos. Match, qui avait financé le reportage, les publie notamment en couverture. Le matin de cette publication, je rencontre Christian Bernadac, le rédacteur en chef de la première chaîne. J'avais dix-sept minutes de film. Abelin le voit à 17 heures et sort effondré. Il appelle l'Élysée qui lui répond : "Faites un droit de réponse après la diffusion!" C'est une erreur folle. Au journal de 20 heures, Roger Gicquel présente l'affaire en cinq minutes, lance le reportage ramené à quatorze minutes, puis Abelin répond. Le tout prenait vingt-deux minutes sur la demi-heure du journal.* »

La France découvre Françoise Claustre plus d'un an après son enlèvement. Jean Dutourd écrira : « *Mme Claustre, c'est la France.* » L'ethnologue ne sera libérée que dix-huit mois plus tard. Raymond Depardon veut repartir au Tchad. Il se fait arrêter à Bruxelles et se retrouve devant un procureur de la Cour de Sûreté qui lui dit de ne plus retourner au Tibesti. Il y retournera. Son quatrième séjour durera huit mois. Le Tchad était un formidable terrain journalistique pour Depardon. Mais surtout une obsession toujours vivace. Un indestructible appel du désert.

Le *Paris Match* du 13 septembre 1975 qui publiait le reportage de Raymond Depardon juste avant que la télévision ne diffuse son interview de Françoise Claustre. « *Pour avoir le maximum d'impact, il fallait respecter un ordre croissant. D'abord le texte avec l'AFP repris par France-Soir, ensuite les photos avec Match, enfin l'interview avec la télévision. Si j'avais suivi l'ordre inverse, je me serais "cassé la gueule". Je me suis aussi aperçu du pouvoir de la télévision. Le texte et les photos n'avaient pas suffi à faire réagir le gouvernement. Il ne s'est pas rendu compte de l'impact du film sur l'opinion.* »

La Grenade de Sygma

Octobre 1983. Conférence de rédaction à l'agence Sygma. Patrice Habans attire l'attention sur la Grenade. L'île est toujours pro-cubaine mais les radicaux viennent de s'emparer du pouvoir. Quelques jours plus tard, le rédacteur en chef Henri Bureau est convaincu qu'il faut couvrir l'événement. En soi, l'information n'a pas grand intérêt, mais si les Américains bougent... Hubert Henrotte, le patron de l'agence, dit banco. Il n'a pas digéré le succès de Gamma aux Malouines où se trouvait un de leurs correspondants au moment de l'intervention argentine. Qui veut partir ? Trois photographes refusent. La rentabilité du reportage est loin d'être assurée. Monique Kouznetzoff, responsable du département *show business*, lance : « *On peut demander à Fabian.* » Henri Bureau trouve l'idée « farfelue ». Fabian Cevallos est italien et vit à Rome où il photographie essentiellement les personnalités du *showbiz*. Le grand *news* n'est pas son

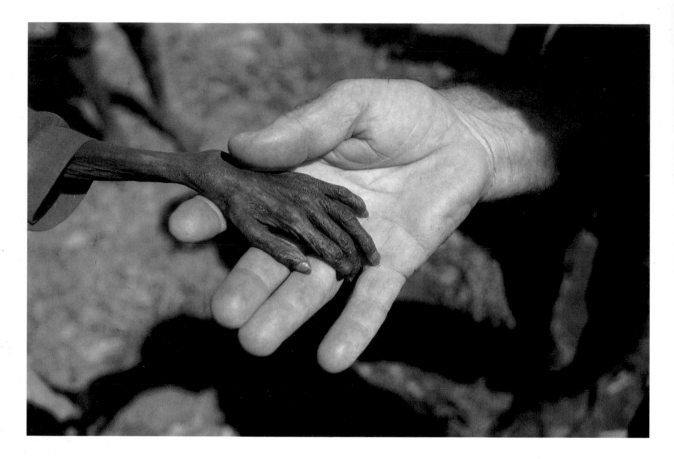

L'Afrique n'est pas seulement un terrain de « scoops » comme celui réalisé par Raymond Depardon lors de
l'affaire Claustre, mais une terre
marquée par la famine au quotidien.
La main de gauche est celle d'un
jeune garçon karamojong mourant de
faim. La main de droite est celle d'un
missionnaire. La photo a été prise en
avril 1980 par le Britannique Michael
Wells en Ouganda dans la région de
Karamoja, située au nord-est de l'Angola, aux frontières du Kenya et du
Soudan. Deux mois plus tard,
l'UNICEF publiait un rapport dans
lequel l'organisation estimait à vingt
millions les Africains qui, du Tchad à
la Somalie en passant par l'Ouganda,
étaient menacés par la famine du fait
de la sécheresse ou de conflits armés.
Trois ans plus tard, Sebastiao Salgado photographiait en noir et blanc
la famine au Sahel. Cette image de
Michael Wells a été consacrée
« photo de l'année 1980 » par le jury
du *World Press* à Amsterdam.

truc. La guerre, encore moins. Mais va pour Fabian. Hubert Henrotte l'appelle le vendredi 21 octobre à minuit : « *Écoute, j'ai un sujet à te proposer. Il y a un coup d'État à la Grenade. Tu pars avec Parbot qui fera de la vidéo. Je paie tous les frais.* »

Le 22 octobre, l'équipe est bloquée à la Barbade. Fabian Cevallos appelle son patron. « *Essaie de passer par Pointe-à-Pitre!* », lui dit Henrotte. Fabian rencontre un ami cubain qui va leur donner un sacré coup de main pour gagner l'île interdite. Ils louent un avion privé. Coût : 5 000 dollars. Commentaire de Fabian : « *Henrotte est un joueur. S'il croit à une histoire, il va jusqu'au bout.* » Le photographe n'est équipé que d'un boîtier, un petit « télé » et dix pellicules, « *pour être léger et faire touriste* ». Arrivée sur l'île le 24 octobre, l'équipe de Sygma se voit confisquer son matériel et est consignée dans un grand hôtel américain. Les centaines de chambres sont vides. Il n'y a pas d'électricité. Dans le réfrigérateur, des citrons, du Coca-Cola et une boîte de thon. Les restes d'un ancien locataire. La vue sur la baie est exceptionnelle. Dans le fond, à 5 kilomètres, domine la résidence présidentielle. Comme à son habitude, Fabian Cevallos écrit, jusqu'à minuit, son journal de bord depuis son départ de Rome. Tout va bien, il a rendez-vous le lendemain avec les autorités.

« *Je suis réveillé par de grands coups à la porte à 4 h 45*, raconte Fabian. *Mon ami cubain entre comme un fou dans la chambre avec mes appareils. "Tiens! Je te rends tout ça! Il y a une invasion américaine! Fais ton métier! Je ne te connais plus! Démerde-toi!" Il disparaît. Je suis d'abord incapable de réagir. J'ouvre les fenêtres pour respirer; j'entends une énorme explosion. Pour la première fois, je suis au milieu d'une guerre. Il fait nuit noire. J'entends, mais je ne vois rien. Il faut travailler en "pause", avec une vitesse de déclenchement de trois secondes. J'invente un trépied en accrochant mon appareil à un arbuste. Je suis resté dans ma chambre toute la journée. On voyait tout! Les bombardements, les avions. C'était trop dangereux de sortir, et je ne voyais pas la moindre vie. Je fais toutes les chambres. Je trouve des piles pour ma radio, et j'entends des appels à la télévision : "Défendez-vous!" J'avais doublement peur : de décevoir et de me faire blesser. Je n'avais pas le droit de me "planter".* »

Deuxième jour. Fabian a pris des photos mais il n'a toujours pas vu la guerre. « *J'avais une des ces "putain" de faim. Avec Parbot, on se faisait bouillir de l'eau avec du citron. Il fallait sortir. On arrive au palais présidentiel. Pas un chat. En marchant vers la ville, on tombe sur une jeep de la Croix-Rouge. Ils nous emmènent dans un coin "chaud". L'aubaine! Je vois tout avec le Nikon qu'on m'a prêté. Les Américains nous tombent dessus. Je crie : "Italian journalist!" Ils me répondent : "Cuban!" C'est vrai que j'ai une gueule de Cubain... Mes films sont cachés sous mes couilles. On arrive à les convaincre. L'impression est étrange. Il n'y a pas un cadavre, pas un blessé. Je ne vois que des maisons détruites. J'en voulais plus. Les Américains bloquaient tout. Ils avaient contrôlé la situation en deux heures. Maintenant ils jouaient à la guerre, maquillés comme au cinéma, et "arrosaient" le terrain avec leurs armes automatiques alors qu'il n'y avait plus rien à combattre. C'était John Wayne. Le quatrième jour, à*

En 1985, *Time* publiait un numéro spécial consacré à « *dix ans d'images* », regroupant les meilleures photographies parues dans le magazine américain. Où l'on se souvient que Ronald Reagan, fraîchement élu président des États-Unis, est « *l'homme de l'année* » ; où l'on retrouve l'image de la famine en Ouganda, mais aussi celle de la jeune actrice américaine Brooke Shield, révélée par Louis Malle dans *La Petite*, et jeune fille sexy pour une publicité pour des blue-jeans.

L'instant et la durée   179

Fabian Cevallos (Sygma) a réalisé
deux images marquantes de l'intervention américaine à La Grenade le
25 octobre 1983. La première est
prise de nuit, depuis sa chambre
d'hôtel, et montre la résidence présidentielle en flammes (notre photo).
La seconde, réalisée deux jours plus
tard, montre un combattant américain agonisant, entouré de ses camarades. Deux étapes de cette intervention dont Philip Jones Griffiths, un
des grands témoins du Vietnam, dira :
« *Le danger le plus important était
d'être tué par une noix de coco* ». Le
reportage de Fabian Cevallos a été
vendu dans les grands magazines du
monde entier, comme *Time* et *Paris
Match*. « *J'ai gagné beaucoup d'argent ; je vis encore sur La Grenade* »,
reconnaît quatre ans après Fabian
Cevallos qui ajoute : « *Ça m'a permis
de faire moins de compromis. Depuis,
je réalise surtout des reportages de
charme. Il y a en moi quelque chose
de cassé depuis ce conflit. Je me suis
replongé dans la technique de prise
de vue.* »

16 heures, le premier groupe de journalistes arrivait. Quand je les ai vus, j'ai compris que mon histoire était terminée. Mais j'étais excité comme un fou. Je venais de réaliser un "scoop" mondial. »

Fabian Cevallos est ensuite rapatrié vers New York avec un avion privé du groupe *Time* et rejoindra le building du magazine en hélicoptère. *« On me traitait comme un président des États-Unis! J'ai dû répondre à cent questions, et je n'ai même pas passé la douane. »* Le photographe vivra ensuite *« les deux heures les plus atroces et les plus longues de ma vie »*. L'attente du développement. *« J'ai vu mes films; c'était bon. Je me suis écroulé. J'ai dormi trois jours. »*

À Paris, au siège de Sygma, c'est l'euphorie. Hubert Henrotte dira : *« C'est notre plus belle histoire. »* Henri Bureau ajoute : *« C'est un coup génial. Exclusivité mondiale en télévision et en photo. Et sans faire de récupération* (allusion au reportage sur les Malouines récupéré par Gamma). *C'est l'histoire dont rêve tout rédacteur en chef. »* Peu importe que l'agence ait raté une vente record du film de Parbot à CBS (*« Ils étaient prêts à mettre un demi-million de dollars sur la table »*, explique Bureau). Le résultat est là. Le gouvernement américain avait interdit l'île aux journalistes pendant toute la durée de l'intervention. Anticiper l'événement était donc l'unique chance de le photographier. Sygma a battu tout le monde. Les agences photographiques concurrentes mais aussi les grands quotidiens et magazines internationaux. Une agence photo — et ce n'est pas la première fois — a mieux senti l'information que la presse écrite.

Prendre son temps

Répondant à une logique du marché, la rapidité a été le moteur du succès des trois principales agences françaises dans les années 70. Il fallait servir au plus vite la presse en images « chocs ». Henri Bureau, un des spécialistes du « reportage éclair », se souvient par exemple qu'il lui a fallu cinquante-trois minutes, pas une de plus, pour ramener de Londres à Paris les films du mariage entre le prince Charles et lady Di. Avion, hélicoptère, moto, tout est bon. Dans ces conditions, le photographe qui voulait travailler à son rythme, en traitant des sujets en dehors du *hot news*, avait beaucoup de mal à s'adapter aux agences. Jean Gaumy, lors de son passage à Gamma, a réalisé en 1973 et 1974 un reportage sur les hôpitaux : *« Je travaillais ce sujet une semaine de temps en temps. Ça faisait "chier" l'agence. D'abord parce que ça ne ramenait pas un rond; et puis on me disait : "Tu joues à l'artiste!" Cela peut paraître dérisoire aujourd'hui, mais à l'époque Gamma n'avait pas de département magazine. »*

Gamma, Sygma et Sipa possèdent maintenant de tels départements magazine, mais ils n'ont pas comblé cette lacune car le « newsmagazine » répond à des codes bien précis instaurés par la presse : faire rêver en couleur en traitant de sujets positifs, optimistes, et en parlant des gens. Des pans entiers de l'actualité échappent à ce traitement de l'actualité. On est loin de ce qu'on appelait la « *picture story* », inventée par les hebdomadaires américains *Life* et *Look*. Bruce

La couverture de *Newsweek* du 7 novembre 1983 représentant un parachutiste américain à La Grenade d'après une photo signée Wally Mc Namee (*Newsweek*) et Jean-Louis Atlan (Sygma), deux photographes qui faisaient partie de la « deuxième vague » de journalistes à avoir pu entrer dans l'île après Fabian Cevallos et Michel Parbot. L'occasion, pour le magazine, de faire resurgir les souvenirs du Vietnam avec ce titre « *Les Américains à la guerre* », les États-Unis étant, en 1983, également présents au Liban.

Camp de Korem en Éthiopie. Photo réalisée par Sebastiao Salgado (Magnum) en 1984.

Né au Brésil en 1944, économiste de formation, tiers-mondiste convaincu, passionné de football, Sebastiao Salgado a commencé la photo à l'âge de vingt-neuf ans. Il lui a fallu une bonne dose d'obstination pour traverser les années 70. « *J'ai connu le fond* », affirme-t-il, faisant référence aux dix ans de « galère » pour imposer son travail. Il fait un passage éclair à l'agence Sygma en 1974, et rejoint Gamma en 1975 où il restera cinq ans. S'il considère cette agence comme « *la plus grande école de photojournalisme, où j'ai appris à aller vite, à expédier mes films, à travailler pour la presse* », ce n'est qu'une école, qui s'avère vite ne pas « cadrer » avec son travail, des sujets sociaux — déjà — réalisés essentiellement en Afrique et au Brésil. Ses

revenus sont dérisoires, 3 000 francs par mois pendant cinq ans. « *Gamma n'avait ni la structure, ni les contacts journalistiques, ni les clients qui correspondaient à mon travail. Je suis donc parti pour Magnum.* »
Salgado est un photographe autant « concerné » qu'engagé dans ses reportages, qui veut « *forcer les gens à regarder les images* », et qui affirme que « *faire du photojournalisme équivaut, pour moi, à vivre très intensément. Il faut aller voir, apprendre, chercher, et être entièrement disponible. Telle est ma ligne de conduite* ». De retour de reportage, il s'enferme des journées entières dans son labo, au-dessus de son appartement parisien, car « *il est essentiel de connaître l'état de mes films* ».
1984 sera l'année de la consécration pour Salgado. Il photographie d'abord la sécheresse dans son pays, le Brésil, puis entreprend un travail de longue haleine sur la famine africaine, en collaboration avec des orga-

nismes humanitaires comme Médecins sans frontières. Deux mois en Éthiopie, Soudan, Tigré, Mali, Tchad, où ses images renouent avec la grande tradition du photojournalisme humaniste et humanitaire, digne héritier d'Eugene Smith, sûrement le photographe dont Salgado se sent le plus proche. Des images en noir et blanc « *parce que c'est comme ça que je vois le monde* », cadrées rigoureusement, où la beauté se mêle à l'horreur. Son reportage sur l'Éthiopie a été reconnu comme le plus fort de l'année 1984 par le jury du *World Press* à Amsterdam.

Davidson pourrait-il encore passer deux ans à réaliser en noir et blanc un reportage sur la 100ᵉ rue Est de New York, comme il l'a fait entre 1966 et 1968, et le vendre aux magazines ?

Aujourd'hui, l'actualité non spectaculaire comme les phénomènes sociaux, les transformations sociologiques, la vie quotidienne, ne sont plus traités en images. Ça n'intéresse pas la presse, donc ça n'intéresse pas les agences. « *Qui récemment a réalisé un travail photographique en profondeur sur le chômage ? Qui est allé s'installer dans une cité de Marseille ? Personne! Mais quel magazine oserait publier son reportage ?* », s'insurge Patrick Zachmann, de Magnum. Raymond Depardon ne dit pas autre chose quand il affirme que « *le vrai photojournalisme, c'est le "feature", le reportage de fond en plusieurs images sur un fait d'actualité. Le problème c'est que ça n'existe plus dans la presse, tant le "newsmagazine" n'a plus grand chose à voir avec le reportage* ».

Rares sont les photographes qui prennent leur temps, et qui arrivent à imposer aux journaux des grands sujets d'actualité qui sortent du cadre « newsmagazine ». Sebastiao Salgado est souvent cité en exemple : « *À Gamma, je ne pouvais pas travailler comme je l'entendais. Il fallait sauter d'un sujet à l'autre. Je suis alors entré à Magnum, parce que tout mon travail est fondé sur le concept de temps. J'ai photographié pendant plusieurs années la famine au Sahel. J'ai croisé des photographes qui restaient dix, quinze jours et qui rentraient pour "tenir" les bouclages des journaux. Ils étaient au Sahel pour voir "une" réalité. Pour capter l'image symbolique que désirent les magazines. C'est très difficile de rester longtemps; il faut s'en donner les moyens. J'avais le soutien logistique d'une organisation humanitaire. On m'avait dit que c'était du suicide de travailler en noir et blanc. J'ai pourtant "fait" 664 parutions sur le Sahel...* »

À Magnum, le photographe peut travailler à son rythme. Comme il l'entend. C'est d'ailleurs un des principes de cette coopérative, où l'on passe d'une commande pour un magazine féminin à une longue recherche personnelle qui finira dans un livre, ou dans une exposition. Le style artisanal de l'agence influe directement sur la façon de travailler du photographe. Ce n'est pas un hasard s'il n'y a pas de télex de l'Agence France-Presse à Magnum où les sujets dits *hot news*, quand ils sont traités, le seront dans la durée. Ce n'est plus l'actualité qui s'impose au photographe, mais ce dernier qui affirme son regard dans le traitement de l'événement.

Bruno Barbey, de Magnum, s'est rendu en Pologne durant les événements de 1980-1981. Sa démarche illustre bien la philosophie du reportage propre à l'agence : « *L'événement était ultra-couvert. J'ai accepté une seule commande, de* Life, *car je ne voulais pas être lié à un magazine. J'avais un projet beaucoup plus vaste que celui d'une simple "couverture" des événements. Je suis un de ceux qui sont restés le plus longtemps en Pologne, sept mois répartis en six séjours, et pourtant j'ai eu peu de parutions dans la presse :* Life, Paris Match, *le* National Geographic, Stern, *le* Chicago Tribune. *Tout dépend de ce que l'on veut faire. Je ne disais pas que j'étais journaliste, mais que je préparais un livre. C'était d'ailleurs vrai. J'ai sillonné tout le pays, j'ai*

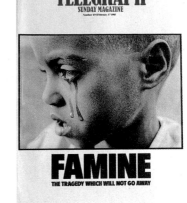

Le *Sunday Telegraph* publiait le reportage de Sebastiao Salgado sur l'Éthiopie en février 1985.

Dans un entretien avec Patrick Roegiers, du *Monde*, Sebastiao Salgado expliquait sa démarche : « *Je crois à des images où le reporter engage, sans compromis, sa culture et sa rage (...) Mon reportage sur l'Amérique latine dénonce la pauvreté et exalte un peuple qui souffre : je n'ai pas voulu que mes images soient misérabilistes, mais qu'elles célèbrent la dignité de ces gens. Il n'est pas utile d'aller en Éthiopie si c'est uniquement pour montrer ce qu'il y a de terrible. Je ne crois pas que la photo puisse aider à construire le monde ni à défendre une cause, mais il faut le croire dans sa tête. Une photo qui ne sert à rien n'a pas de raison d'être.* » Après le Sahel, Sebastiao Salgado s'est engagé en 1986 dans une énorme entreprise qui va lui prendre près de quatre années : retrouver dans le monde entier ce qu'il appelle « les derniers productifs », ceux qui travaillent, de leurs mains et sans mécanisation, à la création d'une richesse. Quarante sujets traités, dont une mine d'or et la canne à sucre au Brésil, l'exploitation du pétrole en URSS, un abattoir dans le Dakota du Sud aux États-Unis. Un an et demi à chercher les multiples financements d'une telle entreprise. Les grands magazines internationaux en ont déjà publié des fragments, et attendent, avec impatience, la suite. Lui, prend son temps.

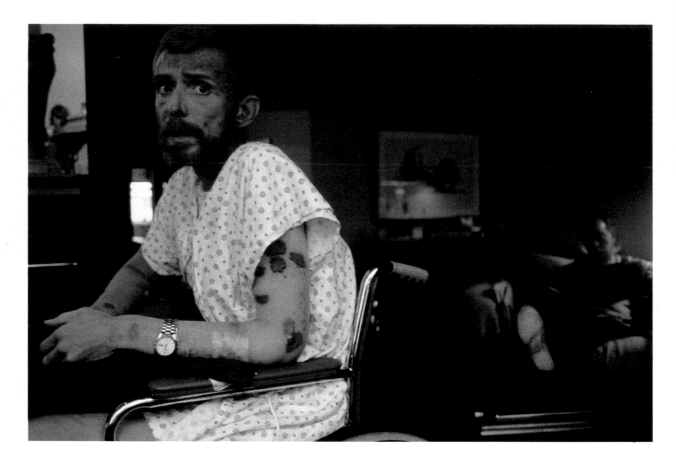

Comment photographier le Sida ?
Peu de photographes ont entrepris de
longs travaux, notamment sur les
malades. Le plus exemplaire est certainement Alon Reininger, né en
Israël en 1947, membre de l'agence
Contact depuis 1976, et une des plus
fortes personnalités du photojournalisme. Diplômé en sciences politiques,
Reininger s'était fait remarquer par
ses reportages en Afrique du Sud et
en Amérique centrale. Il s'est engagé,
dès 1982, dans un travail impressionnant sur le Sida et ses répercussions
sur la société américaine. Journaliste
jusqu'au bout des ongles, Alon Reininger est, aux dires de spécialistes,
celui qui a accumulé le plus d'informations et de contacts sur le monde
du Sida. Il a obtenu, avec cette photo
de Ken Meeks, un malade de San
Francisco, le *World Press* de la meilleure photo de l'année 1986.
L'Américaine Jane Evelyn Atwood,
quarante ans, a pour sa part photographié, en 1987, les cinq derniers

mois de la vie d'un malade atteint du
Sida. « *Le reportage s'est fini quand
il est mort.* » Il a été publié dans
Stern et dans *Paris Match*: « *J'ai
tenu à contrôler cette publication,
pour que le reportage ne soit pas
dénaturé. J'ai écrit le texte et j'ai surveillé le "bouclage" jusqu'à quatre
heures du matin.* » Elle ajoute: « *Je
voudrais faire un reportage sur les
enfants atteints du Sida. Le milieu
médical s'y oppose. Un grand
médecin, choqué, m'a dit:* "Je ne peux
pas vous 'balancer' mes malades." *
Cette maladie est toujours considérée
comme une maladie honteuse.* »

fait 35 000 kilomètres en camping-car, parfois en famille. J'évitais au maximum la "meute" des photographes car ils font tous la même photo. Il faut prendre le contrepied de tout ça. Ce qu'on appelle le "style Magnum". Faire du "backstage", c'est-à-dire les à-côtés, les coulisses de l'événement. Je travaille par exemple en Kodachrome, ce qui est une hérésie pour les reporters. Cette pellicule demande une journée de développement; elle est donc inadaptée au hot news qui appelle la rapidité. Mais elle "vieillit" beaucoup mieux que l'Ektachrome. Quand je suis rentré, j'ai réalisé mon livre en collaboration avec Bernard Guetta, du Monde, qui a écrit le texte. Il a été publié en France, en Grande-Bretagne et en RFA. Le livre, c'est juste une satisfaction personnelle. »

Prendre son temps offre de nouvelles perspectives au reportage photographique. La démarche a toujours existé. Mais, compte tenu de l'évolution du marché de la presse due à la prépotence de la télévision, elle amène de plus en plus les photographes à se poser des questions sur leur rôle et sur la signification de leurs images. Les magazines sont-ils toujours le support idéal ? Le livre ou l'exposition ne sont-ils pas plus satisfaisants ? Quel crédit peut-on donner à toutes les photos-chocs qui sont publiées dans la presse ? Le photographe ne doit-il pas affirmer un regard subjectif ? Doit-il s'engager dans son travail ? Autant de questions qui révèlent deux philosophies du reportage bien distinctes : d'un côté, ceux qui se définissent comme journalistes, dont la finalité est de véhiculer de l'information; de l'autre, ceux qui se définissent comme photographes, affirmant leur démarche d'auteur. Certains restent à la frontière, refusant de basculer de manière définitive dans un « camp ». Parmi eux, David Burnett est certainement le photographe le plus marquant de ces vingt dernières années.

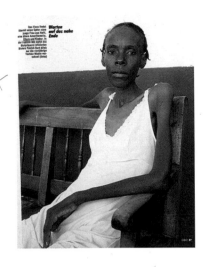

Le magazine allemand *Geo Wissen* a publié un remarquable dossier de vingt-quatre pages sur le Sida dans son numéro de mai 1988 avec, notamment, cette photo de J.B. Diederich (Contact) représentant une jeune femme haïtienne atteinte par le virus. L'agence américaine porte une attention particulière à cette maladie « *que l'Amérique ne veut surtout pas voir* », comme le dit Robert Pledge, le directeur de Contact.

Les différents angles de David Burnett

Né le 7 septembre 1946 à Salt Lake City (Utah), licencié en sciences politiques, David Burnett est le plus français des photographes américains. Il garde toujours en lui, et il le revendique, ce côté débrouillard, ce besoin d'aller chercher l'information plutôt que de l'attendre, d'aller là où la plupart des photographes ne vont pas. David Burnett n'a pas oublié ses deux années passées à Gamma, où il a appris à travailler vite et bien, à « *prendre des risques et à jouer* », loin du confort dans lequel la plupart des photographes américains étaient installés. Il est aussi un des photographes les plus souples dans ses relations avec la presse, passant « *d'un petit sujet* », sur les tartes aux pommes — « *c'est aussi important que le pain en France* » — à des grands reportages, plus longs, plus ambitieux. Il est avant tout un reporter antidogmatique, un grand professionnel, réputé pour maîtriser parfaitement les techniques de prises de vue, et qui se déclare « *un peu plus* » photographe que journaliste, mais qui aime rappeler que « *l'histoire est toujours plus importante que le photographe* ».

À seize ans, marqué par la photo depuis qu'il a vu une image de sa classe naître dans le révélateur, il vend ses photos de course automo-

bile à trois dollars pièce dans les journaux locaux. Depuis, David Burnett n'a pas arrêté. À vingt ans, il téléphone à *Time* et suit un stage d'apprenti. À vingt-quatre ans, il part au Vietnam avec une garantie de *Time* et des contacts avec *Life*. Il apprend la disparition du grand hebdomadaire américain : « *Je connaissais tout de* Life. *Il y avait toujours quelque chose de différent des images de télévision. On disait que c'était la fin du photojournalisme. C'est en rencontrant les gens de Gamma que j'ai compris que ce n'était pas vrai, et que ce qui était intéressant se passait maintenant en Europe.* »

David Burnett rejoint l'équipe de Gamma en 1973 pour deux raison. Plutôt pour deux personnes. Raymond Depardon, qui dirige l'agence après la scission, et Michel Laurent qui vient de quitter Associated Press. Il trouve l'agence « *un peu romantique* », mais stimulante. Il en garde plus qu'un bon souvenir, une manière de travailler « *plus indépendante, plus autonome, plus efficace et plus rentable. Je crois qu'il faut être un peu méchant. Pas voyou, ni malhonnête, c'est trop fort.* »

Il restera deux ans à Gamma, partant en reportage plus de trois cents jours par an, réalisant une centaine de sujets, dont le coup d'État de Pinochet au Chili en 1973 et l'élection présidentielle française en 1974. Mais peu de guerres. Trois, après vingt ans de photos : le Vietnam, le Pakistan et l'Iran. La guerre le rebute. Le terrain est trop piégé : « *Il y a des photographes de guerre qui s'apparentent à des aventuriers. Pour beaucoup, c'est la guerre d'abord. Moi, c'est la photo d'abord. J'en prends, c'est tout.* » Il aime trop les « *petits voyages* », se retrouver seul, « *me balader avec l'appareil* », partir à la découverte de sujets faussement insignifiants, pour saisir le détail qu'un regard acéré oublie rarement. Il se met sérieusement à la couleur en 1974, qu'il est aujourd'hui un des rares à bien maîtriser en reportage.

David Burnett quitte Gamma pour les mêmes raisons que Depardon et Salgado. Il veut prendre son temps, et l'affirme avec humour, comme pour gommer toute profession de foi : « *Je voulais avoir la possibilité de travailler plus en profondeur, tout en poursuivant le* hot news. *Je ne suis pas idéologue sur ce point. Je suis idéologue sur le café. Je l'aime fort.* » Burnett voulait aussi « son » agence, et crée Contact avec Robert Pledge et Eddie Adams en mars 1976. Plus que jamais, il court le monde, de la famine en Éthiopie aux Jeux olympiques de Los Angeles où il retrouve, avec un certain plaisir, la « meute » des photographes et le sens de la compétition, ce qui fait dire à François Lochon, qui l'a côtoyé lors des grandes rencontres politiques : « *Il faut toujours regarder où se place Burnett. Il ne se trompe jamais d'angle. C'est bien simple, il est le meilleur.* »

Aujourd'hui, David Burnett avoue moins partir en reportage, « *180 jours par an au lieu de 300* », et répond, quand on lui demande s'il a encore la foi : « *Plutôt le foie gras.* » Les quatre photographes qui ont compté le plus, pour lui, durant ces vingt dernières années, sont David Douglas Duncan, Philip Jones Griffiths, René Burri et Sebastiao Salgado. Quatre photographes qui ont toujours travaillé de façon autonome. David Burnett aussi a l'impression d'être libre, « *mais j'aimerais bien en être sûr* ».

Trois images signées David Burnett (Contact). Coup d'État du général Pinochet au Chili en septembre 1973. « *C'était à Santiago, deux semaines après le coup d'État. Les militaires ont invité la presse au stade où ils avaient entassé des milliers de prisonniers. Dans le tunnel qui mène à la pelouse, j'ai entendu des cris derrière une porte. J'ai voulu y aller. On m'en a empêché. Un groupe de prisonniers est arrivé en face de moi. J'ai pris cinq photos au 35mm. C'est allé très vite ; les soldats bougeaient tout le temps. Cette image a été beaucoup publiée. Les militaires voulaient nous faire croire que "tout se passait bien". Sur cette photo, on voit que ça ne se passait pas bien.* » (page de gauche, en haut).

Mary Decker est l'athlète américaine la plus attendue des Jeux olympiques de Los Angeles en 1984. Lors de la finale du 1500 mètres, elle trébuche, tombe, suite à un accrochage avec sa principale rivale, l'anglo-sud-africaine Zola Budd (page de gauche, en bas). Ci-dessus, la famine en Éthiopie dans *Time* du 26 novembre 1984.

« *Si je devais faire un film sur un grand reporter-photographe, je prendrais James Nachtwey.* » Qui ne serait pas d'accord avec Raymond Depardon ? Qui fait autant l'unanimité que ce photographe américain de quarante ans ? L'homme a fière allure. Grand, sec, la démarche d'un calme à se demander s'il a vraiment côtoyé les bombes, une gueule à faire craquer la gent féminine des agences. Une beauté classique, sur laquelle le temps n'a pas de prise, un faux air d'Anthony Perkins avec une coupe de cheveux sage, la raie bien dessinée sur le côté, la voix assurée, douce, et le regard précis dont on n'arrive pas à déceler la fêlure qu'on rencontre souvent chez les photographes de guerre. L'anti-baroudeur. Si Depardon est séduit par le personnage, c'est qu'il l'est autant par ses photographies. Nachtwey est un grand. Un grand photographe reconnu comme tel par ses pairs.

« *Parmi les photographes que j'ai côtoyés, j'en admire trois : Duncan, Burrows et Nachtwey.* » La comparaison est flatteuse. Catherine Leroy a pourtant la réputation de ne pas mâcher ses mots et d'avoir le compliment rare : « *Nachtwey, c'est la générosité.* » Jean-Jacques Naudet, directeur de *Photo* : « *Il est gigantesque ! Je n'ai jamais reçu autant de lettres de lecteurs après avoir publié un portfolio sur lui.* » Goksin Sipahioglu : « *Ces dix dernières années n'ont pas révélé de grands noms du photojournalisme. Hormis Nachtwey.* » Arrêtons là les éloges. Quand on lui en fait part, le photographe répond calmement : « *Ceux qui regardent mes photos décident seuls ce que je suis.* »

Le parcours est classique. Né le 14 mars 1948 à Syracuse dans l'État de New York, James Nachtwey est fasciné dès l'âge de dix ans par les photos publiées dans *Life*. Une bonne école. « *Je regardais juste les images.* » À la sortie du collège, il prend des photos dans les rues de New York et essaie de devenir cameraman de télévision. « *La seule chose que je voulais, c'est travailler dans le* news. » À vingt-quatre ans, il quitte New York pour Boston où il fait des tirages industriels de photos tout en collaborant de temps en temps avec le bureau de *Time*. Ensuite, direction le Nouveau-Mexique où il va apprendre son métier de reporter pendant quatre ans en travaillant pour un quotidien. « *C'était comme un entraînement avant de parcourir le monde.* »

Il revient en 1980 à New York où il prend contact avec l'agence Black Star et avec le magazine *Newsweek*. 1981, c'est le grand saut : sans garantie d'aucun journal, il part en Irlande du Nord pour « couvrir » les grèves de la faim des membres de l'IRA. Il envoie ses premières images. *Newsweek* est impressionné et n'hésite pas : le magazine lui offre 300 dollars par jour pendant six semaines. Sa réputation est faite. Nachtwey ne s'arrêtera plus, passant d'une guerre

Le photographe américain James Nachtwey, membre à part entière de Magnum depuis 1988, est considéré par beaucoup comme le plus grand photographe de guerre des années 80. Page de gauche, entraînement de guérilleros tamouls, en 1985. Le magazine *Photo*, lui a consacré un port-folio en avril 1988. En haut, un jeune Nicaraguayen se balance sur le canon d'un tank abandonné (photo prise en 1983). Ci-dessus, tir groupé de la Nouvelle Armée du Peuple, en septembre 1985 aux Philippines.

Ces photos, signées Harry Gruyaert (Magnum), marquent le point ultime d'intervention du reporter sur l'événement. En 1972, le photographe anversois a suivi les Jeux olympiques de Munich à la télévision, depuis son appartement londonien. « *Au départ, je voulais faire un reportage sur un pays à travers sa télévision. J'ai photographié un week-end à la BBC. Le sport m'intéressait, surtout le base-ball. C'était ma façon de suivre l'événement, de le traiter. J'ai même des photos de la prise d'otages d'athlètes israéliens par un commando palestinien. J'ai réalisé soixante-treize images sur Munich. Je n'arrêtais pas de tripoter les boutons et donc l'aspect esthétique l'a emporté dans ma démarche puisque les images les plus fortes "tiennent" par leurs couleurs. C'est tout de même mon travail le plus journalistique.* » Les « *TV shots* » d'Harry Gruyaert ont surtout été présentés dans le cadre d'expositions, avec des tirages réalisés par Charles Goossens.

à l'autre, du Liban à l'Afrique du Sud, du Nicaragua au Salvador. Mais aussi de l'agence Black Star — il en gardera des liens très étroits avec Howard Chapnick — à Magnum. Il truste les récompenses, les prix, les « *photos de l'année* ». En 1983 par exemple, où il est consacré par l'association des photographes américains pour son travail publié dans *Time*, tout en recevant le prestigieux prix Robert Capa pour l'ensemble de ses reportages au Liban.

James Nachtwey est un photographe de guerre. « *C'est ce qui me touche le plus. Je n'aime pas la guerre, mais elle me fascine. Si la situation est horrible, elle est horrible pour moi aussi. Dans ce cas, je ne fais pas de photos. Ce qui m'importe, c'est de comprendre, donner une information, communiquer, traduire une émotion et le drame vécu par les gens ; et cela sans aucune considération idéologique.* » On a beau essayer de chercher en lui les stigmates de conflits, on n'y arrive pas. En le poussant un peu, il reconnaît « *avoir les oreilles qui bourdonnent et faire des cauchemars de temps en temps* ». Il est vrai que l'homme est un monument de flegme et de tranquillité. Sa lucidité sous les bombes est légendaire, tout comme son besoin de travailler seul, dans son coin, loin de la « meute » : « *Le risque doit être calculé. Parfois, c'est difficile. Il faut alors compter sur son expérience et sur la chance. C'est mon job d'être en première ligne, en* front line *et de me contrôler quoi qu'il arrive ; essayer de toujours penser à mes images dans les situations les plus "chaudes". C'est un équilibre à trouver entre survivre et créer. Je sais ce que je risque. Des photographes qui avaient une grande expérience sont morts. Alors...* » Alain Noguès, de Sygma, avance un autre argument : « *Pour faire ce métier, il faut une grande hygiène de vie, être comme un athlète. Nachtwey est un modèle* », affirme-t-il, soulignant que le photographe américain est végétarien.

Les photographes que Nachtwey admire s'appellent Jones Griffiths, Depardon, Eugene Smith, Larry Burrows, Duncan. « *Et surtout Mc Cullin. Il est le meilleur. Quoi qu'il fasse aujourd'hui, il est "OK".* » Beaucoup de photographes de guerre dans son choix. Il est sur leurs traces. « *Le "scoop" ne m'intéresse pas. Ce qui compte, c'est d'avoir les meilleures images.* » L'homme est déterminé. Et quand on lui demande ses projets, lui qui a connu tous les honneurs, il répond simplement : « *Je veux continuer. Longtemps.* »

James Nachtwey illustre bien la fracture qui s'opère de plus en plus dans la profession entre deux philosophies du photojournalisme quand il affirme : « *J'essaie de combiner un travail personnel avec une logique de production pour la presse. J'aime ce "challenge".* » Aujourd'hui, les passerelles se font rares entre ceux qui affirment vouloir informer, se définissant d'abord comme journalistes, et ceux qui se déclarent photographes, affirmant leur regard subjectif sur l'actualité. Si tous se retrouvent dans la presse, les seconds affectionnent également le livre ou l'exposition. Et si tous se croisent parfois sur les mêmes chemins de l'investigation, leurs méthodes de travail divergent souvent. Une ribambelle de photographes se trouvaient à Beyrouth en 1982, tous travaillant plus ou moins pour *Time* ou *Newsweek* : « *Il y avait deux types de photographes*, raconte Yan Morvan.

Une photo prise sur télévision pour un hebdomadaire de télévision. *Télérama* publiait en couverture cette photo d'Harry Gruyaert, extraite de ses « *TV shots* », dans un numéro consacré aux Jeux olympiques de Montréal en 1976.

Journaliste ou photographe?   191

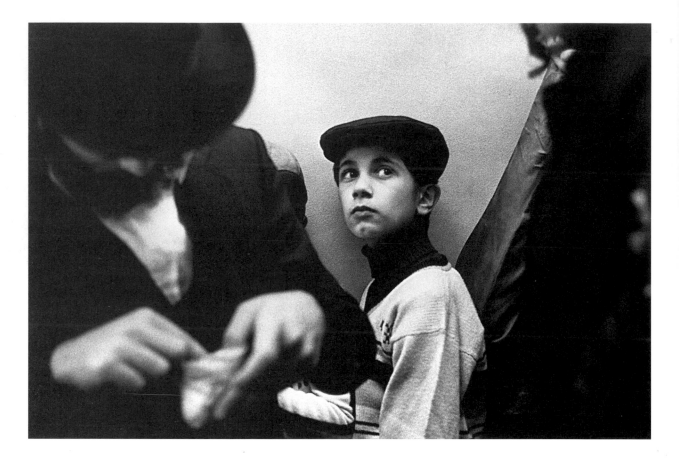

Ancien reporter de l'agence Rush, aujourd'hui à Magnum, Patrick Zachmann considère seulement la presse comme « *un moyen de survivre* ». Il distingue ses commandes pour les magazines de ses recherches personnelles qu'il publie dans des livres, « *un objet de création réel* ». Patrick Zachmann aime prendre son temps, loin des bouclages de journaux, et des images qu'il trouve trop univoques. Il affirme que « *si je ne vois pas le lien entre le photographe et son sujet, ça ne m'intéresse pas* ». Il s'est d'abord distingué par un reportage sur la Camora de Naples, « *que j'ai transformé en fiction* ». En 1987, il publie « Enquête d'identité », travail introspectif et rigoureux de onze années sur la communauté juive de Paris, poussant très loin l'intégration du photographe à son reportage. Aujourd'hui, il se penche sur la communauté chinoise à Paris, mais aussi dans le monde.

Ceux qui étaient en front line, *les mieux payés, avec voiture et chauffeur; et les* aftermath photographers, *qui réalisaient des images "signifiantes" après la bataille.* »

A chacun de se situer. Henri Bureau : « *Le photojournalisme, c'est de l'écriture. Résumer une situation en une image. Ce n'est pas facile, car nous n'avons pas le droit à la nuance, et pourtant il faut essayer d'être objectif. Aujourd'hui, les jeunes photographes sont moins journalistes mais plus techniciens. Ils ne sont plus au courant de l'actualité. Moi, je lisais les journaux tous les jours. J'ai une carte de presse. J'étais un journaliste qui prenait des photos.* » Patrick Zachmann, de l'agence Magnum, se définit, lui, comme « *un photographe qui utilise la technique du journalisme dans mon approche des gens. Je veux réaliser des travaux d'auteur dans des sujets sociaux qui tournent autour de l'actualité* ». Dans un entretien donné à *Photomagazine* en novembre 1986, l'Américain Charles Harbutt, qui a été dix-huit ans membre de Magnum, revendique la « double casquette » : « *Le photojournalisme n'est, ni plus ni moins, qu'un moyen de gagner de l'argent, mais il a un côté "fabriqué", sur "commande" que je n'ai jamais aimé. Je préfère être présenté comme un photographe qui a plusieurs cordes à son arc.* » Raymond Depardon résume bien le clivage quand il affirme : « *J'étais un bon reporter, mais je ne sais pas si je suis un bon photographe.* »

La couverture du livre de Patrick Zachmann consacré à la communauté juive de Paris, publié en 1987.

Il y a toujours un point de vue

Ce clivage ne date pas d'hier, mais il s'est aiguisé depuis une vingtaine d'années. L'affirmation d'« *un regard subjectif pour montrer la réalité* » n'est pas étrangère à la transformation du marché de l'image de presse due à l'omniprésence de la télévision. C'est Raymond Depardon qui affirme « *qu'on ne doit plus aller en Afghanistan sans réfléchir à ce que l'on veut montrer. D'une certaine façon, la télévision nous a rendu service en obligeant le photographe à imposer son regard sur l'actualité* ».

« *Pendant la guerre des Six Jours, en plein désert, j'ai vu surgir du sable une main noire, raconte René Burri en parlant d'un cadavre. La photo aurait été publiée dans le monde entier. Je n'ai pas pu la faire. Le problème est de savoir ce que l'on veut exprimer. Je suis sûr qu'en montrant la balle qui tue le soldat, ou le charnier, je n'ai rien expliqué, rien montré. Je ne suis pas plus proche de la vérité du conflit, je n'ai rien dit, rien éclairci.* » La vérité de l'image : le mot est lancé. Alors que le journaliste aspire à des images « objectives », qui « *montrent la réalité* », de nombreuses voix se sont élevées depuis le début des années 70 pour affirmer qu'une image est par nature subjective, et que la vérité n'est pas obligatoirement là où on l'attend le plus.

Dans son livre, *Sur la photographie*, paru en 1973, Susan Sontag écrivait : « *Quand ils décident de l'allure d'une image, quand ils préfèrent un cliché à un autre, les photographes ne cessent d'imposer des normes à leur sujet. Bien qu'il soit vrai qu'en un sens l'appareil fait plus qu'interpréter la réalité, qu'il la capture effectivement, les photo-*

Journaliste ou photographe ?   193

Le 4 novembre 1979, des étudiants iraniens prennent en otage soixante-douze personnes à l'ambassade américaine de Téhéran. Gilles Peress, quarante-deux ans, membre de Magnum depuis 1972, quitte New York, où il réside, pour l'Iran en décembre 1979. Il y restera cinq semaines. Chez lui, nulle volonté de prouver, démontrer, dénoncer ou témoigner. « *Ces photographies ne sont ni une peinture de l'Iran, ni un bilan définitif de cette période* », prévient, sèchement, l'auteur dans les pages introductives de son livre intitulé *Telex persan*. Les images se succèdent, s'entrechoquent, s'opposent, telles « *une immense fresque, une toile pop, sorte de patchwork dont les pièces rajoutées participent toutes, à* travers un désordre apparent, à une certaine forme du monde », écrit Claude Nori, l'éditeur du livre. Des images froides. « *J'ai voulu mesurer la distance qui nous sépare, Occidentaux, des Iraniens. Dans cette approche, le photographe n'est pas nécessairement un "héros sympathique."* »

graphies sont autant une interprétation du monde que les tableaux et les dessins. » Toute une génération de photographes. va emboîter le pas de cette analyse, tirant des conséquences décisives dans leur traitement du reportage photographique.

François Hers, par exemple, un ancien de l'agence Viva, qui a déserté le reportage à cause des malentendus qu'il provoque, se définit aujourd'hui comme artiste : « *On voit la photo comme la réalité alors que ce n'est qu'une représentation de cette réalité. Il faudra bien que les photographes comprennent un jour qu'ils font tous de la fiction.* » Pour Patrick Zachmann, de Magnum, « *face à la saturation des images dites informatives, tout travail intelligent de l'information devrait être subjectif* ». En créant Vu en janvier 1986, Christian Caujolle allait dans le même sens : « *Nous ne vendons pas de l'objectivité. Les autres agences non plus, même si elles font semblant. Il y a toujours un point de vue qui s'exprime dans une image.* »

Gilles Peress, lui, préfère parler d'ambiguïté : « *La photo qui fonctionne le mieux est celle où il y a le plus d'ambiguïté, celle qui offre le maximum de possibilités d'interprétation.* » C'est peu dire que ce photographe de Magnum, né à Paris en 1946, installé à New York pour « *échapper à une tradition européenne du reportage que je trouve trop "univocal", trop simplement construit* », est cohérent dans sa démarche née d'une réflexion poussée sur « *la représentation de la réalité* ». Peress part de l'exemple du Vietnam : « *On nous disait : "Voilà la guerre comme si vous y étiez." C'est un mensonge ! Les images du Vietnam ne sont que des reconstitutions historiques. À la limite, c'est de la propagande.* » Et d'énumérer les divers éléments qui façonnent l'image : « *Il y a d'abord le photographe qui appuie. Il y a l'appareil qui influe sur le traitement (comme le fameux objectif 28 mm de Mc Cullin). La réalité du terrain qui donne une forme et un contenu. La sélection des photos, le choix du magazine et la mise en page. Enfin, la lecture du public. Autant d'éléments qui font que le photographe n'est pas maître de son image.* »

Peress va plus loin en définissant ce qu'il appelle « *la crise dans le "rapport à la réalité". Aujourd'hui, tout a été déjà montré. On a vu cent fois la même image au point que le photographe ne fait que recopier ce qui a déjà été fait. Il a si peu confiance dans le réel et dans sa capacité à le représenter qu'il ne fait que du rappel, de l'hommage, de la nostalgie. Je crois qu'il faut dépasser les notions de belle et de bonne image. Aller au-delà de la simple représentation du sujet. C'est tellement facile de sortir une belle photo avec cent bobines. Mais ça veut dire quoi ? Ce qui importe, c'est la compréhension et l'émotion. Se subjectiviser à 100 % ne me semble pas satisfaisant. Il faut tendre à l'objectivité. Même si l'image a ses codes, si chaque photographe a ses réflexes, la photo a tout de même plus de chances d'approcher la réalité que les mots. C'est un grand travail de doute et d'humilité* ».

Gilles Peress a trouvé son salut en introduisant d'impressionnantes doses d'ambiguïté dans ses images. Comme pour brouiller les pistes, pour dérouter le lecteur et échapper ainsi à une lecture stéréotypée de ses reportages. Certains les trouveront trop compliqués, voire incompréhensibles. Pour aiguiser son regard, Peress s'est plongé dans les

Cinq semaines de prise de vue, deux semaines de mise en page. Le *Télex persan* de Gilles Peress est un livre express, de grand format, où les images « intégristes » côtoient les télex fonctionnels qui relient le photographe à son agence. Ce livre est l'antithèse de celui d'Abbas, dont la démarche journalistique exemplaire le menait au cœur de la révolution iranienne de 1977 (voir pages 154 et 155).

Mariage à Villejuif en 1975, par Guy
Le Querrec. Ancien reporter à *Jeune
Afrique*, cofondateur de Viva,
membre de Magnum, grand amateur
de jazz, Guy Le Querrec n'a cessé
— fait rare dans cette profession —
« *de défendre [ma] conception du
métier de photographe* ». Cela ne lui
attire pas que des amis. Ce Breton de
quarante-sept ans, qui n'a jamais été
un bourlingueur, qui affirme avoir
« *toujours un désir de l'œil et du
cœur, mais pas des jambes* », et qui
n'a cessé de dénoncer la prédomi-
nance de « *la course au cliché qui se
vend* » sur la propre histoire du photographe, était considéré, à la fin des
années 70 comme « *le pape* » du photojournalisme. « *Le Querrec était un
des rares qui savait manier l'image et
la parole*, se souvient Pierre-Jean
Amar, responsable de Gamma-
Formation. *Il s'exprimait vraiment
bien à une époque où les reporters ne
parlaient pas. Tout le monde voulait
faire des stages avec Le Querrec à*

*Arles. Il « épuisait » littéralement ses
stagiaires pour en tirer le maximum,
pour les faire sortir d'eux-mêmes. Il a
été un des premiers à dire qu'on pouvait enseigner la photo avec des
méthodes différentes que celles axées
sur la technique.* » Jean-Jacques
Naudet, de *Photo*, le qualifiait de
« *messianique* », d'autres de
« *gourou* », certains lui reprochant
son sectarisme pédagogique, et, sous
couvert de vouloir « démocratiser »
la profession, de l'ouvrir à des gens
qui n'avaient rien à y faire.
Sa sensibilité de gauche l'amenait à
défendre une photographie sociale,
ce qui, non plus, ne faisait pas plaisir
à tout le monde. Il parcourait la
France pour prêcher « la bonne
parole », d'Amiens à Albi, de maisons
de la culture en associations locales,
et aurait pu diriger un stage par
semaine tant les demandes affluaient
de partout, et notamment de
l'étranger. « *C'était un peu délire*,
reconnaît l'intéressé. *S'il est vrai que*

*le premier stage d'Arles était un peu
sectaire, j'ai vite rectifié le tir en
ouvrant les suivants à d'autres sensi-
bilités que la mienne. J'ai arrêté de
dire: "La photo, c'est ça et pas autre
chose !"* » Guy Le Querrec et Viva ont
influencé une génération de photographes. Il ne le renie pas, mais il
ajoute: « *Ce que je reproche à ces
gens qui se situaient par rapport à
nous, ce n'est pas leur côté parfois
médiocre, c'est de ne pas avoir été
lucide sur la valeur de leur travail. Je
suis d'une sévérité totale à l'égard de
gens qui savent faire danser le village, et qui croient qu'ils peuvent
aller plus haut.* »

planches de contacts de ses amis de Magnum, « *ma seule formation* », comme il dit, avant de se lancer dans des reportages de fond sur l'Irlande, les travailleurs immigrés en Europe, l'Iran, tout en poursuivant des collaborations avec la presse, simplement « *parce qu'il faut tout faire* ».

Hers, Zachmann, Caujolle, Peress. Au-delà des prises de positions isolées, un véritable mouvement s'est dessiné dans l'après-68, qui regroupe plusieurs courants distincts. Il y a ceux qui veulent tout simplement traiter l'actualité différemment, ceux qui se définissent comme photographes engagés, ceux qui affirment leur démarche d'auteur. Si de nombreux membres de Magnum se retrouvent dans ces mouvances, d'autres structures ont pris le même chemin. L'agence Viva n'est pas la moindre.

Le cri de Viva

Hervé Gloaguen, François Hers, Guy Le Querrec, Claude Raymond-Dityvon, Martine Franck, Richard Kalvar et Alain Dagbert fondent l'agence Viva le 6 janvier 1972, en lui donnant une philosophie diamétralement opposée aux principes qui, à cette époque, ont mené Gamma à la première place sur le marché mondial des agences photographiques. Une provocation ? Sûrement pas. Mais la volonté de porter un autre regard sur des événements « maltraités ». « *Nous avions deux repères*, raconte François Hers. *Parler de la France de l'après-Mai 68 et s'intéresser à la vie quotidienne. Je ne me sentais pas concerné par le Vietnam, mais par les comportements humains de "ma" société.* » « *On nous disait :* "*La France n'est pas photogénique.*" *Je trouvais ça insupportable* », renchérit Guy Le Querrec.

D'emblée, le terrain d'investigation est résolument antispectaculaire et anti-événementiel. En d'autres termes, pas besoin d'aller au bout du monde pour réaliser des images. Comme le dit Le Querrec, « *le voisin peut aussi être formidable. C'était un retour à la simplicité, plus le sentiment qu'on démocratisait l'acte de photographier* ». Reste la démarche. « *Nous avions défini trois axes*, explique Guy Le Querrec : *Nous ne sommes pas des fabricants de preuve. Nous revendiquons le droit à notre propre poésie. La photographie est le point de départ d'un imaginaire. Ce n'était pas évident, à l'époque, de revendiquer ces principes. Nous insistions sur l'ambiguïté de l'information photographique. Enfin, nous voulions témoigner sur un monde social.* »

Viva, c'était surtout de fortes personnalités qui parlent autant (plus ?) de la photo qu'ils n'en font. L'agence est marquée à gauche — Gloaguen et Hers étaient membres du parti communiste — et pourtant la presse « progressiste » (comme la presse en général) n'a jamais vraiment soutenu ces « *enfants terribles* » qui osent discourir sur leur travail pendant que les reporters de Gamma ou de *Match* courent le monde. L'agence était un lieu de rencontre, où les photographes s'affirmaient en tant qu'auteurs tout en restant très attachés à la notion de groupe. Une fois par semaine, les associés se réunissaient

Vacances à Argelès-sur-Mer dans les Pyrénées-Orientales, par Guy Le Querrec. « *J'ai un besoin d'authenticité*, affirme-t-il. *Or, c'est la presse qui a imposé les règles du photojournalisme. Ses mots clés sont: sexe, drogue, violence. C'est difficile d'en sortir. Je ne peux faire ce métier sans me poser plein de questions. Je me suis retrouvé un jour face à un cancéreux dans un hôpital. Le personnel était gêné. Le malade a dit de moi: "Non ! Laissez-le travailler. Chacun doit faire son métier !" J'ai mis une semaine à m'en remettre... Je me suis offert ma liberté, mais elle m'a coûté cher.* »

D'abord remarqué pour ses reportages publiés dans le magazine *Actuel*, ancien collaborateur de l'agence *Vu*, Luc Choquer s'affirme comme un des grands spécialistes de la couleur. Il travaillait en 1988 sur la banlieue parisienne, en retournant sur les lieux de son enfance, à la recherche des gens et des territoires qui l'ont marqué, pour en saisir l'évolution. « *Le refus de la couleur a longtemps été une forme de "terrorisme" dans le débat sur le photojournalisme,* explique Luc Choquer. *Il me fait penser au débat sur la "vérité" de l'image qui ne pourrait découler que de "l'instant décisif". Il n'y a pas d'image objective, ça ne veut rien dire. Moi, j'essaie de porter un regard sur les gens. La couleur est un moyen qui donne aux gens l'envie de s'arrêter sur les images. C'est ma façon d'exprimer des choses. Or, c'est très difficile d'exprimer sa personnalité en couleur. J'utilise le flash — je refuse l'illusion du studio — pour* exprimer mon point de vue. J'aime la "maladresse", la magie du flash. J'aime que mes appareils fassent du bruit, j'aime tendre mon flash avec la main pour qu'on le voit bien ; je veux que les gens me remarquent. Ils rejouent leur rôle devant moi et deviennent presque une carricature d'eux-mêmes. Plus les gens me regardent, mieux c'est. Doisneau disait qu'il n'y a rien de plus beau qu'un regard sur l'objectif.* »

à l'agence « *sans qu'on sache vraiment quand on allait en sortir* », raconte Guy Le Querrec. Les réunions se transformaient parfois en véritables psychodrames, où critiques et autocritiques fusaient dans une tension extrême. Martine Franck ne garde pas un très bon souvenir de ces « *nuits folles* » : « *Je n'avais jamais vu ça! Les paroles étaient très violentes. Il y avait beaucoup de rivalités. Le fait d'être tout le temps au bord de la faillite n'arrangeait pas les choses.* »

Il y avait un « ton » Viva. Si Dytivon était un peu le leader « artistique », Gloaguen, l'animateur, et Hers, le théoricien « intello », l'originalité de cette agence résidait dans la définition de reportages communs à tous les photographes. « *Qu'est-ce que ça veut dire, être ensemble, si ce n'est porter des regards différents sur un même sujet ?* » Le fruit de cette réflexion s'appelle « *Familles en France* », un travail de cinq mois réalisé durant l'année 1973, et qui était « le » grand sujet de l'agence. « *Je pense que c'était courageux de choisir un thème qui ne faisait pas rêver, qui refusait l'exotisme, qui ne pouvait que nous poser des problèmes et qui renvoyait leur propre image à ceux qui regardaient les images.* » Si « *Familles en France* » a passionné Viva, la presse l'a reçu comme une véritable provocation. « *Ils nous prenaient pour des "rigolos"* », se souvient Martine Franck. Personne ne le publiera. « *La réponse classique était :* "Je ne vois pas la famille comme ça." *C'est antijournalistique comme réflexion* », s'insurge François Hers.

Rejeté en France, « *Familles* » obtient un réel succès à l'étranger. Le sujet sera exposé en Grande-Bretagne, au Canada, en Italie et aux États-Unis. Viva triomphe à Arles, rendez-vous annuel de la photographie, et devient une référence pour toute une génération de photographes ancrée dans l'après-Mai 68. Trois des fondateurs de l'agence, Le Querrec, Kalvar et Martine Franck, ont rejoint l'agence Magnum à la fin des années 70. Certaines de leurs photos, confidentielles durant l'époque Viva, ont été archipubliées par la suite. Guy Le Querrec a joué un rôle pédagogique essentiel avec ses stages à Arles. Après 1981, Claude Raymond-Dytivon a poursuivi l'aventure Viva avec Daniel Nouraud et d'autres photographes dont François Le Diascorn et Jean-Pierre Favreau, mais l'agence n'a jamais su trouver un équilibre entre ses exigences photographiques et les contraintes de la presse.

Aujourd'hui, il est de bon ton de « casser du sucre » sur Viva. À une époque où on crie « Vive la crise! » et où la presse ne s'intéresse qu'à ceux qui « gagnent », les *losers* modestes et effacés photographiés en noir et blanc ne sont plus à la mode. « *Viva a été un cancer qui a bouffé une génération de photographes* », affirme même Jean-Jacques Naudet, le directeur de *Photo*, faisant référence — peut-être à juste titre — à de nombreux reporters qui se situent dans « l'école Viva » et qui ont cru, un peu vite, qu'il suffisait de photographier son quartier pour avoir du talent. Viva avait en effet créé une mode. Mais on peut se demander pourquoi d'autres stéréotypes photographiques, tout autant contestables, ne sont pas dénoncés avec la même vigueur. Quoi qu'on en dise, les cinq premières années de l'aventure Viva, celles qui ont séduit des photographes comme Cartier-Bresson ou Depardon, resteront toujours comme un moment important, mais qui ne pouvait

En haut, hospice d'Ivry en 1975; ci-dessus, paroissienne de Saint-Pierre-de-Chaillot, chez elle, avec le portrait de son mari défunt, en 1973. Embarquée dès le début dans « *l'aventure Viva* », Martine Franck quitte l'agence en 1978 et rejoint l'équipe de Magnum en 1980. Cherchant beaucoup plus « *la photo individuelle plutôt que de construire une histoire* », elle a réalisé des reportages sur des faits de société comme la famille, la femme, les Français en vacances, l'enfance inadaptée, la vieillesse, et suit le Théâtre du Soleil depuis plus de vingt ans tout en réalisant des portraits pour la presse et l'édition.

Journaliste ou photographe?   199

« *Cette photo est une Pietà* », a écrit Susan Sontag. L'image la plus connue, représentant Tomoko baigné par sa mère en 1972, est la plus insoutenable du reportage réalisé par Eugene Smith à Minamata au Japon, ce village de pêcheurs rongé par une pollution au mercure. Elle est accompagnée, dans son livre publié en 1975, de la légende suivante : « *Le jour où les patients ont remporté leur procès, un journal a écrit ce titre : "Le jour où Tomoko a souri". Elle ne pouvait pas s'en soucier davantage. Elle ne pouvait pas savoir. Tomoko Uemura, née en 1956, a été attaquée par le mercure dans le ventre de sa mère. Personne ne sait si elle est consciente ou non de ce qui l'entoure. Tomoko est toujours soignée pour cela, jamais négligée. Sa famille sait que ceux qui vivent doivent continuer à vivre.* »

déboucher que sur une séparation tant les différences d'approche et de culture étaient criantes entre les six principaux photographes. Ce que Guy Le Querrec résume bien en une formule : « *Viva était un cri. On a voulu en faire une agence.* »

Le photographe « concerné »

Existe-t-il une photographie « engagée » comme il existe des journaux d'opinion ? Tous les photographes qui, d'une façon ou d'une autre, la revendiquent, posent le problème différemment : « *Peut-on arriver à montrer la réalité autrement qu'en "s'impliquant" dans son sujet ? Nous ne le pensons pas.* » Eugene Smith, un des plus grands photographes de l'histoire, a donné sa réponse dans son livre sur Minamata, au Japon, ce village de pêcheurs dont la majorité des habitants sont victimes d'un empoisonnement au mercure. Cet ouvrage, réalisé en 1975 avec sa femme Aileen, n'est pas seulement le plus terrible, le plus implacable reportage réalisé durant ces vingt dernières années. Il lui donne l'occasion, dès la préface, de « régler son compte » à la question de l'objectivité et de la responsabilité du photographe : « *Ce n'est pas un livre objectif. Le premier mot que je voudrais exclure du folklore du journalisme, est le mot objectivité. Ce serait un pas géant vers la vérité dans la presse "libre". Et peut-être "libre" serait le second mot à exclure. Libéré de ces deux distorsions, le journaliste et le photographe seraient face à leurs responsabilités réelles. (...) Aileen et moi avons habité à Minamata pendant plus de trois ans. Nous avons photographié et emprunté des chemins qui auraient été impossibles si Aileen ne parlait pas japonais et ne connaissait pas les coutumes d'un pays dans lequel elle a passé la moitié de sa vie (...) Nous avons essayé d'être honnêtes (...) et nous avons peut-être approché la vérité.* »

« Tomoko Uemura a servi d'exemple pour tous. Les malades ont demandé que les juges regardent, touchent, tiennent cette enfant et se souviennent de cette expérience comme s'ils évaluaient l'être humain en dollars et en cents. » Telle est la légende signée Eugene Smith qui accompagne, dans son livre, les photos représentant une jeune victime de Minamata, présentée en 1972 devant la Commission d'enquête sur la pollution.

Eugene Smith a montré que l'engagement du photographe réside dans son degré d'implication, autant physique que mental, par rapport au sujet. La notion de *Concerned Photographers* apparaît dès 1966 sous l'impulsion de Cornell Capa qui vient de créer, à New York, l'International Center of Photography (ICP). L'expression est difficile à traduire, le terme « engagé » ne correspondant que de manière imparfaite à celui de "concerned". Dans un numéro de *Zoom* de 1973, Cornell Capa — le frère de Robert Capa — un ancien de *Life* et de Magnum, expliquait, sous le titre « *La vérité contre l'objectivité* », le rôle de l'International Fund for Concerned Photography : « *C'est un antidote à la notion si galvaudée et rassurante d'objectivité de l'image photographique, synonyme de neutralité et d'absence de toute passion.* »

En octobre 1967, près d'un an après la création de Gamma, Cornell Capa organise, dans le cadre de l'ICP, la première exposition consacrée aux *Concerned Photographers* : Werner Bischof, Robert Capa, Leonard Freed, David « Chim » Seymour, Dan Weiner, André Kertész. La deuxième grande exposition aura lieu à Jérusalem en 1973, présentant les photos de Don Mc Cullin, Gordon Parks, Eugene Smith,

Entre 1966 et 1968, le photographe américain Bruce Davidson, né en 1933 dans la banlieue de Chicago, a photographié « *le pire quartier* » de la ville de New York: la centième rue Est à Harlem. Dans un texte intitulé « La vie, de mes yeux, vue... », Bruce Davidson racontait ainsi ces deux années où il a accumulé les portraits en noir et blanc qui constituent un véritable document sociologique : « *J'ai tout photographié, les habitants, leurs maisons, les immeubles en ruine, les terrains vagues, les toits (...) J'appartenais à ce quartier comme le réparateur de télévision. On me demandait de venir photographier les fuites d'eau, les chaudières en panne, les murs lézardés, pour adresser des dossiers au comité de défense des locataires. Je faisais des* photos la nuit, je développais les négatifs avant de m'endormir, et je tirais les épreuves pour le lendemain. Après deux ans de travail, j'eus le sentiment d'avoir terminé. J'avais 2000 photos... Elles furent publiées sous forme de livres et exposées au Musée d'art moderne de New York en 1970. Tous les habitants de la 100e rue Est allèrent se voir...* »

Hiroshi Hamaya, Marc Riboud, Ernst Haas, Bruce Davidson et Roman Vishniac. Dix de ces quatorze photographes ont travaillé pour l'agence Magnum.

Ce mouvement, qui s'est surtout développé aux États-Unis, n'a jamais vraiment touché les photographes français et se trouve aujourd'hui en perte de vitesse, ce qui n'empêche pas nombre de photographes, quelles que soient leurs démarches, de se déclarer « concernés » par les sujets qu'ils traitent. Comme Susan Meseilas lorsqu'elle photographie la révolution sandiniste au Nicaragua : « *Je ne suis pas une militante. Je voulais comprendre, rester longtemps. Pour moi, c'était plus une expérience qu'un travail. J'étais proche du peuple, pas des sandinistes. Beaucoup de photographes passent d'un sujet à l'autre en restant extérieurs. Moi, je ne peux pas. Ce que je vois me touche. Mais il y a une ligne que je n'ai jamais dépassée. Je ne suis pas nicaraguayenne.* » Pourtant, le Nicaragua est devenu l'obsession de Susan Meseilas — un peu comme le désert du Tchad pour Depardon — au point qu'elle doit y retourner, toujours, tout en se demandant comment retrouver les mêmes sensations sur d'autres terrains photographiques.

Reste l'impact, bien difficile à cerner, de l'image sur l'opinion et les pouvoirs. « *La photo est une petite arme pour changer le monde* », a déclaré Henri Cartier-Bresson. Dès la fin du XIXe siècle, les photos de Jacob Riis représentant les taudis de Mulberry Bend, à New York, ont incité Theodore Roosevelt, alors gouverneur de l'État, à les raser sans pour autant se préoccuper des autres *slums* de la ville. En revanche, si certaines photos du Vietnam ont dénoncé l'horreur de la guerre, elles résultaient rarement d'une démarche consciente du reporter. Au dos de son livre sur Minamata, Eugene Smith commentait ainsi la portée de l'image : « *La photographie est tout au plus une petite voix, mais il arrive parfois, pas toujours il est vrai, qu'un seul cliché, voire un ensemble, séduise nos sens au point de déboucher sur une prise de conscience. Tout dépend de celui qui regarde ; certaines photographies suscitent une telle émotion qu'elles engendrent la réflexion (...).* »

« *Ce que tu nommes ghetto, je l'appelle ma maison.* » Cette phrase est en exergue du livre de Bruce Davidson, intitulé « East 100th Street » et publié en 1970. Il ajoute : « *On me dit cela quand je vins pour la première fois dans le quartier Est de Harlem et, pendant les deux ans où je photographiai les gens de la 100e rue, ce mot resta gravé dans ma tête.* »

Le mythe du reporter

Quel rapport y a-t-il entre un reporter salarié d'agence télégraphique qui couvre un sommet Reagan-Gorbatchev, et le regard porté par un photographe de Magnum sur la communauté chinoise disséminée dans le monde entier ? Ils partagent la même passion pour la photographie. Ensuite, tout les sépare. Formations, motivations, profils, démarches, statuts, environnements. Comment aborder la profession, alors que beaucoup s'opposent sur le terme même de photojournaliste ? Ou leur statut, alors qu'on n'arrive plus à les dénombrer ? L'approche sociologique n'est pas aisée, et reste à faire. Et pour cause ! « *Il n'existe pas de profession aussi ouverte, aussi libre, aussi indépendante et variée où cohabitent autant de profils différents* », explique Roger Pic, qui a été un des premiers photographes, dans les années 50, à défendre la profession au sein de l'Association des journalistes

À l'entrée de l'agence Sygma, sur la droite, un club de golf est négligemment posé au-dessus de la télévision. Il appartenait à Alain Dejean, qui l'utilisait pour donner des cours à ses confrères lors du « pot » traditionnel du vendredi soir instauré par Hubert Henrotte. Alain Dejean s'est défenestré le 16 octobre 1981, à l'âge de quarante-six ans. La canne de golf, sa dernière passion, est toujours là. « *Un seigneur.* » Tous ceux qui l'ont côtoyé tirent leur chapeau à ce grand jeune homme qui ne cessait de douter. Cet ancien ingénieur électricien est venu à la photo sur les conseils de Jean-Pierre Pedrazzini, grand reporter à *Match*, blessé mortellement lors des événements de Budapest en 1956. Tout comme Pedrazzini, Dejean avait fière allure. Beau, grand, élégant, il a traversé les agences (Reporters Associés, Gamma, Sygma) comme les terrains journalistiques (guerre d'Algérie, Irlande du Nord, guerre du Kippour,

Vietnam, Liban, Pologne, mais aussi de beaux portraits de cinéma). Il est un des premiers à photographier les *boat people*, en 1978. Le 18 novembre, Alain Dejean est à bord du « Hai-Hong ». Deux mille cinq cents Vietnamiens errent sur le bateau que les autorités de Malaisie ne veulent pas prendre en charge. L'affaire déclenchera des polémiques sur la situation intérieure vietnamienne et révélera l'ampleur du drame des *boat people*.

reporters-photographes et cinéastes (ANJRPC) qu'il a dirigée de 1955 à 1981 et qui comprend à peine 280 adhérents, ce qui en dit long sur l'individualisme qui règne dans ce métier.

Le terme de photojournaliste est né aux États-Unis, pour être ensuite adopté en France où l'on parlait de reporter-photographe. Roger Pic montre combien cette nuance sémantique n'est pas anodine : « *Il y a trente ans, en France, la profession n'était qu'un maquis inextricable. La jungle. Nous étions des "photographes". La notion recouvrait tout, du boutiquier au photographe de mode. Il a fallu mettre de l'ordre et se battre d'abord contre ceux qui tenaient des magasins — les négociants de la pellicule — tout en faisant du portrait familial et quelques clichés pour un journal local. Ils disaient : "Je pars en reportage" et "couvraient" un concours de boules pour un tarif dérisoire. En même temps, ils n'avaient rien à faire du droit d'auteur. Face à eux, on s'est serré les coudes, même si les liens n'étaient pas évidents entre un reporter et un photographe de publicité. Dans un second temps, le grand combat a été de faire reconnaître le reporter comme un journaliste à part entière, et qui doit bénéficier de la carte de presse. Je n'ai obtenu la mienne qu'en 1961. On s'est donc raccroché au terme de photojournaliste. Aujourd'hui, nous sommes reconnus comme tels, et la législation a clarifié les choses. Ce qui est loin d'être le cas dans les autres pays.* »

Une des rares représentations du photojournaliste français a été donnée par Raymond Depardon avec son film *Reporters* (1981), l'auteur privilégiant le côté *paparazzo* du métier — ce qui a soulevé de vives critiques dans le milieu. Que ce soit le film de Depardon ou tous les films de fiction concernant la profession jusqu'à l'image que s'en fait le public, il est indéniable qu'il existe un mythe du reporter-photographe, mi-aventurier, mi-baroudeur, dont la tradition française du reportage en est le principal artisan. Le mythe est né à *Match* dans les années 50, sous l'impulsion d'Hervé Mille et de Jean Rigade. « *Le photographe était roi*, se souvient Patrice Habans, qui est entré au magazine en 1955. *C'était comme un club. Hervé Mille disait que le photographe devait être un ambassadeur. Il a exigé l'élégance, le port de la cravate et la voiture de sport. Le photographe était un véritable gentleman qui sortait de bonne famille, s'habillait chez Berthomieu et n'avait aucune limite dans les notes de frais. Il gagnait le double du reporter "écrit", descendait dans les hôtels de luxe, voyageait en première classe et partait à Nice en voiture avec le guide Michelin. Tous les problèmes d'intendance étaient réglés. Il était servi sur un plateau. À cette époque, tout était possible.* » Le mythe s'est enrichi au Vietnam, où une nouvelle génération de reporters âgés de vingt ans — dont beaucoup de Français — part à la guerre comme on part à l'aventure. Pas besoin de diplômes, pas de hiérarchie sévère comme c'était le cas dans les grands magazines, où l'on commençait au laboratoire en attendant de devenir assistant du photographe. « *À Saïgon, il y avait au moins cent cinquante pigistes à la recherche du "scoop" et qui n'hésitaient pas à partir en première ligne* », se souvient Roger Pic. Comme Catherine Leroy, comme Jack Burlot (Gamma) qui débarque au Vietnam à seize ans

Patrick Chauvel, trente-neuf ans, a la réputation d'être le photographe le plus « dingue » du monde. A Sygma depuis treize ans, il a flirté avec la mort sur tous les théâtres de guerre. « *Il a autant de cicatrices que la Seine a d'affluents. Tout le monde est d'accord pour dire qu'il va là où un tankiste n'oserait pas aventurer son char* », écrivait *Photo-reporter* en août 1984, auquel Chauvel répondait : « *J'ai toujours eu de la chance. La preuve : je suis vivant.* » Il est atteint de quatre éclats d'obus au Cambodge en 1974 (photo ci-dessus, signée Rockoff-Sipa) : « *Tout s'est arrêté d'un coup, le ciel a pris une couleur violette, j'ai entendu les oiseaux chanter plus fort, mon sang coulait sur le sable.* » Yan Morvan se souvient d'un épisode au Liban : « *Je me terrais dans un trou avec Alain Mingam, un journaliste italien, et Patrick Chauvel. Les balles nous passaient au-dessus de la tête. Mingam m'a dit : "C'est fini, j'arrête tout !" Chauvel s'est levé, les yeux rouges, et il est parti au pas de course, en hurlant, derrière des chars qui chargeaient. Un char a explosé. Chauvel a eu un tympan percé. Il nous a juste dit : "J'ai pris mon pied."* »

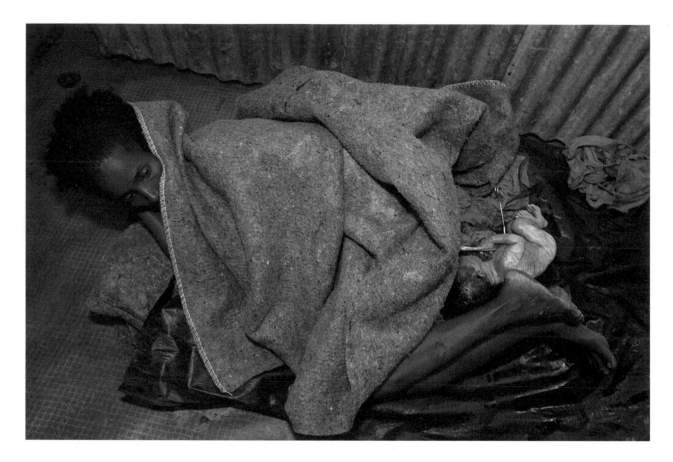

Il ne faut sans doute pas quitter le
regard de cette femme pour soutenir
la vue de la photo prise par Mary
Ellen Mark en Éthiopie en 1986. Née
le 20 mars 1940 à Philadelphie, cette
Américaine est considérée comme
une des plus remarquables photographes actuelles. Membre associé de
Magnum de 1976 à 1981, travaillant
toujours au Leica, elle s'est distinguée en réalisant de longs sujets
documentaires : des femmes internées
dans l'Oregon, les enfants fugueurs
de Seattle, les prostituées de
Bombay, les rites du deuil en Chine
ou Mère Thérésa en Inde. Lors d'un
stage qu'elle animait en Arles en
1988, elle disait, rapporté dans *Libération* : « *Aviez-vous bien les yeux
ouverts lorsque vous avez pris cette
photo ? (...) Une bonne photo triste
ne montre pas la tristesse mais rend
triste celui qui la regarde.* »

et demi. Le baroudeur est né. Les années 70, les agences françaises, le style Caron et quelques films comme *Under Fire* entretiendront le mythe : le photographe est un grand voyageur qui saute d'un conflit à l'autre, qui prend des risques, y laisse parfois sa peau, côtoie les stars et les grands de ce monde tout en gagnant bien sa vie, alors que le métier ne demande pas de formation précise. C'était vrai. La plupart des photographes qui ont débuté à la fin des années 60 ont appris leur métier sur le tas, dans les laboratoires professionnels ou dans les « labos » des agences et des journaux. C'est vrai que le métier de reporter « *était un beau fromage dont tout le monde a profité* », comme l'affirment nombre de photographes d'agence.

Le métier n'est plus florissant

Aujourd'hui, on avoue à Gamma que les revenus annuels des photographes varient entre 150 000 et 600 000 F. C'est vrai encore que la vie de reporter est excitante : « *J'ai connu trois papes, sept présidents de la République, cinquante-sept stars, neuf cents starlettes. J'ai "fait" huit guerres, des dizaines de catastrophes et des centaines de "divers"* », écrit Claude Azoulay, grand reporter à *Match*, dans son livre consacré à François Mitterrand qu'il suit, pas à pas, depuis près de dix ans. C'est vrai que le métier est périlleux, que de nombreux photographes sont morts l'appareil au poing comme Gilles Caron au Cambodge, ou Michel Laurent à la fin de la guerre du Vietnam.

Mais aujourd'hui, « *on n'a pas le droit de faire croire que le métier est florissant* », avoue Alain Mingam, le rédacteur en chef de Gamma, tant les « appelés » se bousculent beaucoup plus qu'il y a vingt ans à la porte des agences. Pierre-Jean Amar est le responsable, avec Jack Burlot, de Gamma-Formation. Il voit défiler cent vingt stagiaires par an qui ambitionnent de devenir reporters-photographes : « *Le mythe est loin d'être mort, même s'il est moins vivace qu'il y a dix ans. Les jeunes rêvent de ce métier alors que la réalité est tout autre. 80 % des stagiaires ne s'intéressent pas à l'information. Ils raisonnent en termes de voyages et de technique photo, et se retrouvent face à des problèmes insolubles. Beaucoup sont capables de faire de belles images, peu de préparer et de monter une histoire. Il existe une quarantaine d'écoles de photo en France. Toutes enseignent la technique, aucune le journalisme. L'enseignement doit tenir compte de l'évolution de la presse et du marché. Par exemple, le jeune débute souvent en indépendant. Il y a vingt ans, il pouvait partir seul au Vietnam. Aujourd'hui, c'est impossible de faire du* news *en dehors d'une agence. Il doit donc apprendre à construire un sujet-magazine en couleurs. On ne donnera pas le talent. Mais je pense qu'on peut former de bons professionnels.* »

Derrière le mythe, il y a les parcours des photographes, tout aussi divers. Faire le portrait de James Andanson pourrait passer pour une provocation si l'on faisait croire qu'il est représentatif de l'ensemble des photojournalistes. Il l'est, et il ne l'est pas. Il l'est, car il a traversé vingt ans de photojournalisme tout en tenant une place non négli-

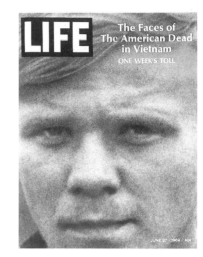

Le mythe du reporter s'est enrichi au Vietnam, et notamment à travers les remarquables mises en page de *Life*. En ouvrant leur hebdomadaire préféré le 27 juin 1969, des millions d'Américains découvrent le prix de la guerre du Vietnam. *Life* publie, sur douze pages, les photos d'identité de 217 des 242 militaires qui ont trouvé la mort dans la semaine du 28 mai au 3 juin. L'inventaire est terrible. Sous chaque portrait, le plus souvent souriant, on pouvait lire le nom, l'âge, le grade, la ville et l'État d'origine de chaque soldat disparu. La plupart des documents ont été récupérés auprès des familles. Un de ces portraits, celui de William Gearing Jr, vingt ans, originaire de la ville de Greece dans l'État de New York, a été agrandi, cadré très serré et publié en couverture. Commentaire de *Life*: « *Plus que le fait de savoir combien, nous devons savoir qui.* »

Le président de la République
Georges Pompidou avec, au premier
plan, son Premier ministre Pierre
Messmer, en 1972 (photo Alain
Noguès — Sygma). Alain Noguès est
le dernier « survivant » de la génération des « seigneurs ». Il découvre
l'image au labo de nuit de Pictorial
Service — où il tire les photos de
Boubat, Charbonnier, Sieff, Doisneau, Haas — apprend le métier aux
Reporters Associés, grandit à
Gamma et photographie toujours le
hot news à Sygma dont il est également actionnaire. Ses cinquante ans,
dont vingt-cinq de métier, il ne pouvait que les fêter sur le terrain, avec
les guérilleros des Philippines. « *J'ai
sorti mes cinq bougies, je les ai col-
lées dans une assiette, et j'ai placé
des biscuits au milieu. Je préférais
être là plutôt que de me "taper" un
gâteau de chez Lenôtre.* » L'homme
est attachant, bourru, sourit rarement, mais se montre vite chaleureux. Journaliste avant tout, il est
aussi à l'aise à photographier une
guerre que pour une remise de tro-
phées du cinéma. Surtout, il est
solide. Dans la même semaine, il réalise un sujet sur les mariniers en
grève — « *J'ai dormi dans 2 mètres
carrés* », part à la Guyanne pour un
lancement de la fusée Ariane, et finit
à Mexico pour « couvrir » un tremblement de terre. « *Tu es une hôtesse
de l'air* », lui a dit un jour Monique
Kouznetzoff. Patrick Aventurier
(Gamma), de vingt-cinq ans son
cadet, ne cache pas son admiration
pour Alain Noguès qu'il a croisé sur
plusieurs conflits sociaux : « *J'ai toujours aimé ce gars. Il s'accroche ! On
dormait dans la même voiture, dans
les mêmes bars.* » Les lancements
d'Ariane sont la passion d'Alain
Noguès. « *Je veux photographier le
lancement de la fusée Hermès avant
de mourir.* » Il a le temps. C'est pour
1999.

geable dans le succès des agences françaises. Il ne l'est pas, car il est l'antithèse d'un photojournalisme d'auteur. Il ne l'est pas, non plus, tant le personnage est excessif dans sa logique extrême. C'est la raison pour laquelle il est attachant.

James, l'Irlandais

Dire que James Andanson tient une place à part au sein du petit monde des photojournalistes va bien au-delà de la formule : reporter, *paparazzo*, actionnaire de l'agence Sygma, mais aussi éleveur, grand ami de Jean-Baptiste Doumeng (le « milliardaire rouge », aujourd'hui décédé), et résidant dans un petit village au centre de la France, James Andanson a traversé vingt ans de photos avec des casquettes multiples. Le personnage est fortement contesté. Pour certains, il est un journaliste qui a parfaitement assimilé le fonctionnement de la presse et qui a le mérite de dire clairement ce qu'il pense ; pour d'autres, il est insupportable, incapable de parler de la photographie autrement qu'en termes « *de produits et de fric* ».

Le visage rond, le cheveu roux qui atteste de ses origines irlandaises, il a tout du paysan, et vit dans « *la ferme la plus moderne d'Europe* » dont le QG est sa chambre équipée d'une pléiade de témoins vidéo qui lui permettent de surveiller ses veaux. Sa ferme modèle a même fait l'objet d'un reportage dans *Paris Match*. James Andanson a le sens des racines et de l'argent. Ses trois tracteurs ont pour nom James 1, James 2 et James 3, et son fils unique s'appelle James junior. Pour lui inculquer le sens de la vie, le premier geste du père a été de mettre un billet de 500 F dans la main du nouveau-né. Étrange bonhomme dont la devise est celle de Mouton-Rothschild, « *Premier je suis, second je fus* », et dont les modèles sont Jacques Anquetil, Jean-Claude Killy et Jean Gabin. Sur un des murs de sa ferme, on peut lire cette phrase d'Anne-Marie Proell, la championne de ski autrichienne : « *Je suis de la race des vainqueurs. Il faut que je gagne ou que je crève. Et je tiens à deux choses : à ma peau et à ma gloire.* » C'est sûr, Andanson aime la compétition, et il n'aime pas perdre.

« *Moi, je fais du fric.* » La formule a le mérite de la franchise. Ou encore : « *Dans tout ce que j'ai touché, j'ai gagné partout.* » Déjà, quand il couvrait les petits matchs de foot de division régionale pour *le Parisien Libéré*, il en suivait trois « *quand les autres n'en photographiaient qu'un. J'avais six parutions sur huit et je "baisais" tout le monde* ». À vingt et un ans, il entre « *en dix-septième position* » à l'agence Apis. « *Grâce à mes parents et à ma grand-mère, j'ai acheté ce qu'il y avait de plus cher chez Nikon. Après ma première saison d'hiver, je suis passé "quatrième" chez Apis.* »

Même s'il affirme que « *l'ABC du métier, c'est avoir quinze cartes de crédit* », ses notes de frais sont limitées au strict minimum — « *pas plus de 200 F par jour* » — alors même qu'il a côtoyé les plus grands de ce monde. Pendant dix ans, il suit le « Palmarès des chansons » de Guy Lux et prend contact avec le monde du spectacle. « *J'étais le seul à*

Alain Noguès est un des rares photographes dont une photo a été publiée à la fois en couverture de *Newsweek* (novembre 1985) et de *Time* (juin 1987) : un portrait de Gorbatchev réalisé lors de sa visite à Paris en octobre 1985. « *Je l'ai fait à cinq mètres, au "420", pellicule Ektachrome 64, 250ᵉ de seconde, ouverture 5,6. Bien sûr que je m'en souviens ! Ce serait malheureux !* »

Auteur de cette photo prise lors des Jeux olympiques de Los Angeles en 1984, Gérard Vandystadt est, à quarante ans, le directeur, rédacteur en chef, et photographe de l'agence de sport qui porte son nom et qu'il a créée en 1977. Gérard Vandystadt va vite, travaille « *18 heures par jour* », et anime une équipe de vingt photographes, réalisant un chiffre d'affaires de 9 millions de francs par an dans un secteur en pleine expansion. Ils sont maintenant cinq cents photographes à se retrouver lors des grands événements, serrés comme des sardines, où « *sortir son mouchoir devient une véritable galère* » ; où pour assister à une finale olympique, il faut se préparer dès 5 heures du matin alors que la course a lieu à 14 heures. Le sport est aujourd'hui affaire de spécialistes, qui s'appuient sur un matériel sophistiqué : « *Les objectifs 200 mm ont laissé la place aux 400 mm ; j'ai un appareil qui peut prendre 14 images à la seconde, soit une pellicule en 2,5 secondes. On bouffe beaucoup plus de films. Six cents pour le Tour de France, vingt pour un grand match de football. J'ai déjà installé des éclairages de 36 000 jouls — dans un stade ou une salle mal éclairés — reliés à mon appareil. Sur une arrivée du 100 m, j'installe quatre boîtiers, auxquels je suis relié par radio et que je fais fonctionner avec mon pied. A Los Angeles, j'ai même vu un Américain installer un perchoir avec douze appareils dessus. Un vrai sapin de Noël !* »

faire cette *"soupe"* tous les jeudis soir ; un chanteur, c'est comme une lessive : quand elle ne vaut plus rien, on la jette. » Mais pendant dix-sept ans, il sera le photographe de Sheila et, tous les lundis soir, il est à l'Olympia, « *à droite, quand on regarde la scène* ». Un jour de 1968, le patron de Apis cloue au mur un de ses reportages : « *Quatre films couleurs pour ça, c'est trop !* » Andanson lui aurait répondu : « *O.K. ! Ma note, ce soir !* »

Parti de Apis, James Andanson se souvient alors d'un épisode fameux avec Raymond Depardon. Quelques mois auparavant, ils se sont rencontrés à Val-d'Isère pour photographier la princesse Anne d'Angleterre. C'était au premier arrivé à l'aéroport de Genève pour rapatrier les films en France. « *Depardon possédait une voiture plus rapide que la mienne ; il était devant. Soudain, je le vois au bord de la route, faisant des grands signes. Il avait crevé. Je ne me suis pas arrêté et il a loupé l'avion. Quand je l'ai retrouvé, il m'a dit : "Tu vois, James, si tu veux venir à Gamma, je te prends !" C'est ça Depardon. La grande classe. Pour moi, c'est Monsieur Depardon ; un maître. J'ai dû le rappeler 250 fois. Je m'en souviens encore : Fontenay 33.79. Et il m'a engagé à Gamma.* »

À Sygma depuis sa création, il a accumulé faits divers, planques et portraits de personnalités du spectacle, puis a progressivement limité son activité de photographe aux seules saisons à Saint-Tropez l'été et à Gstaad l'hiver, consacrant la plupart de son temps à l'élevage : « *La seule chose qui compte dans ce métier, c'est le "fric". Je sais que je fais souvent de la "merde", que je ne fais pas le même métier que Cartier-Bresson, mais j'ai fait de sacrées belles "plaques" et j'ai mis un "gros doigt" à beaucoup de monde. Moi, c'est clair : je réalise, avec mes "saisons", un chiffre d'affaires de 240 millions de centimes par an. J'en laisse la moitié à l'agence plus 20 millions de frais et 26 millions pour les impôts. Je sais que beaucoup de photographes, notamment ceux qui suivent les personnalités* du show business, *refusent de dire ce qu'ils gagnent. Parce que c'est énorme. Ils manquent de classe.* »

En 1988, James Andanson s'est remis à bosser comme un fou. Comme un joueur de poker qui a besoin de se refaire. Il enregistre ses rendez-vous sur un carnet électronique tout en fumant des « barreaux de chaise », havane pur : « *À 15 heures, je dois faire telle photo.* » Tout est programmé. Il affirme avoir envie de poursuivre ses « saisons » jusqu'à l'âge de soixante-dix ans. À quarante-deux ans, James Andanson a de la marge. Les jeunes ? « *Ce sont des Tintin avec un appareil sur le dos. Des Mickey. Je suis prêt à me battre.* »

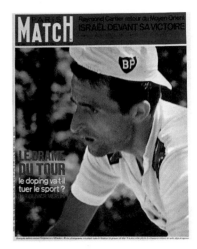

« *Quelques mètres encore, Simpson va s'effondrer. Notre photographe remontait, dans le Ventoux, le groupe de tête. Il a pris cette photo du champion encore en selle.* » Telle est la légende qui accompagnait la couverture de *Match*, consacrée à la mort du coureur cycliste Tom Simpson, survenue le 23 juillet 1967 dans l'ascension du mont Ventoux, et provoquée par l'absorption de produits dopants.

8
Paparazzi

Aucun nom, aucune anecdote, aucune légende. Rien. Lorsque Jean-Jacques Naudet, le rédacteur en chef du magazine *Photo*, découvre les images de Jackie Onassis nue, leurs conditions de publication sont draconiennes. Il est à Rome, dans les bureaux de Settimio Garittano, un des principaux *paparazzi* de la ville éternelle. Au mur, un portrait géant d'Aristote Onassis et de la veuve de John Kennedy en compagnie de Garittano. Le « coup » que Naudet tient entre les mains est remarquable. Le couple vit retiré, voire retranché, depuis leur mariage, en 1968, sur l'île de Skorpios, en Grèce.

Certains spécialistes de la photo traquée affirment que les documents ont été pris par un pêcheur, et qu'il aurait vendu les images pour une bouchée de pain au *paparazzo* italien. D'autres, que le pêcheur était un photographe déguisé. Jean-Jacques Naudet osera-t-il publier ces images ? Un magazine italien n'a pas hésité. Mais la presse française est moins audacieuse. « *Ça n'a pas été un problème de trouver le reportage*, explique le journaliste, *tous les magazines français pouvaient l'avoir. Tous ont eu peur du procès. Même* Paris Match. *Nous étions en fait les seuls à pouvoir publier ces images. Je dirais même qu'à la limite* Lui *ne pouvait pas le faire. Ces photos s'inscrivaient bien dans notre volonté de faire évoluer, bouger le paysage photographique en France.* »

Jean-Jacques Naudet avance un dernier argument : « *Les "vedettes" usent et abusent de la presse quand ça les intéresse, mais opposent une chape de plomb quand ça les "emmerde". Et Jackie Onassis, au début des années 70, faisait rêver.* » L'histoire veut que le couple Onassis a beaucoup ri à la vue des images... tout en faisant peser les pires menaces sur le photographe.

Une invention de Fellini

Au moment de tourner *La Dolce Vita* en 1959, Federico Fellini se souvient d'un de ses camarades d'enfance à l'école communale de Rimini. Il s'appelait Paparazzo, était Napolitain et parlait très vite. « *Son nom m'est revenu ; sa consonance me semblait parfaitement correspondre à l'impression d'insolence, d'agressivité et d'ennui du personnage* », racontait Fellini au magazine *Photo* dans le numéro consacré à Jackie Onassis en 1973. Le *paparazzo* était né. A Rome, avec sa Vespa, son costume sombre, ses méthodes dites d'*assolto* (assaut) et de « forcing », son flash qui illuminait les nuits de la via Veneto, devant l'Excelsior ou le Grand Hôtel.

Le film de Fellini crée une véritable profession : ils sont une quaran-

« *250 hectares et 10 km de routes surveillés jour et nuit par des gardes armés. Au centre de l'île, une somptueuse villa. À l'écart de la plage, la "taverne" qui sert de vestiaire. C'est là que Jackie Onassis fut surprise, se séchant au soleil... Plusieurs photographes avaient tenté de débarquer sur l'île interdite. Chaque fois, ils furent refoulés. Deux ou trois d'entre eux, même, faillirent périr noyés* », peut-on lire dans un court texte qui accompagne les images publiées par *Photo* dans son numéro de mars 1973. L'impact de ces images aux couleurs pastel fut énorme pour un magazine spécialisé.

Caroline de Monaco, tout comme sa
sœur Stéphanie, vit depuis toujours
entourée de *paparazzi*. Âgée de seize
ans, la princesse de Monaco est photographiée par Daniel Angeli alors
qu'elle est en train de faire ses
courses à Paris. Dans leur livre intitulé *Paparazzi*, Bruno Mouron et
Pascal Rostain expliquent:
« *Monaco, c'est Dallas. Notre gise-
ment pétrolifère s'appelle Grimaldi,
une entreprise familiale dont nous
tirons des bénéfices substantiels (...)
Un jour, Grace va chez Habitat
acheter de la vaisselle, des lampa-
daires, des bricoles indispensables
pour monter le ménage de sa fille. Je
circule dans les travées du magasin
et la princesse Grace se dirige vers
moi, m'aborde à la bonne franquette:
— 'Tenez, pour la première fois de
votre vie, vous allez vous rendre
utile... Pouvez-vous porter ces
paquets ?'* Bien joué* ». Même Albert
n'a pas échappé à cette équipe de
choc. Celui qu'ils qualifient de
« *prince empoté de la principauté (et
qui) décourage tous les paparazzi* » a
fait son service militaire dans la
marine, sur le *Jeanne d'Arc*. Voilà
comment nos deux reporters s'y sont
pris pour « traquer » le prince: « *La
tradition de la royale veut qu'au passage de l'équateur, il y ait un bizu-
tage d'enfer. Je vais tenter d'obtenir
des photos du prince peinturluré en
train de faire le clown dans un
baquet (...) Je vais de bar en bar. Je
finis par tomber sur des marins de la
Jeanne. Parmi eux, il s'en trouve un
pour jouer au marin malin et faire
des photos à bord ; je lui paie un
Nikon autofocus qui ne nécessite
aucun réglage technique. C'est un
peu de moi qui va embarquer clan-
destinement.* »

taine à battre les trottoirs de Rome, le plus souvent à visage découvert. On est encore loin des interminables « planques » plus ou moins
sophistiquées. *Photo* décrit ainsi leur méthode : « *Un couple étant
surpris, un photographe fait le guet, un autre crève les pneus de la
voiture, un troisième va au-devant de l'inévitable bagarre... et enregistre la scène. Gain : de 1 à 6 millions de lires.* »

Leur sale réputation date de ce temps-là, anecdotes et légendes à
l'appui venant noircir le tableau. C'est d'abord Federico Fellini en
personne, leur père spirituel, qui affirme « *qu'il n'y a pas de bon*
paparazzo. *Un bon* paparazzo *est celui qui a son appareil cassé. Ce
sont des bandits, des voleurs d'images* ». Il y a ensuite ces fameuses
histoires de célébrités excédées, qui semblent attester que le *paparazzo* n'est qu'un prédateur ne lâchant jamais sa proie : la reine
Juliana des Pays-Bas tirant à l'arc sur un chasseur d'images trop
pressant ; Marlon Brando cassant une bouteille sur le crâne d'un
autre ; Richard Burton faisant de même avec le cric de sa voiture. On
ne compte plus les anecdotes de ce genre, aboutissant parfois jusqu'au
procès pour atteinte à la vie privée.

Des brutes les *paparazzi*? Justifiés leurs surnoms de « voyous » et
de « rats »? Allons donc! La légende est tenace, bien entretenue à
coup d'anecdotes croustillantes. La réalité est plus nuancée. C'est
d'abord oublier que les « vedettes » traquées sont plus ou moins
consentantes ; que ces photographes ne font que répondre à une
demande de la presse et du public ; que le *paparazzo* est surtout une
façon de travailler qui s'applique à tous les domaines du journalisme
— « *c'est même le fondement du photojournalisme* », affirme Goksin
Sipahioglu ; que toutes les agences y ont recours ; que tous les
photographes, à un moment donné, ont joué au *paparazzo*. Enfin,
concernant la « traque des stars », reprenant une formule fameuse
du journaliste Philippe Simonnot, « *une information " pure " ne peut
être qu'une information volée* », on peut se demander si les *paparazzi*
n'apportent pas une certaine fraîcheur à un terrain d'investigation
par nature dérisoire. Nous y reviendrons.

« Qui c'est ce Angeli ? »

Contrairement à ce que semble penser Fellini, il y a *paparazzo* et
paparazzo. Ceux qui sont prêts à tout pour « tenir » leur image et les
autres. Ceux qui sont prêts à photographier le cadavre du fils de Romy
Schneider à la morgue — comme l'a fait un photographe d'une grande
agence parisienne — et ceux qui refusent de franchir certaines
limites. Daniel Angeli fait partie de ces derniers. Quand on passe en
revue ses « scoops » réalisés en vingt-cinq ans de métier, on découvre
des images douces, jamais méchantes ni sordides, où l'on sent, parfois,
une « complicité » entre le photographe et ceux qu'il a traqués. « *Mais
dites-moi, qui c'est finalement ce Angeli ?* », aurait demandé Hubert
Henrotte à un des photographes de Sygma, après un joli « coup »
réalisé par le *paparazzo*.

A quarante-cinq ans, Daniel Angeli a déjà une belle carrière der-

« *Tout récemment, c'est la princesse
Caroline de Monaco qui, sur un
bateau qu'elle croyait isolé, a été surprise au téléobjectif dans le simple
appareil d'une beauté s'offrant aux
rayons du soleil* », écrivait, avec
verve, Raymond Lindon dans ses
observations qui accompagnaient la
publication d'une décision de justice
en 1980. Les Grimaldi ont poursuivi
Daniel Angeli, l'accusant d'avoir pris
cette image parue dans *Photo*. La
famille a été déboutée. Motif : rien ne
prouve que leur auteur est bien le
reporter français. Ce document a été
de nouveau publié en mai 1988 par le
mensuel italien *Gente Mese* (en
haut).

Albert de Monaco et les *paparazzi*.
Photo parue dans *Life* en janvier
1984 (ci-dessous).

Pour cette série de photos de Romy Schneider nue, prise par Daniel Angeli au large de Saint-Tropez, le magazine *Photo*, qui les a publiées en novembre 1977, a été condamné par la cour d'appel de Paris à verser à l'actrice 20 000 F de dommages-intérêts pour atteinte à l'intimité de sa vie privée et à son droit sur son image. Motif: « *Un bateau revêt le caractère d'un lieu privé lorsque ne se trouvant plus à proximité d'une plage ou d'un port mais au large, toute personne à bord, si aucune embarcation n'évolue dans le voisinage, est fondée à se croire à l'abri des regards d'autrui.* » Daniel Angeli raconte: « *On a planqué avec James Andanson de Sygma pendant six heures dans les rochers. Andanson était comme le rouge du logo de Match !* » L'agence Sygma, pour sa part, n'a pas diffusé les images prises par son reporter.

rière lui. A l'âge de quinze ans, il découpe des journaux à *Jours de France*. A seize ans, il entre à l'agence Dalmas. *« J'étais au fond du labo. Je passais la serpillière. »* A dix-neuf ans, il prend ses premières images : il suit — déjà — les personnalités du spectacle. Labo le matin, « soirées » et « planques » la nuit. *« J'étais cuit, je dormais parfois dans le laboratoire, mais j'avais vraiment la folie de faire des images. »* Il travaille au Rolleiflex et côtoie Depardon pour qui il gardera une grande estime.

Muté à Orly, le jeune photographe voit les « vedettes » arriver et partir. Il prend la photo du couple Richard Burton-Liz Taylor après *« leur première retrouvaille »,* mais aussi Édith Piaf deux mois avant sa mort, et surtout un accident d'avion où il est « exclusif ». Cent trente-neuf morts. Il « prend du cadavre », et en gardera une allergie pour ce genre de photos. *« Dalmas était content. Il m'a donné une semaine de vacances et une prime de deux mille francs. Dérisoire! Quand je pense que l'agence était située à l'angle de la rue de La-Grande-Truanderie, ça ne s'invente pas! »*

A vingt-trois ans, Daniel Angeli quitte Dalmas et travaille en indépendant. Il monte un labo dans sa salle de bains et fait ce qu'il sait faire : planques, soirées. Il *« fait le "rat" »* : on disait qu'il y avait tellement de photographes, qu'il devait même y en avoir dans les poubelles. Les matinées sont consacrées aux planques : début, dès 10 heures au Plaza-Athénée. La nuit, il fait sa « tournée », qui le conduit dans toutes les soirées mondaines : Maxim's, la Tour d'Argent, l'Ile Saint Louis, le *Jimmy's,* Castel, le Privé. Angeli « tourne » entre 20 heures et 3 heures du matin, recueillant des informations auprès des portiers, des voituriers et des dames des vestiaires. Il travaille, comme on disait, *« à 2 m 50 — 5,6 »,* ce qui correspond à la distance et à l'ouverture du diaphragme.

Angeli n'est pas seul. Autour de lui, certains ont commencé comme chasseurs d'autographes, demandant aux « vedettes » leur signature, avant de leur « tirer le portrait ». L'événement ne se passe pas seulement à l'extérieur, sur le trottoir. Le reporter est parfois admis aux dîners mondains. James Andanson, de Sygma, va jouer un rôle essentiel dans les soirées parisiennes : *« J'ai imposé les tables de photographes dans tous les lieux importants de Paris : Maxim's, le Moulin Rouge, l'Opéra, le Casino. Je disais : "* Pas de table? Pas de photo!". »

Daniel Angeli regrette cette époque où le photographe était respecté, où il n'était pas considéré comme un « voyou » : *« Aujourd'hui, c'est fini. On passe dans les salons, et on a juste droit à dix minutes pour travailler. C'est ridicule. Même chose pour le festival de Cannes. J'en ai vingt-deux derrière moi. Je ne supporte plus d'être tiré par le costume par un videur. C'est devenu une horreur. J'ai l'impression de couvrir une " manif " à Paris. Il faut même se battre pour gagner une marche sur l'escalier du Palais. »*

Aujourd'hui, Daniel Angeli est à la tête d'une agence qui porte son nom et qui réalise un chiffre d'affaires annuel de 9 millions de francs. L'équipe comprend quatre photographes, plus trois collaborateurs extérieurs. Bertrand Rindoff-Petroff a pris le relais dans les soirées parisiennes. *« Rindoff est un véritable Bottin mondain. Moi, j'ai*

Romy Schneider and her husband Daniel Biasini on their boat, Cap Canenuf (1977).

Sous la publication de l'arrêt concernant les photos de Romy Schneider nue, on peut lire ce commentaire, non dénué d'humour, de Raymond Lindon : *« Sera-t-il permis de rappeler que, pour des faits analogues, la Cour de Paris, le 14 mai 1975, avait alloué à Mme Catherine Deneuve 10 000 F ?* (Romy Schneider avait obtenu 20 000 F, NDA.) *À quoi attribuer cette différence ? À la dégradation de la monnaie ? À une plus grande considération pour l'anatomie de Mme Romy Schneider ? Probablement plus simplement à ce que, dans le domaine du nu intégral, l'échelle des valeurs n'est pas encore fixée. »* L'agence Angeli, pour sa part, a réalisé près de 50 millions de centimes de ventes avec cette série de Romy Schneider qui a été publiée dans un livre intitulé *Private Pictures,* paru à Londres en 1980 (ci-dessus).

En mars 1988, le duo Angeli-Andanson se trouve dans la station de Closters en Suisse allemande pour « suivre » les vacances de Lady Di, Sarah Ferguson et du prince Charles. Un ami très proche de ce dernier va trouver la mort dans une avalanche. Daniel Angeli raconte: « *La veille du drame, le prince Charles réunit un "photo call", un rendez-vous pour tous les photographes, afin qu'on le laisse tranquille par la suite. Ne restent que ceux qui cherchent des photos "différentes": Georges Dekeerle, le correspondant de Gamma en Grande-Bretagne, Mauro Carraro, un redoutable Italien installé également à Londres pour le quotidien News of the World, James Andanson, et moi en tandem avec Jean-Paul Dousset. Charles nous supporte mais déteste qu'on le suive. La journée avait mal commencé: Sarah, enceinte, était tombée le matin dans un ruisseau. Ça vaut 20 "briques" en Angleterre. Le prince Charles skiait sur une piste noire très dangereuse, connue pour ses têtes de mort placées en haut de la pente. Il est 15 h 30, par — 15º, à 2 300 mètres d'altitude. Au départ d'une benne, à 200 mètres de nous, je vois* un hélicoptère dans la neige. Je vise dans mon 600 mm. Je reconnais Charles de dos. Ça dure trois secondes. Carraro cherche son appareil et me demande: "Tu vois quelque chose?" Je lui dis que non. Lorsque je vise la seconde fois, la civière apparaît avec Charles de côté, puis de face. Il pleure (à gauche sur notre photo). Je déclenche. Moteur. J'envoie la "purée": 15 photos. Carraro, affolé, "shoote" sans rien voir. Je me demande qui est mort. "Tu crois que c'est Charles?", me demande-t-il. Je pense que c'est Diana ou Sarah. Ce sera l'écuyer de la reine. Mais le "scoop", c'est Charles qui pleure. Avec Carraro, nous sommes les seuls à avoir les images. Lui en 400 Asa noir, moi en 100 couleurs. On se fait de l'"intox" dans la benne qui nous ramène à la station. L'histoire est devenue un "coup de news". Andanson était resté à la station. Beau joueur, il me dit: "OK, je fais ton secrétaire!" Les journalistes anglais avaient débarqué de Londres dans la soirée. Le téléphone sonnait tout le temps. Il y avait une cinquantaine de personnes dans ma chambre. La folie. On me fait des propositions à 60 "briques". Il faut se méfier du* plus offrant. Est-ce que ce sera honoré? Il faut surtout que je neutralise Carraro. Le grand "troc" commence. Je dis au représentant de News of the World: "Je te vends mes photos 40 "briques", mais tu bloques les photos de Carraro pour la diffusion à l'étranger." Il marche. Au total, on fera plus d'1 million de francs de ventes.* »

" mes " personnages alors que lui connaît bien toute la jeune généra-tion », explique Daniel Angeli qui préfère travailler hors de Paris, lorsqu'il ne s'occupe pas de son agence : trois semaines en mai pour le festival de Cannes, deux mois l'été à Saint-Tropez, quinze jours à Deauville pour le gala des courses et le festival du cinéma américain, trois mois l'hiver à Gstaad. Et comme il dit, *« il n'y a pas deux années qui se ressemblent »*.

Saint-Tropez l'été, Gstaad l'hiver

Avec son *« copain »* James Andanson, Daniel Angeli a inventé ce qu'on appelle les saisons. Les images ne tombant pas toutes crues dans les bacs des laboratoires, il faut aller les chercher. Là où l'on trouve une concentration impressionnante de personnalités au kilo-mètre carré. Saint-Tropez l'été, Gstaad l'hiver.

Daniel Angeli et James Andanson. Le « couple » est d'une efficacité redoutable. Voilà près de quinze ans qu'ils écument les plages de sable de Pampelonne et les pentes neigeuses de la station suisse. Entre eux, la concurrence est sévère, *« mais on a compris qu'on pouvait bloquer le marché à tous les deux »*, explique James Andanson. La saison d'été débute le 15 juin et dure jusqu'au 15 août avec la fameuse « soirée blanche » donnée par Eddy Barclay. Les lieux stratégiques sont immuables : Le Gorille, le matin, un point de vue idéal sur le vieux port pour voir qui est à Saint-Tropez ; Le Café des Arts le soir, où l'on retrouve Eddy Barclay ; le Club 55 dans la journée, sur la plage de Pampelonne, *« où j'ai ma table réservée »*, affirme James Andanson.

Tous les matins, démarre la valse des hélicoptères, au-dessus du Vieux Port. *« Il peut y en avoir jusqu'à cinquante par jour*, affirme Daniel Angeli, *le grand jeu, quand on n'a rien à faire, est d'aller voir qui arrive. Neuf fois sur dix, ce sont des "gogos", des gens inconnus. »* James Andanson se souvient de sa première saison d'été : *« C'était en 1968, j'avais une 2CV et une tente installée sur le camping Kon Tiki. Je planquais Bardot et Gunther Sachs. Rien qu'avec Bardot, tu payais tes frais pour la saison. »*

Il est de bon ton, notamment pour les familles royales ou princières, de skier en Suisse ou en Autriche, que ce soit à Saint-Moritz, Zermatt, Wengen, Lech-Oberlech ou Closters. Depuis vingt ans, Gstaad est le point central des *paparazzi* sillonnant les routes verglacées de la région, à l'affût d'une chute malencontreuse de lady Di ou de Caroline de Monaco. Gstaad, c'est le grand plaisir de Daniel Angeli, jamais autant heureux que sur des planches, skieur expérimenté, l'appareil bien visible rejeté dans son dos : *« C'est plus dangereux que si je le mettais dans un sac, mais bien plus pratique. »* Depuis vingt ans, Angeli y réside trois mois à partir du 20 décembre.

Gstaad, c'est aussi *« le village le plus extraordinaire du monde »*, selon James Andanson qui y séjourne depuis vingt-deux ans et qui y a réalisé, le 19 décembre 1967, son premier « scoop » de *paparazzo*, alors qu'il venait juste d'entrer à l'agence Apis. Douze heures de voiture pour rejoindre la station où venaient de se marier Gunther

Brigitte Nielsen arrive à Saint-Tropez en août 1987. Son divorce avec Sylvester Stallone est en cours. De « Rambo », elle a dit à la presse qu'« *il était nul au lit »*. Nielsen vaut donc très cher. Toute la stratégie du tandem Daniel Angeli - Jean-Paul Dousset sera d'éloigner les autres *paparazzi*. Angeli fera diversion (« *le pigeon* », comme il dit), Dousset prendra les photos. Ils la « plan-quent » à l'hôtel. James Andanson, de Sygma, tombe sur eux par hasard. Ils lui disent qu'ils « traquent » Anthony Delon. *« Ça ne vaut pas un clou »*, leur répond Andanson, et il s'en va... Pendant qu'Angeli ira rejoindre les autres photographes, sur le port, pour ne pas les inquiéter, Dousset suivra Brigitte Nielsen accompagnée de son nouveau *boy friend* : *« J'étais sur la plage, en maillot de bain comme un touriste, à 20 mètres de Nielsen avec un 600 mm. Idéal. Comme je connais bien les plagistes, j'ai fait descendre tous les parasols de 20 cm. »* La série "fera" 50 millions de centimes de chiffre d'affaires.

À dix ans d'intervalle, Daniel Angeli a photographié, dans des conditions pour le moins différentes, Giovanni Agnelli, le tout-puissant patron de la Fiat. En 1976 d'abord, « traqué » sautant nu dans l'eau au large de Saint-Jean-Cap-Ferrat. La photo lui a tellement plu qu'il l'a accrochée dans son bureau. Sur rendez-vous ensuite, en juillet 1985, dans sa somptueuse résidence de la villa Perosa, à 70 km de Turin.

Sachs et Brigitte Bardot. Il arrive dans la nuit, fatigué, et s'endort dans la voiture. « *Quand je me suis réveillé, à 8 heures moins le quart, Bardot était assise sur le capot de ma voiture! Un rêve! Je me suis dit : "Putain, elle est là!" J'ai suivi leur Mercedes 180 CE grenat et j'ai "planqué" leur chalet. Près de cinq heures dans la neige. J'étais trempé. Mais je les ai vus sur le balcon s'embrasser sur la bouche. J'étais certain d'avoir ma "plaque"! Alors je suis allé à leur rencontre et je leur ai demandé cinq minutes pour prendre une photo.* »

Onassis, dit « Ari »

Deux grandes périodes ont marqué l'activité du *paparazzo* pour ces vingt dernières années : la « saga » Onassis et la « saga » Monaco. Aristote Onassis, né à Smyrne en 1902, tour à tour standardiste, importateur de tabac, fabricant de cigarettes, consul général de Grèce en Argentine, armateur à partir de 1936, est mort à Paris en 1975 après avoir eu, comme on dit, une vie bien remplie, qui croisa souvent les objectifs des photographes plus ou moins indiscrets, beaucoup plus intéressés par ses compagnes successives aux noms prestigieux que par la qualité du pétrole transporté par ses super-tankers. « *Ce mariage est un scandale!* » Le 20 octobre 1968, Aristote Onassis épouse Jackie Kennedy sur son île de Skorpios. Le « clan » américain n'apprécie pas. Le travail des *paparazzi* commence.

La Callas, Jackie Kennedy. Deux femmes, et pas n'importe lesquelles, ont traversé la vie de l'armateur grec. Paris est souvent le lieu privilégié de ses passions. Aristote Onassis habitait avenue Foch; la Callas, avenue Georges-Mandel, toute proche. Daniel Angeli garde un souvenir ému de ses relations avec le milliardaire : « *Il était "grandiose" avec moi. Il me faisait signe, me donnait des "coups", il marchait devant moi, pissait contre un arbre et me disait :* " *C'est con, t'as pas la photo!* " *Je l'appelais "Ari", et son chauffeur me donnait ses cigares. J'ai été le premier à connaître sa liaison avec la Callas. 100 briques de ventes.* »

Francis Apesteguy, de l'agence Gamma, est passé par l'école *paparazzi*, et notamment chez l'agence Angeli. Il se souvient de la période Onassis comme d'une « *époque extraordinaire. Entre nous, on se disait :* "*On va sur la Callas, on fait du Onassis, tu passes chez Deneuve.*" *On regardait s'il y avait du courrier dans la boîte aux lettres, si le chauffeur était là. C'était les années 70, le temps des accords tacites avec les "vedettes", le temps des "tournées" : Plazza, George V, l'Orangerie, Maxim's, Régine; toujours à l'extérieur, plus ou moins planqués. Le temps des "coups de flash" dans les fenêtres des voitures, des empoignades avec les gardes du corps, des "courettes", c'est-à-dire des poursuites en voiture; un jour, j'ai réussi à m'intercaler entre celle de Jackie et celle du FBI. C'était un jeu. Un autre jour, je suis rentré, avec ma Simca, dans la Rolls Royce de Christina Onassis. On n'a pas fait de constat. C'était l'euphorie.* »

Aristote Onassis ne voyait pas vraiment l'intérêt de ce type de photos. « *Vous êtes des "clodos"* », lançait-il aux *paparazzi*. Il n'ima-

« *Qui c'est, l'artiste ?* », a demandé Giovanni Agnelli à la recherche de Daniel Angeli qui le « traquait », « *Ne travaillez pas comme ça! Demandez-moi un rendez-vous.* » Se retrouvant face à face à Turin, le patron de la Fiat l'apostrophera ainsi : « *Alors, c'est vous le roi des photographes ? Entre nos deux noms, juste un "n" nous sépare...* » Les photos seront, entre autres, achetées 60 millions de lires par le groupe de presse Rizzoli (*Corriere della Sera, Oggi*) qui appartient à Giovanni Agnelli. Avec leur vingtaine de photographes, ces différents journaux auraient pourtant pu réaliser gratuitement les photos de leur patron...
La série réalisée à Saint-Jean-Cap-Ferrat par Daniel Argeli sera notamment publiée dans son livre *Private Pictures*, paru à Londres en 1980 (ci-dessus).

Caroline n'a jamais connu ses bonheurs. Ils passent des heures seuls, dans une petite crique exclusive au bord du Pacifique.

Ils cachent leur romance dans une île du Pacifique

CAROLINE ET VILAS

A vingt ans, elle incarnait tous les rêves. Mais, trois ans plus tard, Caroline n'offrait plus qu'un visage désolé. Elle sortait profondément blessée d'un mariage raté. Trop longtemps, la princesse de Monaco s'était laissée porter par les événements. Si sa carapace paraît encore bien tendre, à 25 ans, elle semble partie pour une vraie romance avec Guillermo Vilas, le tennisman-poète. Ils sont allés très loin dans une île du Pacifique, pour cacher leur idylle mais ceux qui les ont vus peuvent témoigner de leur bonheur...

Dans son numéro du 2 juillet 1982, *Paris Match* révèle à ses lecteurs la liaison entre Caroline de Monaco et le tennisman argentin Guillermo Vilas, qui était à l'époque un des tout premiers joueurs du monde. Le couple célèbre s'est retiré sur l'île de Maui, à côté d'Honolulu. Dans leur livre *Paparazzi*, Bruno Mouron et Pascal Rostain, les auteurs de ce « scoop », racontent : « *Il nous fallait un bateau pour arriver par la mer (...) Le bateau mouille à cinquante mètres du rivage. (...) Les voilà ! (...) Je descends me planquer dans la cabine, je braque mon télé derrière un hublot. (...) Vilas embrasse Caroline, l'enlace, la caresse. Youpie ! Je shoote comme un damné. La photo du siècle à portée de main : Caroline montre son cul à son champion, je m'affole, j'ai franchement la trouille de foirer techniquement. Le bateau tangue, roule, instable, et je dois viser au millimètre près avec mon gros télé. L'angle est hyper-rétréci. Je mitraille. Frénétique. Clac, clac, clic. (...) On passe deux heures, trois heures à* mitrailler le couple de l'année. (...) Ils s'embrassent comme des insatiables, je shoote insatiablement. (Plus tard, sur les photos, on pourra croire qu'elle est alors enceinte — Vilas lui caresse le ventre, doucement — ; un tirage montre une caresse plus intime, et une personnalité demandera une épreuve spéciale de ce tirage pour sa collection privée.) Je fais photo sur photo, au téléobjectif de 300 millimètres. Prudent, je n'utilise pas le moteur, trop bruyant. (...) Les vingt films sont parfaits. Le chef du service photo du journal les met sous cache et prépare une projection pour les grands chefs. Un noyau de quatre ou cinq personnes, l'état-major. Le journal a peur que quelqu'un parle. (...) Le directeur artistique, un malin, fait imprimer une fausse couverture du journal pour égarer les soupçons éventuels. Le journal a paru. Par la suite, trente-quatre couvertures dans le monde. La pêche miraculeuse !* »
Michel Dufour (agence Laszlo Veres), pour sa part, raconte son échec : « *Ça faisait un an que je "tenais l'info". J'ai "planqué" le couple comme un fou mais ils ont fait un sans-faute. Jusqu'au "coup" de Match. Quand j'ai vu le magazine, j'ai eu envie de tout casser. C'était une claque pour nous.* »

ginait pas que ça pouvait se vendre. Et cher. Une simple photo, signée Angeli, de l'armateur en train de promener son chien a fait un chiffre d'affaires de 80 000 F en 1972. « *Je lui ai montré un jour mes parutions,* raconte Daniel Angeli, *il m'avait dit : " Ton ' truc ', c'est de la merde !" Quand il a vu Stern, Match, Life, tous les quotidiens, il était écœuré. Il ne lisait pas la presse illustrée.* »

La « saga » Monaco

« *Est-ce que vous allez continuer longtemps à me gâcher ma vie ?* » Ce jour-là, face à Daniel Angeli, Caroline de Monaco devait en avoir marre. Marre d'être la nouvelle proie des *paparazzi.* Aristote Onassis meurt en 1975. La Callas, deux ans plus tard. En 1977, Caroline a vingt ans et commence, comme on dit, à défrayer la chronique. Mis à part l'immuable Régine, les « boîtes » ont changé : l'Élysée Matignon, le Paradis Latin, mais surtout Castel où l'on peut rencontrer tous les soirs ce qu'on appelait « *la bande à Philippe Junot* ». Une nouvelle génération de *paparazzi* déboule : Serge Benamou, Michel Dufour, Patrick Siccoli, Pierre Aslan, Jean-Gabriel Barthélémy, Pierre Villard. Francis Apesteguy commence à laisser tomber les tournées, Daniel Angeli à se concentrer sur ses « saisons ».

Les années Monaco voient aussi l'arrivée sur le marché de deux « voyous » de haut vol, Bruno Mouron et Pascal Rostain, qui, tout en restant indépendants, vont faire les beaux jours de *Paris Match.* Ils ont relaté leurs « exploits » dans un livre publié en 1988 et simplement intitulé « Paparazzi ». A leur actif, différentes aventures monégasques dont la plus folle est une tentative, après la mort de Grace, de faire entrer à l'hôpital de Monaco un sosie du prince Albert dans le but d'approcher et de photographier Stéphanie alors hospitalisée. Outre la liaison Caroline-Vilas (page de gauche), leurs plus beaux « scoops » restent une série de Soljenitsyne en train de jouer au tennis dans sa retraite du Vermont aux Etats-Unis, mais surtout des photos de l' « invisible » Marlon Brando. Leur méthode ? « Récupérer » dans une boutique photo des pellicules déposées, tel n'importe quel client, par la compagne de l'acteur américain.

Le livre de Mouron et Rostain est truffé d'anecdotes de ce genre, peut-être plus ou moins romancées, mais aussi de formules chocs dans la droite ligne de leurs images. Au choix : « *On shoote des pétasses dont on a rien à cirer pour un public dont elles n'ont rien à cirer. Il y a dans le sillage de* Match *six paparazzi qui planquent et traquent tout ce qui bouge en jetant des éclats dans le* show-biz*, la politique, les faits divers ou les altesses. Il faut savoir si on respecte une poignée de stars ou un million de lecteurs. La dernière tronche qu'un* paparazzi *a envie de voir, quand il paparasite, c'est celle d'un autre* paparazzi*. On se coltine des télés gros comme des bazookas, mais les bazookas ne font pas de détail, et le télé ne fait que ça, au millimètre près.* »

Les relations entre les Monaco et les *paparazzi* ont toujours balancé entre le chaud et le froid, les procès succédant aux « coups » réalisés avec l'accord plus ou moins tacite de la famille princière. Certains

« *Stéphanie, Stef de Monac, le gros gibier qu'on nous promettait, le morceau royal — quoique princier — des* paparazzi*, la pointure la plus demandée, catégorie Dynastie.* » C'est en ces termes que Mouron et Rostain qualifient la princesse dans leur livre *Paparazzi.* Photographiée ici par un reporter de l'agence Sipa, elle avait été également surprise par le tandem de choc, seins nus, à l'île Maurice. Ils racontent ainsi la vente de ce « scoop » : « *On annonce la couleur à Enrico Giuffredi, de Gente, notre premier commanditaire : 40 bâtons, 400 000 francs... — Ah ma ! C'est le prix d'oune Ferrari ! — Ah ma ! répond Bruno, ce sont les seins d'une princesse. (...) Elle nous rapporta 800 000 F en une semaine et un trophée de chasse dans nos mémoires. Et sans nous, les journaux italiens ne la surnommeraient pas "la princesse aux seins d'or".* »

L'idylle Stéphanie de Monaco-Anthony Delon a fait la couverture de *Paris Match* le 17 août 1984. Quatre photographes étaient sur le « coup », dont Michel Dufour: *« Anthony Delon faisait les belles nuits de l'Apocalypse, une boîte de Paris. Je savais qu'il descendait à Nice avec ses copains. Stéphanie, elle, était à Monaco, sans Paul Belmondo, son boy friend de l'époque. L'histoire a duré cinq jours. Cette image a été prise le premier jour, à la piscine du Beach. Ils n'en sont qu'au regard complice. Ils se sont embrassés le soir, chez Régine, mais on n'a pas pu faire d'images. Je crois qu'ils nous ont vus, qu'ils se sentaient bien et qu'ils n'en avaient rien à faire. Paul Belmondo ne devait pas être au courant. La "une" de Match, c'est l'annonce par Stéphanie de la rupture. »* Le magazine a acheté chaque série 50 000 F, pour qu'il n'y ait pas de concurrence. *« Je crois qu'on s'est fait avoir par Match*, ajoute Michel Dufour, *toutes diffusions confondues, on a dû faire 130 millions de centimes de ventes. Mais si j'avais été "exclusif", la série aurait atteint des sommes folles. »*

photographes « vivent » depuis près de vingt ans dans l'ombre de Caroline et de Stéphanie, les deux figures les plus recherchées du « rocher cossu ». Certains ont vu grandir Stéphanie, courir, gamine, avec son cartable, tout en « leur tirant la langue et leur faisant un bras d'honneur ». Aujourd'hui, rien n'a changé, seul le verbe a remplacé les gestes : « Stéphanie ne peut pas nous supporter, raconte Michel Dufour, elle nous injurie, utilisant un langage "hard", du genre "bandes d'enculés". »

Ce qui intéresse le paparazzo, ce n'est pas tant les princesses que leur vie sentimentale. Étudiante à Sciences Po, le jour, Caroline de Monaco fait la fête, la nuit, dans les boîtes parisiennes. « Dès que je voyais sa voiture chez Régine, je savais que j'avais la nuit à faire », se souvient Michel Dufour, provoquant, comme tant d'autres, des images que les Grimaldi ne pourront contrôler, des images reflétant les fiançailles successives, des images prises par des photographes à la fois témoins et acteurs, et qui annonceront l'inévitable mariage. Ce qui fait dire à James Andanson que « c'est Angeli qui a marié Philippe Junot et Caroline ».

Les « années Monaco » démarrent fort. En 1979, Michel Dufour s'associe avec les photographes Laszlo Veres et Serge Benamou, la famille princière constituant leur principal fond de commerce : 80 % de leur chiffre d'affaires jusqu'en 1985. Même chose pour Daniel Angeli dont on dira que « c'est l'agence des Grimaldi. J'avais un super contact avec Grace. Mais, très vite, j'ai été le premier sur la "liste rouge"... Parce qu'on m'a attribué des photos que je n'ai jamais prises. C'est bien simple, chaque fois qu'un magazine publie une image sans signature, une image qui donne évidemment matière à scandale, on dit : « C'est du Angeli ! » Alors qu'elle peut provenir d'une grande agence dite respectable. »

Après la mort de Grace en 1982, Michel Dufour va résider trois mois dans la Principauté, à la recherche, comme beaucoup d'autres, de Stéphanie qui portait une minerve après son accident. « Un représentant du palais est venu nous voir : "Soyez là à 16 heures." On était tous planqués à trois cents mètres, bien dans l'axe d'une allée du jardin exotique lorsque Rainier est arrivé, droit dans l'objectif, au bras de Stéphanie. On a pu faire tout ce qu'on a voulu pendant les deux mois qui ont suivi le décès de Grace. Ils se sont servis de nous pour donner une autre image de la famille princière, une image plus unie. Pourquoi des paparazzi ? Parce que ça fait plus vrai. »

C'est un « coup » des « voyous », donc c'est authentique... L'anecdote incite à méditer sur toutes ces « belles » photos de studio qui font la couverture des magazines et que Daniel Angeli qualifie de « publi-reportages ». Qui est la véritable Caroline ? La jeune fille de bonne famille, telle que l'a photographiée, pour ses dix-huit ans, Norman Parkinson (voir page 236), ou la jeune femme fragile et abandonnée dans les bras de Vilas, sur une lointaine plage de sable ? Qui est la véritable Stéphanie ? La femme glaciale, fatale, saisie par Frédéric Meylan (voir page 228), ou l'adolescente insouciante, échangeant, l'instant d'un été, des regards complices avec Anthony Delon (page de gauche) ? Étrange paradoxe que celui de rechercher des

La couverture de Match représentant Stéphanie de Monaco avec sa minerve après l'accident dans lequel Grace a trouvé la mort, à l'automne 1982 (photo Sipa).

Lorsque le paparazzo devient « complice de sa proie ». Christina Onassis, la fille de l'armateur grec, en compagnie de Laszlo Veres, un des spécialistes de la « traque ».

Roger Vivier, un des grands créa-
teurs de chaussures de ce siècle (il a
chaussé toutes les stars d'Hollywood), photographié chez lui, à
Angoulême, par Daniel Angeli en
1980. Le reportage a été acheté par
Paris Match. Un bon exemple de la
diversification opérée par l'agence,
dans le cadre de Prestige, une filiale
à laquelle est associé Eddie Barclay
et dont le but est de « casser l'image
voyou » de l'agence et de répondre à
la nouvelle demande des magazines :
pas d'images « volées », mais des portraits de personnalités réalisés sur
rendez-vous, souvent en studio.

images « volées » pour échapper aux images lisses, impénétrables des princesses. Des images sans fard. *« Des instants de vérité volés »,* comme le dit Michel Dufour. Des instants dérisoires, mais qui font rêver le lecteur.

La chute du paparazzo

Il est loin le temps où les *paparazzi* se réunissaient au café de M. Rubino, dans le quartier des « planques » près de l'avenue Foch, celui de Caroline de Monaco, de la Callas, de Christina et Aristote Onassis, de Romy Schneider. Aujourd'hui, les stars ont disparu, Brigitte Bardot s'est retranchée dans sa Madrague, Caroline est mère de famille nombreuse, Stéphanie vit à Los Angeles. Depuis 1985, Paris n'est plus Paris, la *Jet Society* a déserté les quais de Seine.

Mais il y a plus grave pour les *paparazzi.* Le marché aussi a changé. *« Faites autre chose ! »,* s'est entendu dire, en 1986, Michel Dufour à *Paris Match,* le principal acheteur d'images à sensations. Si le magazine est toujours à la recherche du *« choc des photos »,* il veut des « chocs » différents. Le lecteur se lasse des amours plus ou moins tumultueuses de nos princesses. Sans parler des risques de procès quasiment perdus d'avance.

La famille de Monaco a compris aussi que la meilleure façon d'éviter les photos à scandales était de donner des rendez-vous à des photographes, voire de passer des accords avec des agences. Caroline de Monaco s'est fait tirer le portrait par des photographes prestigieux comme Helmut Newton. Une grande agence parisienne s'interdit la diffusion de photos peu conformes au « look » que les Grimaldi veulent donner d'eux en échange de rendez-vous exclusifs au « château ». Des images de la famille princière prises par un reporter de cette même agence sont devenues des cartes postales diffusées dans la principauté. *« Et ce qui n'arrange pas les choses, la famille a " fait le ménage " dans ses relations,* explique Michel Dufour. *Les informateurs que nous avions dans les soirées se font discrets. Bref, c'est verrouillé. »*

Le *paparazzo* n'est pas mort, mais il se prépare à des lendemains sévères. Une seule certitude, le « scoop » à sensation se vendra toujours. Et cher. Mais la saison d'été ne « marche » plus comme il y a dix ans. Michel Dufour constate les dégâts : une baisse de 50 % de son chiffre d'affaires en 1987 par rapport à 1985. Peut-être faut-il aujourd'hui revenir aux sources du *paparazzo,* à la pratique extrême du journalisme : saisir l'actualité en direct. Se souvenir du premier des « traqueurs d'images », ce photographe d'origine hongroise qui, à New York dans les années 30, vivait en direct les faits divers, relié constamment à une voiture de police, sa *« ligne de vie ».* Son nom ? Weegee.

Couverture du *Figaro Magazine* du 14 juin 1986 représentant le pape Jean-Paul II se reposant sous un arbre, par Adriano Bartoloni, le plus réputé des *paparazzi* italiens, qui s'était fait remarquer par d'autres photos du pape en train de se baigner dans sa piscine. Tradition oblige, les Italiens possèdent encore de bonnes équipes spécialisées dans le téléobjectif. Mais c'est le marché espagnol qui grimpe avec une presse avide de « scoops chauds » fournis notamment par l'agence Korpa. En Allemagne fédérale, l'équipe du magazine *Bunte* est toujours redoutable même si le marché est en baisse. Comme en France où *Match* et *France Dimanche* sont les principaux acheteurs de photos à sensation. En Grande-Bretagne, la presse quotidienne populaire est capable de « mettre le prix » sur les aventures des personnalités. Aux États-Unis enfin, le marché est très fermé, et les prix atteignent rarement les sommets.

9 Reflets de stars

Il était une fois une jolie princesse prénommée Stéphanie, qui passait des vacances insouciantes à l'île Maurice. En février 1985, un beau jeune homme de vingt-quatre ans part à sa recherche sous les cocotiers pour essayer de la photographier. Il est gonflé d'espoir, même si c'est « mission impossible ». N'approche pas qui veut cette princesse tant convoitée et qu'il a vaguement croisée une fois, au bras de Paul Belmondo. Il mettra deux jours à localiser la benjamine des Monaco. La première rencontre commence plutôt mal. Cinq *paparazzi* sont en chasse, embusqués derrières des parasols, enduits de crème solaire. Stéphanie est sur les nerfs. « *Elle avait de la haine pour les photographes. Je me suis fait "jeter" en plein restaurant, devant tout le monde.* » Il reste planté là, « *comme un con* », tel un chien battu, à ne plus savoir quoi faire. Sa timidité va émouvoir la princesse. « *Viens manger avec nous, mais pas de photos !* » Les images attendront. Vive les vacances ! Notre photographe « oublie » son matériel et participe aux jeux de plage princiers pendant quinze jours. « *À la fin, je l'ai suppliée. Je ne pouvais pas rentrer sans images !* » Stéphanie accepte. « *Pas plus d'un quart d'heure.* » Ce quart d'heure va faire basculer le destin professionnel de Frédéric Meylan.

Dans les locaux de Sygma, à Paris, il étale son reportage devant Monique Kouznetzoff. « *Ses yeux ont pétillé ! C'était un "scoop". Pour la première fois, on voyait Stéphanie de Monaco comme si on avait passé des vacances avec elle.* » C'était le cas. Cette série « fera » une quinzaine de couvertures de magazines, dont *VSD* en France, *Bunte* en Allemagne, *Gente* en Italie et *Hola* en Espagne. Carré gagnant. « *Je me suis demandé ce qui m'arrivait.* » Après l'île Maurice, le magazine *Elle* contactera la princesse pour une couverture. Elle répondra : « *D'accord, mais c'est Meylan qui la réalise.* » C'est ainsi qu'il deviendra le photographe quasi exclusif de Stéphanie de Monaco pendant deux ans, « signant » cent soixante couvertures de magazines — dont neuf de *Paris Match* — plus les pochettes de disques et les collections de maillots de bain lancées par la princesse. Toutes les semaines de l'année 1986, il l'accompagne dans l'avion princier. Un seul photographe, outre les *paparazzi*, échappera à l'exclusivité : Helmut Newton. Au bout de six mois de collaboration avec Stéphanie, Frédéric Meylan aura « *le plus gros revenu de l'agence, entre cent et cent cinquante mille francs par mois* ». Son rêve, en entrant à Sygma, était d'avoir une Porsche. Il l'aura.

Cette belle histoire finit là où elle a commencé, à l'île Maurice, où Frédéric Meylan se retrouve pour la septième fois en compagnie de la princesse en février 1987, presque deux ans jour pour jour après leur première rencontre. Mais il n'est plus seul à prendre des photos.

Quelques-unes des cent-soixante couvertures de Stéphanie de Monaco réalisées par Frédéric Meylan, de Sygma, entre 1985 et 1987 (ci-contre). Le magazine américain *Us* publiait, le 22 octobre 1984, cette photo de la princesse, signée Sipa, pour illustrer un dossier consacré à ses aventures amoureuses : « *Splashy princess* ».

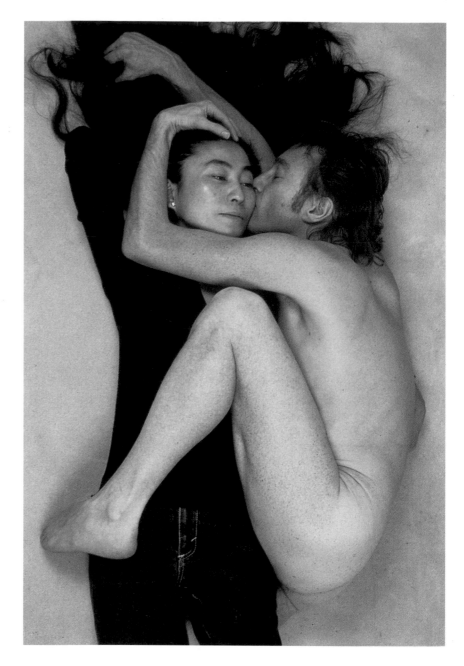

Ce portrait de John Lennon et de Yoko Ono n'est pas seulement le plus célèbre du couple ; il n'est pas seulement réalisé par une des plus importantes portraitistes américaines, Annie Leibovitz ; ce portrait a été pris quelques heures avant que l'ancien membre des Beatles ne soit assassiné, le 8 décembre 1980, à New York, par un Américain de vingt-cinq ans qui venait de lui demander un autographe. Annie Leibovitz, née en 1949 dans le Connecticut, commence à photographier les grandes figures de la musique pop dans les années 70 pour le magazine *Rolling Stone*, dont elle sera le principal portraitiste jusqu'en 1983. Elle quitte ce magazine pour rejoindre l'équipe de *Vanity Fair*, publie un recueil de ses portraits, et travaille avec des personnalités autres que celles de la musique. En 1984, elle est élue « photographe de l'année » par *l'American Society of Magazine Photographers* (ASMP). L'agence Contact diffuse son travail depuis 1978.

Stéphanie a un nouveau *boyfriend*, qui, lui, a un ami photographe. Évidemment, ça se passe mal. La série réalisé par ce nouveau reporter sera, cette fois, diffusée par Gamma et « fera » 1 million de francs de ventes, « *notre meilleur chiffre de l'année* », précise Jean Monteux, le directeur de l'agence.

La rupture est inévitable après deux années de complicité. « *Qui serais-tu sans Stéphanie ?* » demandaient beaucoup de reporters à Frédéric Meylan. Lui-même sait ce qu'il doit à la princesse, qui, d'ailleurs, ne se privait pas de le lui faire remarquer. « *Elle m'a fait gagner huit ans.* » Et beaucoup d'argent. Ses revenus sont tombés à 50 000 F par mois après la « rupture ». Il veut maintenant prouver qu'il peut « *faire autre chose* ». Il sait qu'on ne reste pas le photographe exclusif d'une personnalité n° 1 pendant deux ans sans savoir faire preuve d'un certain talent.

« Show-biz », charme, people

La terminologie s'est bien étoffée en vingt ans. En 1960, on photographiait les « vedettes » et on « faisait » des rendez-vous. Aujourd'hui, on parle de *show business* ou « *show-biz* » (photos de personnalités du spectacle à l'occasion d'un tournage de film, sortie d'un disque, ou d'un livre); de *people* (« les gens » pris chez eux); de charme (ceux qui font « rêver », les familles royales notamment); de *close-up* (reportage sur une personnalité en prévision d'une actualité); de studio (portraits mis en scène dans un cadre artificiel avec éclairages). Des mots qui disent bien ce qu'ils veulent dire. La meilleure définition de ce type d'images se trouve dans le cahier qui suit le sommaire de *Paris Match*, sous la rubrique « Les Gens », anciennement « Elles et eux ». Certains magazines en ont fait leur raison d'être comme *People* aux États-Unis, *Gente* en Italie et *Bunte* en Allemagne. Les personnalités du spectacle et des médias ainsi que les familles royales en sont les principaux acteurs.

Dans les années 60, tout le monde aurait été surpris de trouver un chapitre consacré aux images *people* dans un livre sur le photojournalisme. Le mot n'existait même pas. Il y avait l'actualité, un point c'est tout, qu'elle soit politique, sociale, culturelle ou mondaine, et que l'on traitait de la même façon. Il suffit de se pencher sur quelques reportages réalisés par Gilles Caron en 1967 : meurtre à Boulogne, Françoise Hardy, Bob Kennedy à Paris, exposition Toutankhamon, obsèques de Martine Carol, guerre du Vietnam, tournage de *Week-end* de Jean-Luc Godard, Pompidou et Mitterrand à Nevers, guerre des Six Jours, le mannequin Twiggy, meeting UNR au Palais des Sports, baptême du fils de Johnny Hallyday et Sylvie Vartan, etc.

Aujourd'hui, rares sont les photographes qui sautent d'un grand *news* étranger à un mariage d'une princesse en passant par un conflit social. Alain Noguès (Sygma) y arrive tant bien que mal. Les années 1970 ont vu la fin des « polyvalents » et la structuration d'un marché *people*, rendue nécessaire par son développement spectaculaire. Les grandes agences ont créé, avec plus ou moins de bonheur, un

Deux couvertures signées Annie Leibovitz: le numéro historique de *Rolling Stone*, en janvier 1981, consacré à la disparition de John Lennon; un portrait de l'écrivain, scénariste et acteur américain Sam Shepard, héros de « L'étoffe des héros », en couverture de *Télérama*, en mai 1986.

La chanteuse est-allemande Nina
Hagen photographiée par Alain
Bizos en 1979. Cet ancien grand
reporter du magazine *Actuel*,
membre depuis sa création en janvier
1986 de l'agence Vu, auteur de reportages remarqués sur des défilés de
mode, a imposé un style dans le traitement de la couleur et dans l'utilisation de ce qu'on appelle l'*open flash* :
un premier plan (le visage) bien
éclairé au flash avec un fond
« assombri » en raison d'une sous-
exposition de la prise de vue. « *Plus
personne n'ose en faire* », commente
un photographe.

département « *show-biz* » ; des agences spécialisées ont vu le jour ; des photographes en ont fait leur domaine de prédilection.

Aujourd'hui, on peut toujours s'interroger sur la pertinence d'un chapitre consacré au *people*, mais pour des raisons bien différentes, liées aux conditions de réalisation de telles photos. On ne photographie plus les « stars » comme on photographiait les « vedettes » des années 60. Les images de « *show-biz* » sont-elles encore du photojournalisme ? « *C'est de la promotion* », répondent beaucoup de photographes et responsables d'agences. Nous y reviendrons. Mais trois raisons justifient un tel chapitre. Les photos de Stéphanie de Monaco ou de Lady Di « trustent » plus que jamais les couvertures des magazines d'images, comme *Paris Match*. Sygma est devenue la première agence photographique du monde avec un département « charme » qui représente près de 50 % de son chiffre d'affaires. Enfin et surtout, le champ d'investigation du *people* a largement dépassé le domaine du cinéma, de la chanson ou des princesses. « *Toute l'actualité est devenue* people », dit-on. Le traitement photographique de l'actualité s'en est trouvé transformé, avec un développement spectaculaire du portrait.

Une des couvertures marquantes du magazine *Actuel*, le 2 décembre 1979. Nina Hagen photographiée par Alain Bizos.

Les années 60

Frédéric Meylan se souvient d'un jour ensoleillé où il bronzait tranquillement sur un bateau, à Saint-Tropez, en compagnie de Stéphanie de Monaco. Il jette un coup d'oeil sur la côte. Ne voit-il pas James Andanson, de Sygma comme lui, en short avec tout son matériel, en train de se planquer ? L'anecdote autorise une séduisante comparaison. Deux générations s'affrontent. D'un côté, le vieux briscard qui « traque » les « vedettes » ; de l'autre, l'ami de la princesse. C'est aller un peu vite, tant la complicité — et parfois plus — entre le photographe et son modèle était forte durant les années 60.

Brigitte Bardot était photographiée par Jean-Pierre Bonnotte et Leonard de Raemy ; Alain Delon toujours par Bonnotte ; Mireille Mathieu par Hugues Vassal ; Sheila par James Andanson ; Johnny Hallyday par Tony Frank, qui, dès l'âge de seize ans, prenait des photos au Golf Drouot pour *Salut les Copains* ; Gian Carlo Botti avait monté une agence, Photographic Service, spécialisée dans la photo de « vedettes ». Ah ! Qu'elles étaient belles ces années d'insolence pour le photographe de « stars ». Tous affirment que c'était plus spontané, plus facile. La concurrence était aussi moins rude. « *C'était fou. C'est devenu un marché* », résume Leonard de Raemy, soixante-cinq ans, qui était le réputé photographe de cinéma des Reporters Associés avant de participer à l'aventure Gamma. Un « *seigneur* » dans la profession, qui pense avoir réalisé 1 200 couvertures — dont une cinquantaine avec Grace de Monaco et une centaine avec Bardot — en trente-cinq ans de métier, depuis celle de Gloria Lasso dans *Ciné Jeunesse* en novembre 1958. « *À part Delon, j'ai dû photographier tout le monde du "show-biz". J'allais sur tous les tournages pour faire des portraits avec un Rolleiflex.* »

Leonard de Raemy a photographié Brigitte Bardot pour la première

Alain et Nathalie Delon durant le tournage de *La Motocyclette*. Cette image prise par Jean-Pierre Bonnotte (Gamma) est représentative de la photo de charme des années 60 dans la presse française. Réalisée en noir et blanc, en mouvement, et spontanée. Jean-Pierre Bonnotte, qui s'est distingué par sa photo de De Gaulle en Irlande, était un des photographes attitrés de Brigitte Bardot et d'Alain Delon. Dans leur *Histoire de la photographie de reportage*, Jacques Borgé et Nicolas Viasnoff racontent un épisode fameux concernant le photographe de Gamma: « *Un jour, Jean-Pierre Bonnotte rentre à La Madrague à neuf heures du matin avec toute la bande à Bardot. Il s'installe dans un hamac accroché à deux arbres près de la mer et commence à s'assoupir. Il est réveillé par un bruit de pas dans l'eau et de branches froissées. Il ouvre l'œil. Il voit apparaître un photographe, bardé de téléobjectifs, les pantalons relevés jusqu'aux genoux: "Brigitte vient de se coucher! lui dit-il, tu peux revenir plus tard!"* »

fois en 1965, et n'a pas arrêté pendant vingt-deux ans. « *J'étais plus un familier qu'un ami. Je l'ai même aidée à refaire son appartement. Je suis plus souvent allé chez elle pour déjeuner que pour prendre des photos.* » Leonard de Raemy était aussi un précurseur. Le premier photographe de presse à soigner ses images couleur. Le premier, au début des années 60, à faire poser les « vedettes » sur un fond coloré, à l'agence Parimage, et à les « shooter » avec des éclairages Balkar, n'hésitant pas à emporter son lourd matériel pour des événements lointains. Aux Reporters Associés, il photographie les vedettes en éclairage naturel, « *dos au soleil et "contre-flash"* ». Il généralise le « rendez-vous ». « *Je photographiais les gens dans leur cadre, en train de faire la cuisine par exemple.* »

À cette époque, les agences intervenaient peu. Au photographe d'établir ses relations, « *de se démerder* ». Hugues Vassal, cinquante-cinq ans, était le spécialiste des photos de spectacle, un des rares à avoir bien pénétré le « milieu » dans les années 60. Il travaillait pour *France-Dimanche*, avant de participer à la création de Gamma. « *C'était la grande vie. Il fallait absolument rentrer chez les gens, vivre avec eux. Je pouvais avoir 15 000 F de frais par jour. Je faisais le tour du monde avec Johnny Hallyday, Sylvie Vartan, Petula Clark, Antoine, Charles Aznavour, Gilbert Bécaud. Les artistes payaient tous les frais.* » « Ses vedettes » ? Édith Piaf d'abord, qui l'a lancé, la famille du shah d'Iran et Mireille Mathieu, « *pendant dix ans* ».

Paris Match a toujours joué un grand rôle dans la photo de personnalités, notamment du cinéma et des familles royales. L'hebdomadaire a contribué à lancer Brigitte Bardot en la publiant pour la première fois en couverture en 1951. « *À Cannes, les photographes de* Paris Match *courent après la star ; la starlette court après les photographes de* Paris Match », affirmait avec humour le chroniqueur américain Art Buchwald. Le festival de Cannes était un des hauts lieux de *Match* dont une dizaine de photographes résidaient au Carlton. Dans son livre consacré à l'hebdomadaire, Guillaume Hanoteau résume ainsi le choix de la couverture : « *Gaston Bonheur et Roger Thérond se trouvaient toujours devant le même dilemme : le pape ou la jolie fille. Le pape était toujours sur le point de mourir et la jolie fille de devenir la star du siècle.* »

En 1979, Patrice Habans se retrouve, comme il dit, « *dans la merde* ». Voilà deux ans qu'il a quitté la direction du service photo de *Paris Match*. Son banquier ne se prive pas pour lui rappeler que son capital est plus qu'entamé. Personne ne le sollicite, lui qui a connu, comme photographe, la grande époque de *Match*. Il est obligé d'accepter de faire les quelques soirées de *Vogue* à 400 F la pige. « *C'était très dur après ce que j'avais connu.* » Il rencontre Caroline de Monaco chez Castel et la retrouve à Roland-Garros. Ils bavardent un moment sur le central et s'amusent des *paparazzi* qui les photographient. Caroline lui propose de « couvrir » en exclusivité son voyage de noces avec Philippe Junot à Tahiti. « *Pendant deux ans, mon téléphone n'a pas arrêté de sonner, alors qu'avant, rien !* » Patrice Habans restera un mois avec le couple Junot. De retour à Paris, il reçoit un coup de fil de Hubert Henrotte : « *Tu es bien avec Caroline ; ça nous intéresse.* »

Le mannequin américain Twiggy, photographié par Bert Stern pour la couverture de *Newsweek*, le 10 avril 1967.

Quand il réalise, en novembre 1975,
le portrait officiel des dix-huit ans de
Caroline de Monaco, Norman Parkinson est une « star » de la photo de
charme, réputé pour ses portraits de
la famille royale d'Angleterre. Invité
à dévoiler ses « secrets » dans le
magazine *Photo* en 1974, il répondait :
« *Une bonne photo doit se faire rapidement, dans un maximum de confort
et en lumière du jour. Je déteste le
studio. Un studio, pour moi, c'est une
salle d'opération : une pièce horrible-
ment sérieuse, illuminée, stérilisée,
aux murs blancs et géométriques, où
se tient un assistant-infirmière portant un masque qui couvre son
visage. Je n'y travaille qu'en cas de
force majeure. Mais peut-être, après
tout, aurais-je fait un bon dentiste !* »

Son reportage, publié dans plusieurs pays, « fera » autour de 800 000 F de ventes, « *une forte somme pour l'époque* ». Ensuite, après un passage au magazine suisse *l'Illustré*, Habans entre à Sygma, « *pour faire, au début, beaucoup "de Caroline". C'est elle qui m'a relancé* ».

Le virage de 1973

Pour Patrice Habans, le premier mariage de Caroline de Monaco était une divine providence. Cette histoire montre également le « poids » actuel du marché *people*. Les années 70 ont vu l'arrivée de nouvelles personnalités qui ont fait « grimper » les chiffres de vente des magazines (la famille de Monaco, Lady Di, Isabelle Adjani, Catherine Deneuve, Belmondo, Delon, Depardieu, Romy Schneider). « *La presse s'est fixée sur dix "stars". S'ils en "sortent", les ventes baissent* », note Alain Dupuy, vendeur chez Sygma. Hubert Henrotte, le patron de Sygma, pense que le « *show-biz* » représente les deux tiers de la presse mondiale en surface. Le marché va décoller à partir de 1973, lorsque Monique Kouznetzoff prend en charge le département« *show-biz* » de Sygma. « *Pendant dix ans, nous avons dû "faire" trente des trente-cinq couvertures* people *de Match.* »

L'agence Gamma va louper le train du « *show-biz* », et « *depuis on rame* », comme l'explique son directeur Jean Monteux. Après la scission, Raymond Depardon devient le gérant de Gamma et néglige le secteur. Certains lui en font le reproche. Ce n'est pas le cas de Jean-Claude Francolon : « *Depardon a remis l'agence sur les rails avec ce que l'on savait faire, le* news. *Et puis, pour lui, comme pour tous les reporters, une guérilla au Tchad était autre chose que "faire" Johnny Hallyday.* » Gamma commettra aussi l'erreur de ne pas retenir Denis Taranto, Gérard Schachmes ou Dominique Issermann qui deviendront de solides portraitistes de charme. Enfin et surtout, la partie était plus que difficile face à Sygma.

Quinze ans après la rupture, Gamma n'a pas vraiment trouvé une « pointure » équivalente à Monique Kouznetzoff qui va développer le département « charme » de Sygma en s'appuyant sur son réseau de relations et de solides photographes comme Leonard de Raemy ou Alain Dejean. Le handicap est trop lourd. Si Gamma a grignoté son retard sur Sygma en réalisant quelques jolis « coups Monaco », elle a encore du chemin à faire. Sipa, en revanche, a une production *people* modeste (10 % du chiffre d'affaires, selon l'agence) et s'est distinguée par des photos de *paparazzi* sur Lady Di ou la famille de Monaco, mais aussi en « volant » à Sygma l'exclusivité des photos d'Isabelle Adjani. Le « boom » de ce marché a aussi entraîné l'apparition de petites agences spécialisées comme Stills, Jet Set, Kipa, Prestige, Interpress. Enfin, l'agence Imapress se distingue en représentant les photographes prestigieux de Camera Press à Londres (Karch, Snodown, Cecil Beaton).

Deux portraits *people*, deux phénomènes de société en couverture de *Time*: John Travolta par Douglas Kirkland (Contact), le 3 avril 1978 ; Madonna par Francesco Scavullo, le 27 mai 1985.

L'actrice américaine Raquel Welch
photographiée en juin 1981 par Tony
Kent, de Sygma. La photographie
sera publiée en couverture de *Paris
Match*. Avec les familles royales, les
acteurs et actrices de cinéma restent
les personnalités les plus « publiées »
dans l'hebdomadaire illustré: huit
des vingt-cinq numéros les plus
vendus de *Match* depuis 1976 (Christophe Lambert, Simone Signoret,
Louis de Funès, Lino Ventura,
Patrick Dewaere, la mort du fils de
Romy Schneider, Romy Schneider,
les « vedettes » féminines de Dallas).
« *Mais il serait impensable
aujourd'hui de faire une couverture
avec Sophia Loren comme* Match *le
faisait souvent dans les années 70* »,
note Alain Dupuy, le vendeur de
Sygma. Le box office a changé.

Du rendez-vous au studio

« *C'est normal que Sygma soit le n° 1 de la photo* people. *On fait de belles "gueules" aux personnalités.* » Si on voit autant de « belles gueules » dans la presse comme le dit Alain Dupuy, le réputé vendeur de Sygma, c'est que les photographes d'agences se sont adaptés aux techniques sophistiquées de prise de vue, n'hésitant pas à utiliser de multiples éclairages, tout en bénéficiant de la généralisation de la couleur dans la presse. « *Aujourd'hui, les "stars" veulent être belles. Elles ont raison car ça fait partie de leur métier; mais elles ont tort car les images sont souvent froides et figées* », estime Monique Kouznetzoff. La technique, utilisée notamment par les photographes de mode, existait depuis des lustres. Mais que le reporter se transforme en technicien, qu'il commence à manipuler des éclairages savants, qu'il investisse les studios de prise de vues, là, c'était une nouveauté.

Hugues Vassal était « exclusif » pour Mireille Mathieu en 1970 et 1971. « *J'ai senti que j'étais "largué" quand Johnny Stark, l'imprésario de la chanteuse, a commencé à faire appel à des Américains.* » Avec la fin des grands hebdomadaires illustrés d'outre-Atlantique comme *Life* et *Look*, de nombreux photographes ont réalisé des images *clean*, léchées, publiées dans les rapports annuels d'entreprises. Cette technique a d'abord été reprise, dans les magazines d'informations économiques comme *Fortune*, pour se généraliser ensuite à toute la presse d'images, le mensuel *Life* en étant le meilleur exemple. C'est ainsi que la représentation de la personnalité a doucement évolué d'une image « volée » (*paparazzi*) à une image réalisée sur rendez-vous (chez les « gens »), pour finir dans un traitement en studio (avec du matériel lourd). Comme le dit Francis Apesteguy (Gamma), « *cette évolution est tellement évidente qu'un aveugle la verrait* ».

Autre évidence, le photographe prend, à chaque étape, un peu plus le pas sur le journaliste puisque la personnalité se trouve, chaque fois, un peu plus coupée de son contexte. Les soirées mondaines, genre Bal de la rose à Monaco, en sont un bon exemple. La tradition veut que la vingtaine de reporters jouent des coudes pour être le mieux placés, face aux personnalités les plus recherchées. Francis Apesteguy (Gamma), Bertrand Rindoff-Petroff (Angeli) et Gérard Schachmes (Sygma) se sont distingués dans cet exercice, ô combien particulier, et ont la réputation de ne pas être des « tendres ». Se plaignant de ne rien voir, un reporter italien a un jour interpellé Schachmes : « *Ça fait dix minutes que vous êtes devant!* » Réponse de l'intéressé : « *Ça ne fait pas dix minutes, ça fait dix ans.* » Bref, rien de bien différent d'une sortie de Conseil des ministres, en col cassé cette fois.

Aujourd'hui, la technique de la photo de studio a pénétré ces soirées mondaines. Finies les empoignades de reporters. Une agence obtient l'exclusivité auprès de l'hôte et monte un studio avec un fond étudié devant lequel vont défiler les invités. L'occasion est belle de saisir une prestigieuse brochette de personnalités. Une pratique qui énerve pour le moins les amoureux de l'image prise sur le vif, tel Claude Azoulay de *Paris Match* : « *Je suis allé à une fête chez Guy Béart. Sygma était*

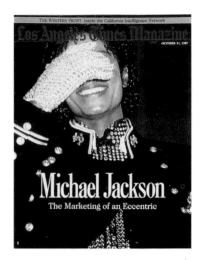

Le chanteur américain Michael Jackson en couverture du supplément magazine du *Los Angeles Times*, le 11 octobre 1987.

Le 29 juillet 1981, Charles (trente-
deux ans) prince de Galles, épouse
Diana Spencer (dix-neuf ans) en la
cathédrale Saint-Paul de Londres
devant 2500 personnes sélectionnées
et 750 millions de téléspectateurs.
Pour les photographes, il n'y a pas
trente-six photos à faire, mais une,
celle du baiser. Le réputé portraitiste
canadien Douglas Kirkland, de
l'agence Contact (aujourd'hui à
Sygma), prendra « la » photo.

Page de droite, trois des centaines de
couvertures consacrées au mariage
entre le prince de Galles et Lady Di.
Le magazine suisse allemand
Schweizer Illustrierte du 3 août 1986
choisit une photo recadrée et signée
Keystone. *Newsweek* et *The Sunday
Times magazine,* deux portraits offi-
ciels réalisés par Lord Snowdon.

exclusif. Ils ont installé leur studio avec plein d'éclairages. Ce n'est plus du reportage. Ce n'est même pas une idée. C'est de la bêtise. »

Le contrôle de l'image

Cette généralisation de la photo faite en studio répond à une pression des magazines, à une mode, mais aussi à la volonté des personnalités de contrôler leur image. Aujourd'hui, la grande majorité des « vedettes » demandent à voir leurs photos avant qu'elles ne soient diffusées dans la presse. Elles regardent, sélectionnent, détruisent.

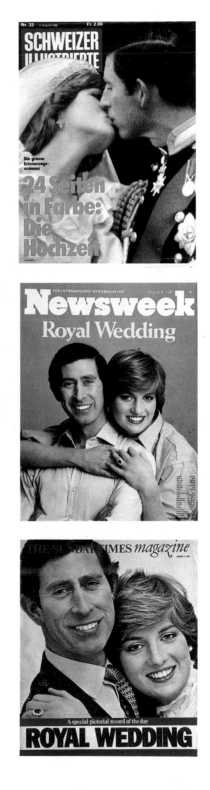

Ce jour de juin 1988, l'actrice allemande Hanna Schygula se trouvait dans les bureaux d'une des principales agences parisiennes. À l'aide d'une loupe, elle faisait son choix, penchée sur la table lumineuse. Dans son livre sur *Match*, Guillaume Hanoteau rapporte ce dialogue entre le photographe Willy Rizzo et le biologiste Jean Rostand : « *Rizzo : "Mettez autour de votre cou une longue écharpe de laine rouge." Rostand : "Je ne la mettrai pas, je n'en ai jamais porté." Rizzo : "Mais pour ma photo..." Rostand : "Votre photo est d'abord ma photo."* » Il ne serait pas venu à l'idée de Jean Rostand d'aller dans les locaux de *Match* pour choisir ses portraits. On pourrait répondre qu'un biologiste a moins à se soucier de son image qu'une actrice. Erreur ! Hubert Henrotte lui-même affirme que « *les patrons d'entreprises, comme les hommes politiques, veulent aujourd'hui contrôler leur image* ». Tous veulent voir.

Les exigences d'une personnalité particulièrement « sensible » à son « look » sont multiples. Hubert Henrotte en énonce quatre : « *Elle veut choisir le photographe qui va prendre son portrait ; elle sélectionne les images ; nous devons suivre un planning de distribution en fonction de ses intérêts ; nous devons lui donner des photos pour son service de presse.* » Isabelle Adjani est fort réputée pour savoir bien gérer son image. « *Elle m'a d'abord indiqué les photographes avec lesquels elle voulait travailler*, explique Sylvie Philippe qui s'occupe de l'actrice à Sipa. *Ensuite, elle contrôle tout de A à Z. Elle peut rejeter en bloc toutes les images d'une prise de vues. Elle fait le tri dans les sollicitations de la presse. Tous les quinze jours, un magazine veut la publier en couverture. Chaque demande est soumise à son contrôle. Elle a refusé que nous donnions une photo à* Jours de France *qui voulait faire une couverture sur "Adjani, l'ambassadrice de la mode". Cette idée ne cadrait pas avec l'image qu'elle voulait donner d'elle.* »

Cette « *coutume* » remonte à une dizaine d'années, selon Monique Kouznetzoff : « *Au début, j'ai trouvé ça choquant. J'ai même eu des altercations. Et puis je me suis mise à leur place. Certains comme Mastroianni et Depardieu nous font entièrement confiance et estiment que la photo n'est pas essentielle dans leur carrière. Pour les autres, ça se passe généralement bien. Leur choix est souvent le nôtre.* » Les années 80 sont les années du « look », de l'apparence. Hubert Henrotte avoue que 90 % de la production *people* de Sygma est soumise à l'aval des « vedettes ». Les photographes qui jouent le jeu trouvent la pratique logique, comme Gérard Schachmes (Sygma) :

Isabelle Adjani est la personnalité française qui apparaît le plus en couverture des magazines dans les années 80. Elle est photographiée ici par Dominique Issermann en janvier 1983, à une époque où l'actrice travaillait essentiellement avec Monique Kouznetzoff, responsable département *show business* de l'agence Sygma. Le choix d'Isabelle Adjani est d'abord un choix de photographe. C'est la raison pour laquelle l'agence Sipa a également distribué des photos de l'actrice depuis deux ans. « *Elle se décide sur des coups de cœur et gère parfaitement son image* », explique Sylvie Philippe, de Sipa. « *Nous devons convaincre les "stars" qu'il existe d'autres bons photographes que ceux avec lesquels elles ont l'habitude de travailler en offrant un service haut de gamme. Nous devons faire rêver en prenant comme référence les portraits réalisés par Cecil Beaton dans les années 30, en Grande-Bretagne.* »

Page de droite, trois couvertures d'Isabelle Adjani parues en 1987. Deux, publiées à une semaine d'intervalle (*Le Figaro Magazine* et *Paris Match*) font référence à la « rumeur » concernant le « sida » de l'actrice.

« Ça ne me gêne pas; sa tête, c'est son image de marque. » En revanche, Benoît Gysembergh, de *Paris Match*, n'y va pas par quatre chemins. « *Je trouve ça dégueulasse. C'est grave car il n'y a plus d'esprit critique. Comment peut-on accepter de soumettre ses photos à son modèle ? Il y a une telle concurrence et tant d'argent en jeu que les photographes d'agences ne se font plus respecter. Un exemple. Une vedette m'a dit un jour qu'elle n'avait que dix minutes à me consacrer. Je lui ai répondu : "Ça tombe bien, moi je n'ai pas une minute." Et je suis parti. En agence, ce n'est pas possible.* » Manuel Litran, de *Match*, pense également que « *les photographes se sont trop laissé faire face aux "vedettes". Avec les "grands", ça va encore. Mais les starlettes sont parfois terribles...* »

La rançon de l'exclusivité

Dès sa naissance, Caroline de Monaco a été mise aux enchères. Roger Thérond raconte comment a été attribuée l'exclusivité du reportage sur le premier enfant de Grace et Rainier de Monaco, en 1957 : « *Cette "adjudication" s'est déroulée à l'Hôtel de Paris, dans la Principauté. Nous devions donner un prix et le mettre sous enveloppe. Match* a proposé 6 millions de francs, ce qui était beaucoup pour l'époque. France-Soir a remporté la mise avec 6,5 ou 7 millions. Ces pratiques existent toujours, mais ça passe par les agences. »

Reverser une partie des ventes aux « vedettes » photographiées, en échange d'une exclusivité, est la dernière exigence des « stars » du « show-biz ». Il est difficile d'en apprécier la portée, tant — on peut l'imaginer — les protagonistes se montrent discrets. Lors d'un colloque, à Paris, consacré au photojournalisme, Edward Behr, à l'époque correspondant de *Newsweek* à Paris, tirait la « sonnette d'alarme » : « *Nous savons tous que les "stars" du show-biz se font payer pour qu'on les photographie. Les tarifs sont en constante hausse. Fait nouveau, cette pratique touche maintenant les chirurgiens célèbres et les sportifs. On a même vu une femme, impliquée dans un fait divers célèbre, être sous contrat avec Paris Match.* » Edward Behr faisait référence à Christine Villemin. Suite à un article de Jean-Michel Caradec'h, publié dans le numéro 1886 de *Match*, et dans lequel le journaliste accusait Christine Villemin d'avoir assassiné son fils Grégory en octobre 1984, cette dernière avait porté plainte et réclamé un million de francs de dommages et intérêts à l'hebdomadaire. Les deux parties ont réussi à s'entendre. En échange d'une « indemnité », le journal a obtenu l'exclusivité du reportage sur la naissance du deuxième enfant de Christine Villemin. L'indemnité s'élèverait à 650 000 F selon *Libération*. Dans une enquête parue en novembre 1986 dans la revue *Autrement*, Jean Stern avance une somme entre 350 000 et 450 000 F.

« *Il faut de plus en plus "arroser" pour faire des photos. Mis à part la politique...* », avoue Jean Monteux, le patron de Gamma. Et encore... Lors de l'« affaire Nucci » en 1987, toutes les agences étaient sur les traces d'Yves Chalier, le « témoin numéro 1 ». Sygma obtiendra

Tony Armstrong-Jones, plus connu
sous le nom de Lord Snowdon depuis
qu'il a épousé la princesse Margaret
d'Angleterre, est le photographe officiel de la Cour, comme l'ont été Sir
Cecil Beaton dans les années 30, et
Norman Parkinson dans les années
70. Il a réalisé ici le portrait officiel
de Lady Diana à l'occasion de la naissance de son deuxième enfant.

l'exclusivité de ses déclarations, mais aussi des photos et des images de télévision contre une somme estimée entre 80 000 et 100 000 F selon nos sources. Hubert Henrotte avoue avoir versé 50 000 F. « *Ça m'em-bête, mais c'est une évolution obligatoire depuis que le news se vend mal; les journaux le font,* Match *notamment.* »

Si le « pourcentage » versé aux personnalités touche de plus en plus de secteurs, les « vedettes » du spectacle en restent les principales bénéficiaires. La pratique vient des État-Unis, où l'on a vu récemment Sylvester Stallone demander 1 million de dollars pour assister à son mariage en exclusivité. En France, le sujet est tabou. Le fait que « *la guerre entre les agences soit beaucoup plus vive sur le* show-biz *que sur le* news », comme l'affirme Jean Monteux, de Gamma, l'explique en grande partie. Une guerre du *people* qui fait resurgir la querelle de 1973 entre Gamma et Sygma. Les agences affirment que le phénomène est marginal, insistant, surtout, sur les « offres » faites par les artistes et qu'ils ont refusées. « *L'ancien copain de Stéphanie m'a demandé 100 000 dollars cash contre deux reportages* », raconte Goksin Sipahioglu, de Sipa. Hubert Henrotte, le patron de Sygma, affirme avoir refusé « *Liz Taylor à 400 000 dollars* ».

À Gamma, on reconnaît certaines opérations particulières. « *Si tu veux faire une exclusivité sur Stéphanie de Monaco, tu paies : 50 000 F, en 1984, pour faire un défilé de mode* », confie un photographe. Catherine Deneuve a été « exclusif Gamma » pour une brève période et percevait en échange plus de 50 % des ventes. « *Si demain, Isabelle Adjani m'offre l'exclusivité contre 30 % des ventes, je signe tout de suite* », reconnaît, avec une grande franchise, Jean Monteux, qui ajoute : « *Souvent, c'est plus "malin" que le simple fait de donner de l'argent.* »

À Sygma, c'est clair et net : « *Notre grande fierté est d'obtenir des exclusivités sans donner un seul centime aux "vedettes". D'ailleurs, je défie quiconque de montrer un contrat de ce genre,* affirme Hubert Henrotte. *Nous les séduisons par notre qualité d'images et notre efficace réseau de distribution.* » Et le directeur de Sygma de prendre l'exemple de Sylvie Vartan, venue un jour le trouver, après plusieurs années de collaboration, pour lui demander un pourcentage sur ses ventes. « *Nous avons arrete sur-le-champ de travailler ensemble.* » La chanteuse s'est alors tournée vers Sipa, où ses exigences ont été exaucées pendant un an.

S'il est vrai que Monique Kouznetzoff a rassemblé la meilleure équipe de photographes *people* de la place de Paris, voire du monde, est-ce suffisant pour dominer à ce point le marché depuis maintenant quinze ans ? Les dénégations d'Hubert Henrotte laissent sceptiques beaucoup d'observateurs, et notamment Jean Monteux : « *Je ne compte plus les personnalités que nous pouvions photographier comme Emmanuelle Béart, Fanny Cottençon, Daniel Auteuil, Gabrielle Lazure, Juliette Binoche, Sandrine Bonnaire. Aujourd'hui, c'est impossible. On nous répond : "Elles sont sous contrat avec Sygma!" Je ne peux pas croire que c'est uniquement pour une qualité d'images.* »

Un photographe de Sygma parle plutôt de « *cadeaux* »; un autre,

Dès le commencement de la romance entre Diana Spencer et le prince Charles, jusqu'à leur mariage, le 29 juillet 1981, la future princesse de Galles sera la personnalité la plus « publiée » dans le monde. *Paparazzi*, reporters, et portraitistes de studios photographient quotidiennement cette jeune fille de dix-neuf ans, la presse populaire étant la première « consommatrice ».

Reflets de stars   245

L'acteur Christophe Lambert, photographié ici par Tony Frank (Sygma), a été choisi par *Paris Match* pour illustrer la couverture de son numéro 2000.

Manuel Litran, photographe de l'hebdomadaire, se souvient pour sa part d'une prise de vue avec celui qui a incarné Tarzan: « *J'ai incrusté un portrait, de face, dans son profil traité en ombre chinoise. Je lui montre le polaroïd de contrôle. Il me dit:* "C'est ça que je veux" *Je lui signale que ça ne va peut-être pas plaire à* Match, *mais je suis cette unique idée. Catastrophe ! L'hebdomadaire me répond:* "C'est pas Match". *Il faut donc la refaire. À cette époque, tous les magazines publiaient le même type de portraits de Christophe Lambert.* Match *me rappelle, car Thérond voulait revoir l'image.* "On fait la cover !", *me dit-il. Tout simplement parce que cette photo se démarquait des autres.* »

lors d'un *close up* sur la famille de Monaco en 1983, d'un « *don à la fondation Grace Kelly* ». Goksin Sipahioglu affirme que « *ce ne sont pas les "vedettes" sous contrat avec Sygma mais les attachées de presse qui touchent de l'argent* ». Monique Kouznetzoff ne répond pas aux critiques. Elle contre-attaque : « *Nos concurrents n'ont jamais compris notre succès. Ils ne savent plus quoi inventer. Tout ça, c'est de la jalousie. Surtout quand on sait que Gamma et Sipa n'hésitent pas, eux, à proposer de l'argent.* »

Les certitudes de Manuel Litran

Manuel Litran n'est pas le genre à pousser des « coups de gueule ». À soixante et un ans, ce photographe de *Match*, qui fait autorité dans la photo de personnalités, prouve que l'on peut rester journaliste tout en travaillant dans le *people* : « *Que l'on soit photographe de mode, de plateau, de news, de studio, ce qui compte, c'est la façon de travailler. Le photographe ne devrait jamais oublier qu'il est témoin d'un événement. À la différence du photographe de news qui raconte un événement, moi, je le crée. Je travaille à la chambre. J'aime cette contrainte. Elle oblige à réfléchir et ne laisse aucune place au hasard. Je n'hésite pas à multiplier les éclairages. Quatorze pour une photo de la Comédie-Française. Ce n'est pas gratuit, et d'ailleurs je vois beaucoup trop de photos aux éclairages superflus dans la presse. Mes appareils, ce sont mes enfants. En perdre un, c'est un catastrophe. En trente ans d'images, je sais, pour chaque photo, avec quel appareil et quelle optique elle a été prise.*

» *J'ai commencé le portrait il y a seulement cinq ans. Le choix du sujet est important. Les écrivains (j'ai dû en "faire" une centaine), les hommes politiques, les scientifiques. Des gens qui me fascinent. Jamais de princesses. Ça veut dire quoi, une princesse ? La princesse n'est intéressante que si elle est "volée" par un paparazzo. Sinon, l'image est fausse. Et franchement, je trouve plus intéressant de travailler avec Duras, Yves Montand ou l'astrophysicien Hubert Reeves. Je demande toujours à Match pourquoi on fait cette prise de vues maintenant, et avec telle personne. Je veux comprendre*

» *J'évite au maximum le studio qui est antijournalistique. Il donne une image fabriquée. C'est comme le maquillage. Je suis tombé un jour sur des portrait de deux actrices de cinéma venant de deux grandes agences. C'était très bien, mais j'ai cru que c'était le même photographe qui les avait faits : même fond, même pose, même lumière, même style. C'était la même photo. Il y a aujourd'hui un grand risque d'uniformisation. On réalise l'image qui va plaire, l'image passe-partout. Je trouve qu'il y a de moins en moins de "regard" du photographe.*

» *Ce qui m'excite, quand je sais que je vais photographier telle personnalité, c'est de savoir où elle habite, voir ses meubles, son cadre de vie, ses livres. Quand il n'y en a pas, ça me trouble. Les gens sont beaucoup plus à l'aise chez eux. Ensuite, il faut s'imposer face à la personne. Trop se laissent faire, acceptent n'importe quoi. Je ne deviens jamais l'ami ou un proche des personnes que je photographie.*

Deux portraits distribués par l'agence Sygma : Gérard Depardieu, photographié par Gérard Schachmes, en octobre 1984 — « *une de mes photos préférées* » — et publiée en couverture de *Match* ; Sophie Marceau, par Bettina Rheims, en janvier 1988.

Philippe Boccon-Gibod, de Sipa,
prendra la meilleure photo des obsèques de Grace de Monaco, le 18 septembre 1982. Les deux numéros de
Paris Match consacrés au décès
(page de droite, en haut), puis à l'enterrement de Grace de Monaco, tiennent les deux records de ventes
depuis que Daniel Filipacchi a repris
le titre en 1976. Il se sont vendus
respectivement   à   1 258 000   et
1 215 000 exemplaires. Ces deux couvertures arrivent largement en tête
devant deux numéros consacrés au
couple Charles-Lady Di (leur
mariage, et un portrait annonçant
cette union la semaine précédente).
Soit quatre couvertures princières
aux quatre premières places.

Il faut garder une distance. C'est une condition de la réussite de l'image. Sinon, on ne voit plus le personnage avec le même œil; il n'y a plus de découverte. Passer deux ans avec une princesse est une aberration. Duncan et Brassaï étaient liés à Picasso. Mais Picasso n'est pas Stéphanie de Monaco. »

Le *people* contre le *news*

Les destins de Béchir Gemayel et de Grace Kelly, deux personnalités que tout sépare, se sont croisés le 14 septembre 1982. Ce jour-là, le président élu du Liban est tué par l'explosion d'une bombe dans le quartier de Beyrouth-Est, tandis que la première dame de Monaco disparaît dans un accident de la route sur les hauteurs de la Principauté. La presse illustrée va devoir choisir. Un rapide survol de *Match*, *VSD* et du *Figaro Magazine* montre un spectaculaire décalage entre les deux traitements. Si l'agence Sygma « *va travailler sans arrêt pendant trois jours et deux nuits* », comme l'affirme Alain Dupuy, c'est pour fournir aux magazines des images de la princesse, et non de Béchir Gemayel. Plusieurs personnes prêtent d'ailleurs à Hubert Henrotte une formule célèbre : « *La disparition de Grace de Monaco a relancé Sygma.* » Un autre exemple, raconté par Frédéric Meylan cette fois : « *Je fais un portrait de Stéphanie avec son chien pour ses vingt et un ans. Match doit la publier en couverture. Quatre jours avant la sortie du magazine, la navette américaine Challenger explose en vol. Évidemment, ma photo va "sauter". Pas du tout! Je me suis dit : Merde! C'est quoi l'actualité ?* »

Si Monaco ne représente pas tout le *people*, ce genre d'images prend régulièrement le pas sur le *news* dans les magazines. Il suffit de comparer les revenus des photographes en fonction de leur spécialité. Selon Jean Monteux, à Gamma, un photographe de « charme » a un revenu annuel qui avoisine les 600 000 F, contre 300 000 F pour un reporter d'actualité. Beaucoup de photographes sont révoltés par ce décalage. Frédéric Meylan traduit bien ce malaise : « *On dit souvent que le reporter "galère", prend des risques pendant que je me "la coule douce" sous les tropiques tout en gagnant beaucoup plus d'argent. Je comprend cette réaction, et j'admire des photographes comme Noguès qui se battent pour l'actualité. Mais j'ai rencontré tellement de gens amers dans le news. Je ne veux pas devenir comme eux. Ça devait être intéressant il y a vingt ans, du temps de Caron. Là, je crois que c'est "foutu". Il n'y a qu'à les regarder.* »

Après une perte sèche de 120 000 F sur deux reportages en Nouvelle-Calédonie, Jean-Claude Francolon se dit que « *le petit copain de Stéphanie, c'est peut-être "mieux" qu'un Kanak dans sa tribu* ». Alain Noguès (Sygma) a vécu la lente dégradation de la condition du reporter durant ces dix dernières années. Il n'accuse personne mais reste lucide : « *Si on regarde la situation de ceux qui traitent aujourd'hui l'actualité, le travail journalistique, les risques pris, la qualité d'image, nous ne sommes pas payés par rapport à un photographe de charme.* »

La couverture de *Paris Match* consacrée à la disparition de Grace Kelly (photo signée Sygma), et celle de *VSD* sur l'enterrement de la première dame de Monaco. Fait rare, *Match* n'a pas retenu la photo la plus forte, celle de Boccon-Gibod, l'offrant ainsi à son concurrent *VSD* qui l'a recadrée en « éliminant » le prince Albert (page de gauche et ci-dessus).

En 1983, Xavier Lambours réalise,
durant le festival de Cannes, une
série de portraits carrés pour le
quotidien *Libération*. Ces stars du
cinéma seront réunies dans un livre,
Cinémonde. Cette année-là, François
Truffaut assistait à son dernier festival de Cannes. Le jour de la photo,
il faisait « *une chaleur à crever* ». Le
cinéaste dira simplement à Xavier
Lambours : « *Dépêchez-vous; j'ai
froid.* »

L'art de perdurer

Où va le photojournalisme ? Peut-on lui prédire un avenir prometteur ? Comment les agences envisagent-elles les dix ans qui viennent ? Si les « télégraphiques » sont avant tout préoccupées par la modernisation de leur système de traitement et de transmission d'images, les agences photographiques parient, elles, sur la diversification de leurs services pour compenser la chute de leur chiffre d'affaires dans le domaine de l'actualité.

Pour mieux rentabiliser leur service photo, les responsables des agences de presse n'ont qu'une seule solution : ne pas miser seulement sur les quotidiens et essayer de vendre leurs images aux magazines. Elles en sont encore loin, même si on voit plus souvent, depuis deux ans, des photos de l'AFP dans un hebdomadaire comme *Time*. « *Leurs images sont de bonne qualité, et elles coûtent beaucoup moins cher que celles des agences photographiques* », explique Barbara Nagelsmith, du bureau de *Time* à Paris. Pour l'instant, agences télégraphiques et agences photo ne sont pas concurrentes. Mais le jour où Reuter, l'AFP et AP arriveront à transmettre rapidement de la couleur de bonne qualité, le marché de la photo risque d'en être bouleversé. On peut leur faire confiance sur ce point. Un exemple, isolé il est vrai, montre que l'AFP « rêve » parfois de lutter à armes égales avec Sygma ou Gamma. L'agence parisienne était en possession d'un document exclusif sur le dirigeant indépendantiste kanak Éloi Machoro, pris juste après sa mort. Logiquement, la photo aurait dû être diffusée à tous les abonnés. Un responsable de l'AFP l'a vendue en exclusivité au *Figaro Magazine* pour 50 000 F. Les clients ont protesté, et l'agence a adopté un profil bas, avouant qu'il s'agissait d'une erreur.

Les agences photographiques, pour leur part, s'attendent à des lendemains difficiles dans le domaine du *hot news*. Le secteur est tombé, en moyenne, de 70 % à 25 % du chiffre d'affaires pour Gamma et Sygma. Cette dernière en a tiré les conséquences, en créant en 1988 une filiale avec l'agence de publicité Eurocom, dont l'objectif est de trouver des *sponsors* pour financer des reportages. « *Les journaux ne rentabilisent plus le* news. *Nous avons donc créé Sygma Promotion afin de trouver d'autres sources de financement pour des sujets magazines. En d'autres termes, le* sponsoring *se substitue à la presse* », explique Gérard Wurtz, directeur adjoint de Sygma.

Goksin Sipahioglu, le patron de Sipa, se dit, lui, confiant dans l'avenir du *news* — qui reste la grande spécialité de l'agence — et compte sur la création de nouveaux journaux pour diffuser sa production. Les « agences de photographes » enfin — comme Magnum, Contact ou Vu — ressentent moins les contraintes de rentabilité de par leurs structures plus légères, et parient d'abord sur la qualité

« *Mais qu'est-ce qu'il fait le président ?* » Couverture du magazine *VSD* d'après une photo de François Mitterrand réalisée par Xavier Lambours en mars 1986, deux jours après les élections législatives qui vont donner naissance à la « cohabitation ». « *Je veux faire un beau portrait de vous* », a dit, intimidé, Xavier Lambours au président qui lui a répondu : « *Ça, c'est votre affaire.* ».

Dix-huit ans après Mai 68, près de vingt ans après le portrait de Cohn-Bendit signé Gilles Caron, un grand mouvement étudiant éclate dans la France entière, en novembre et décembre 1986. Alors que la presse ne cesse d'affirmer « *la naissance d'une génération* », ce mouvement va donner également l'occasion à de jeunes photographes d'exprimer leur talent. Parmi eux, Gérard Uféras, de l'agence Vu, Patrick Aventurier de Gamma, et Jean-Claude Coutausse, de *Libération*.

Le quotidien *Libération* a publié en janvier 1987 un numéro spécial consacré au mouvement étudiant de novembre et décembre 1986 (ci-dessus). En couverture, une photo signée Patrick Aventurier (Gamma).

et la personnalité de leurs photographes pour imposer à la presse leur conception du photojournalisme.

« *Il faut, plus que jamais, revenir à l'esprit de Gamma de 1968. Faire jouer le talent, le risque financier, l'indépendance et l'humilité. Aujourd'hui, les photographes sont des enfants gâtés ; certains ont gagné beaucoup d'argent dans les années 70 ; ils sont aussi "stars" que les "stars". Ils refusent de "partir" sur les événements s'ils n'ont pas une garantie de vente de la part d'un magazine. Avec la crise, ceux qui sont vraiment "accrochés" vont s'en sortir.* » Éliane Laffont, qui dirige Sygma aux États-Unis, est confiante, tout en laissant percer une certaine nostalgie pour l'époque où tout semblait plus facile, voire plus exaltant. La crise du photojournalisme a surtout atteint de plein fouet les reporters qui parcouraient le monde, suivant à la trace les grands événements. Ceux-là sont pessimistes pour la plupart, et cherchent désespérément les « supports » qui les aideront à poursuivre leur travail. Il n'y a qu'un Henri Bureau, grand témoin des années 70, pour affirmer que « *demain matin, je suis capable de refaire ce que j'ai fait. Ceux qui disent le contraire sont des médiocres qui n'ont rien prouvé. Une bonne histoire, ça se vend ; et ça se vendra toujours* ». L'avenir, de plus en plus, est en effet au « coup », à la recherche du « scoop », du « jackpot », du document pris par un témoin. Ce n'est pas facile, et ça n'arrive pas tous les jours. Peut-être faut-il attendre une succession de gros événements internationaux, comme c'était le cas dans les années 1980-1982.

En 1948, naissait dans *Life* un nouveau genre journalistique, l'essai photographique. L'hebdomadaire américain offrait une douzaine de pages à des photographes qui pouvaient présenter leur regard sur des sujets traités en profondeur, pendant une longue durée, et en marge de l'actualité chaude. Le médecin de campagne d'Eugene Smith, puis la vie d'un leader noir du quartier de Harlem à New York par Gordon Parks, en sont les deux premiers exemples marquants. Quarante ans après, beaucoup de photographes, et notamment ceux des agences comme Magnum, Contact ou Vu, affirment que l'essai est la seule issue possible pour le photojournaliste. Mais le cadre a changé. La presse illustrée se montrant avare de son espace, les douze pages de *Life* ont été remplacées par d'autres types de supports : l'exposition et le livre. Le financement de tels reportages s'est également élargi. La presse cohabite maintenant avec la commande institutionnelle (un ministère, une ville, une entreprise, etc.).

Xavier Lambours incarne parfaitement la renaissance de l'essai photographique sous une forme moderne, tout comme Patrick Zachmann, de Magnum. À trente-trois ans, Lambours est un des photographes les plus remarquables de sa génération. Ancien membre des agences Viva et Vu, il s'est révélé dans *Libération* avec ses portraits de « stars » réalisés au festival de Cannes en 1983. La confirmation est venue en 1986, lorsqu'il a renouvelé le portrait politique, tout en entreprenant un travail de longue haleine sur le Limousin, financé par le Fonds régional d'art contemporain. « *Je suis un "artiste-journaliste"* », affirme-t-il, en reprenant la définition de son ami Pascal Dolemieux. Cette formule, non dénuée d'humour, révèle les multiples facettes du personnage. « *J'expose, je publie des livres, mais je suis toujours dans la presse. J'y tiens.* » Son projet pour 1989, en collaboration avec dix autres photographes — Pascal Dolemieux, Luc Choquer, Marie-Paule Nègre, Patrick Zachmann, Raymond Depardon William Klein, Robert Doisneau, Josef Koudelka, Harry Gruyaert et Gilles Peress (excusez du peu!) — est d'envergure, et devait être financé par une banque. Réaliser un portrait de la France. Un an de travail. *Life* est remplacé par un institut financier mais l'esprit d'Eugene Smith reste bien présent. Quarante ans après. À continuer ainsi, le photojournalisme a encore de belles années devant lui.

Paris, le 15 septembre 1988.

CRÉDITS PHOTOGRAPHIQUES

OUVRAGES CITÉS

Abbas, *Iran: la révolution confisquée*, Clétrat, 1980

Claude Azoulay, *François Mitterrand, un homme-président*, Filipacchi, 1987

Roland Barthes, *La chambre claire. Note sur la photographie*, Éditions de l'Étoile/Gallimard/Seuil, 1980

Agnès Bonnot, *Chevaux. Photographies*, Hazan, 1985

Jacques Borgé et Nicolas Viasnoff, *Histoire de la photographie de reportage*, Fernand Nathan, 1982

René Burri, *Les Allemands*, Robert Delpire, 1963

Henri Cartier-Bresson, *Images à la sauvette*, Verve, 1952

Henri Cartier-Bresson, *Photographies*, Robert Delpire, 1963

Henri Cartier-Bresson, *Vive la France*, Robert Laffont, 1970

Henri Cartier-Bresson, *Les cahiers de la photographie n° 18*, 1986

Raymond Depardon, *Correspondance new-yorkaise*, Libération/Éditions de l'Étoile, 1981

Robert Frank, *Les Américains*, Robert Delpire, 1958

François Hers, *Récit*, Herscher, 1982

Xavier Lambours, *Ciné-Monde*, Éditions de l'Étoile, 1983

Xavier Lambours et Pierre Maclouf, *Figures du Limousin*, Herscher, 1987

Les yeux du quotidien. Photos de la presse régionale, CFPJ, 1986

Susan Meseilas, *Nicaragua*, Herscher, 1981

Don Mc Cullin, *Images des ténèbres*, Robert Laffont, 1981

Bruno Mouron et Pascal Rostain, *Paparazzi, chasseurs de stars*, Michel Lafon, 1988

Eugene et Aileen Smith, *Minamata*, Holt/Rinchart/Wilson, 1975

Susan Sontag, *Sur la photographie*, Seuil, 1979

Mise en pages Philippe Mercier

Photogravure et impression Aubin Imprimeur
Achevé d'imprimer le 18 octobre 1988
Dépôt légal : octobre 1988
I.S.B.N. Gallimard : 2-07-071489-6
I.S.B.N. Centre Georges Pompidou : 2.85850-467-9
Imprimé en France
N° d'édition Gallimard : 44667
N° d'édition Centre Georges Pompidou : 647